Auténtico

B

Pearson

Boston, Massachusetts   Chandler, Arizona
Glenview, Illinois   New York, New York

Front cover: San Miguel de Allende, Mexico

Pearson, 330 Hudson Street, New York, NY 10013.

ISBN-13: 978-0-328-93441-6
ISBN-10:   0-328-93441-0

5 18

B

Auténtico

Go **Online** to practice

PEARSON realize™

PearsonSchool.com/Autentico

 AUDIO VIDEO WRITING  SPEAK/RECORD MAPA GLOBAL AUTÉNTICO FLASCHARDS ETEXT 2.0   GAMES

Peggy Palo Boyles
OKLAHOMA CITY, OK

Myriam Met
EDGEWATER, MD

Richard S. Sayers
LONGMONT, CO

 **Pearson**

Auténtico Authors

Peggy Palo Boyles

During her foreign language career of over forty years, Peggy Palo Boyles has taught elementary, secondary, and university students in both private and public schools. She is currently an independent consultant who provides assistance to schools, districts, universities, state departments of education, and other organizations of foreign language education in the areas of curriculum, assessment, cultural instruction, professional development, and program evaluation. She was a member of the ACTFL Performance Guidelines for the K–12 Learners task force and served as a Senior Editor for the project. She served on the Advisory Committee for the ACTFL Assessment for Performance and Proficiency of Languages (AAPPL). Peggy is a Past-President of the National Association of District Supervisors of Foreign Language (NADSFL) and was a recipient of ACTFL's K–12 Steiner Award for Leadership in K–12 Foreign Language Education.

Myriam Met

For most of her professional life, Myriam (Mimi) Met has worked in the public schools, first as a high school teacher in New York, then as K–12 supervisor of language programs in the Cincinnati Public Schools, and finally as a Coordinator of Foreign Language in Montgomery County (MD) Public Schools. After a long career in the public schools, she joined the National Foreign Language Center, University of Maryland, where she worked on K–12 language policy and infrastructure development. She currently works with schools and school districts as an independent consultant.

Richard S. Sayers

Rich Sayers has been involved in world languages education since 1978. He taught Spanish at Niwot High School in Longmont, CO for 18 years, where he taught levels 1 through AP Spanish. While at Niwot High School, Rich served as department chair, district foreign language coordinator, and board member of the Colorado Congress of Foreign Language Teachers and the Southwest Conference on Language Teaching. In 1991, Rich was selected as one of the Disney Company's Foreign Language Teacher Honorees for the American Teacher Awards. Rich has served as a world languages consultant for Pearson since 1996. He is currently the Vice President of Humanities in Pearson's Sales division.

Carol Eubanks Wargin taught Spanish for 20 years. She also shared her knowledge and experiences with other Spanish teachers through publications and award-winning presentations. The *Auténtico* author team is grateful for Carol's contribution to the instructional foundation on which this program was built.

Contributing Writers

Eduardo Aparicio
Chicago, IL

Daniel J. Bender
New Trier High School, Winnetka, IL

Marie Deer
Bloomington, IN

Leslie M. Grahn
Howard County Public Schools, Ellicott City, MD

Thomasina Hannum
Albuquerque, NM

Nancy S. Hernández
World Languages Supervisor, Simsbury (CT) Public Schools

Patricia J. Kule
Fountain Valley School of Colorado, Colorado Springs, CO

Jacqueline Hall Minet
Upper Montclair, NJ

Alex Paredes
Simi Valley, CA

Martha Singer Semmer
Breckenridge, CO

Dee Dee Drisdale Stafford
Putnam City Schools, Oklahoma City, OK

Christine S. Wells
Cheyenne Mountain Junior High School, Colorado Springs, CO

Michael Werner
University of Chicago, Chicago, IL

Digital Course on Realize

AUTÉNTICO includes lots of online resources to help you learn Spanish! You'll find these resources highlighted with technology icons on the pages of your print or online Student Edition.

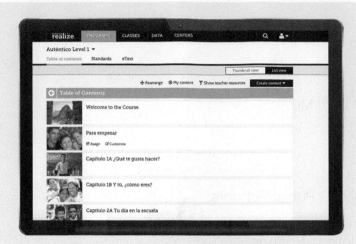

PEARSON realize™

The digital course on Realize!

The program's digital course on Realize puts the Student Edition, workbooks, video, audio, flashcards, games, and more at your fingertips.

Look for these icons in your *Auténtico* textbook or digital course.

AUDIO
Audio to learn and practice vocabulary and pronunciation, and increase your listening skills

VIDEO
Videocultura Cultural overviews of each theme

Videohistoria Vocabulary videos with an entertaining storyline to practice listening to new words in an authentic context

GramActiva Grammar explanations that present new concepts with humorous examples

Grammar Tutorials Clear explanations of grammar with comparisons to English

Animated Verbs Animations that highlight verb conjugations

WRITING
Practice activities with writing

SPEAK/RECORD
Speak-and-record tool for speaking activities, you can save your recording

MAPA GLOBAL INTERACTIVO
Links to interactive maps for virtual exploration of the Spanish-speaking world. You can download .kmz files from PearsonSchool.com/Autentico and link to sites using Google Earth™ or other geographic information systems.

AUTÉNTICO
Collection of authentic video, audio, and text resources organized by theme

FLASHCARDS
Practice for the new vocabulary

ETEXT 2.0
Complete textbook online

GAMES
Interactive, fun practice and review games such as concentration, crosswords, word search and more

PDF
Video scripts, readings

WORKBOOK
Core and Guided practice activities

Learn Spanish Using Authentic Resources

To become proficient in Spanish, you need to learn to understand and speak it in real-world situations. In *Auténtico*, you will learn about the language and cultures of Spanish-speaking countries as you watch, read, and listen to material created for Spanish speakers.

The **Auténtico** pages in your textbook feature strategies that will help you build your language skills and increase your confidence as you watch videos, listen to audio, and read authentic articles and blogs. ▼

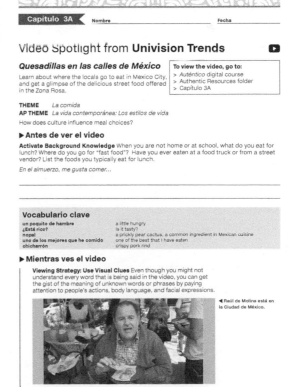

▲ In the the digital course on Realize, you'll find a collection of authentic resources that you can use to improve your understanding of Spanish.

The **Authentic Resources Workbook** will prepare and guide you as you watch, listen to, or read the materials. Activities will help you focus your attention on key elements of the video, audio, or text. Post-viewing, post-listening, and post-reading activities check your comprehension. ▶

Tabla de materias

TEMA 5 • Fiesta en familia

TEMA 6 • La casa

TEMA 8 • Experiencias

México

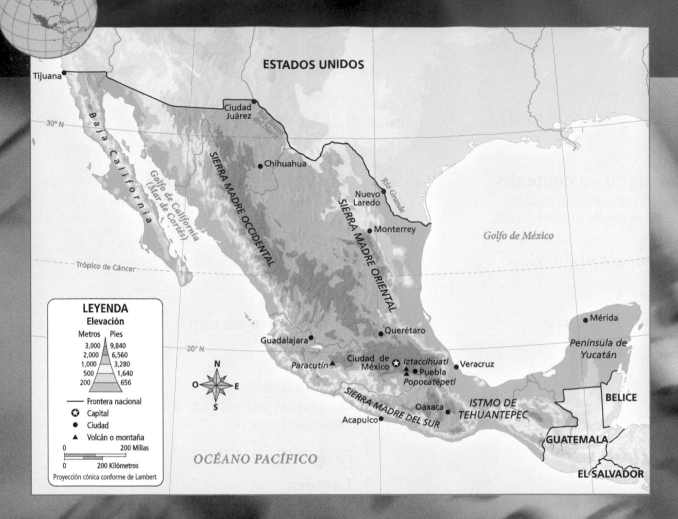

ESTADOS UNIDOS

Tijuana

30° N

Ciudad
Juárez

Río Bravo del Norte

Chihuahua

Baja California

SIERRA MADRE OCCIDENTAL

Golfo de California
(Mar de Cortés)

Nuevo
Laredo

Río Grande

SIERRA MADRE ORIENTAL

Monterrey

Golfo de México

Trópico de Cáncer

LEYENDA
Elevación

Metros   Pies
3,000   9,840
2,000   6,560
1,000   3,280
500   1,640
200   656

—— Frontera nacional
✪ Capital
● Ciudad
▲ Volcán o montaña

0   200 Millas
0   200 Kilómetros
Proyección cónica conforme de Lambert

20° N

Guadalajara

Paracutín ▲

Querétaro

Ciudad de
México ✪ Iztaccíhuatl
▲ ● Puebla
Popocatépetl

Veracruz

Mérida

Península de
Yucatán

N
O ✦ E
S

SIERRA MADRE DEL SUR

Oaxaca

ISTMO DE
TEHUANTEPEC

BELICE

Acapulco ●

GUATEMALA

OCÉANO PACÍFICO

EL SALVADOR

Baile en el día de la Guelaguetza
en Oaxaca, México

México

Capital México, D.F.

Population 121.7 million

Area 758,449 sq mi / 1,964,375 sq km

Languages Spanish (official), Nahuatl, various Mayan and other indigenous languages

Religions Roman Catholic, Protestant

Government federal republic

Currency *peso mexicano*

Exports manufactured products, oil and oil products, silver, coffee, cotton, fruit, vegetables

América Central

LEYENDA
Elevación

Metros	Pies
3,000	9,840
2,000	6,560
1,000	3,280
500	1,640
200	656

—— Frontera nacional
✪ Capital
● Ciudad
▲ Volcán o montaña
■ Zona arqueológica

0 — 100 Millas
0 — 100 Kilómetros

Proyección azimutal
equivalente de Lambert

Guatemala

Capital Ciudad de Guatemala

Population 14.9 million

Area 42,042 sq mi / 108,889 sq km

Languages Spanish (official), Quiche, Cakchiquel, Kekchi, Mam, Garifuna, Xinca, and other indigenous languages

Religions Roman Catholic, Protestant, traditional Mayan beliefs

Government constitutional democratic republic

Currency *quetzal*, U.S. dollar (*dólar*)

Exports coffee, sugar, petroleum, clothing, textiles, bananas, vegetables

El Salvador

Capital San Salvador

Population 6.1 million

Area 8,124 sq mi / 21,041 sq km

Languages Spanish (official), Nahua

Religions Roman Catholic, Protestant

Government republic

Currency U.S. dollar (*dólar*)

Exports offshore assembly parts, coffee, sugar, textiles, chemicals, electricity

Honduras

Capital Tegucigalpa

Population 8.7 million

Area 43,278 sq mi / 112,090 sq km

Languages Spanish (official), indigenous languages

Religions Roman Catholic, Protestant

Government democratic constitutional republic

Currency *lempira*

Exports coffee, bananas, shrimp, lobster, clothing, gold, wood

El volcán Arenal,
Costa Rica

Nicaragua

Capital Managua

Population 5.9 million

Area 50,336 sq mi / 130,370 sq km

Languages Spanish (official), English, Miskito, other indigenous languages

Religions Roman Catholic, Protestant

Government republic

Currency *córdoba*

Exports coffee, shrimp, lobster, cotton, tobacco, meat, sugar, gold

Costa Rica

Capital San José

Population 4.8 million

Area 19,730 sq mi / 51,100 sq km

Languages Spanish (official), English

Religions Roman Catholic, Protestant

Government democratic republic

Currency *colón*

Exports coffee, bananas, sugar, textiles, pineapple, electronic components

Panamá

Capital Ciudad de Panamá

Population 3.7 million

Area 29,120 sq mi / 75,420 sq km

Languages Spanish (official), other indigenous languages

Religions Roman Catholic, Protestant

Government constitutional democracy

Currency *balboa*, U.S. dollar *(dólar)*

Exports fruit, dried fruit, fish, iron, steel, wood

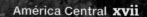

El Caribe

Golfo de México

ISLAS BAHAMAS

Estrecho de la Florida

La Habana

24° N

Trópico de Cáncer

OCÉANO ATLÁNTICO

CUBA

Isla de la Juventud

Santiago de Cuba

Guantánamo

REPÚBLICA DOMINICANA

Bahía de Samaná

20° N

PUERTO RICO (E.E.U.U.)

VIEQUES

San Juan

HAITÍ

Santo Domingo

Ponce

El Yunque

JAMAICA

16° N

Mar Caribe

LEYENDA
Elevación

Metros	Pies
3,000	9,840
2,000	6,560
1,000	3,280
500	1,640
200	656

—— Frontera nacional

✪ Capital

● Ciudad

▲ Volcán o montaña

0   100 Millas

0   100 Kilómetros

Proyección azimutal equivalente de Lambert

80° O   76° O   72° O   68° O

Cuba

Capital La Habana

Population 11 million

Area 42,803 sq mi / 110,860 sq km

Languages Spanish (official)

Religions Roman Catholic, Protestant, and other religions

Government Communist state

Currency *peso cubano*

Exports sugar, nickel, tobacco, shellfish, medical products, citrus, coffee

República Dominicana

Capital Santo Domingo

Population 10.5 million

Area 18,792 sq mi / 48,670 sq km

Languages Spanish (official)

Religions Roman Catholic, Protestant

Government democratic republic

Currency *peso dominicano*

Exports sugar, gold, silver, cocoa, tobacco, meat

Puerto Rico

Capital San Juan

Population 3.6 million

Area 5,325 sq mi / 13,791 sq km

Languages Spanish and English (both official)

Religions Roman Catholic, Protestant

Government commonwealth of the United States

Currency U.S. dollar

Exports chemicals, electronics, apparel, canned tuna, beverage concentrates, medical equipment

El equipo de béisbol de Cuba
jugando un partido

América del Sur (PARTE NORTE)

Mar Caribe

Cartagena
Maracaibo
Caracas
VENEZUELA
Río Orinoco
Medellín
Río Magdalena
Cali
Bogotá
COLOMBIA
ECUADOR
Quito
Ecuador
0°
Chimborazo
Guayaquil
ISLAS GALÁPAGOS (Ecuador)
Golfo de Guayaquil
CORDILLERA DE LOS ANDES
PERÚ
BRASIL
Huascarán
Callao
Lima
Machu Picchu
Cuzco
BOLIVIA
La Paz
Cochabamba
OCÉANO PACÍFICO
Titicaca
ALTIPLANO
Sucre
Nevado Sajama
Potosí
PARAGUAY
20° S
Trópico de Capricornio
CHILE
ARGENTINA
URUGUAY
OCÉANO ATLÁNTICO
40° S

LEYENDA
Elevación

Metros	Pies
3,000	9,840
2,000	6,560
1,000	3,280
500	1,640
200	656

— Frontera nacional
✪ Capital
● Ciudad
▲ Volcán o montaña
■ Zona arqueológica

0   400 Millas
0   400 Kilómetros

Proyección azimutal equivalente de Lambert

N O E S

Colombia

Capital Bogotá
Population 44.7 million
Area 439,736 sq mi / 1,138,910 sq km
Languages Spanish (official)
Religion Roman Catholic
Government republic
Currency *peso colombiano*
Exports textiles, petroleum, coal, coffee, gold, emeralds, bananas, flowers, pharmaceuticals, sugar

Ecuador

Capital Quito
Population 15.9 million
Area 109,483 sq mi / 283,561 sq km
Languages Spanish (official), Quechua, other indigenous languages
Religion Roman Catholic protestant, and other religions
Government republic
Currency U.S. dollar *(dólar)*
Exports oil, bananas, flowers, shrimp, cocoa, coffee, wood

Una joven aymara
en Bolivia

Perú

Capital Lima

Population 30.4 million

Area 496,225 sq mi / 1,285,216 sq km

Languages Spanish (official), Quechua (official), protestant and other indigenous languages

Religion Roman Catholic and other religions

Government constitutional republic

Currency *nuevo sol*

Exports gold, zinc, copper, fish and fish products, textiles

Venezuela

Capital Caracas

Population 27.6 million

Area 352,144 sq mi / 912,050 sq km

Languages Spanish (official), various indigenous languages

Religions Roman Catholic, Protestant

Government federal republic

Currency *bolívar fuerte*

Exports oil and oil products, aluminum, hydroelectricity

Bolivia

Capital La Paz, Sucre

Population 10.8 million

Area 424,164 sq mi / 1,098,581 sq km

Languages Spanish, Quechua, Aymara, Guaraní, and other indigenous languages

Religions Roman Catholic, Protestant

Government republic

Currency *boliviano*

Exports soy and soy products, natural gas, zinc, wood, tin, gold

América del Sur (PARTE SUR)

Mar Caribe

VENEZUELA

COLOMBIA

Ecuador

ECUADOR

0°

PERÚ

BRASIL

OCÉANO
PACÍFICO

ALTIPLANO

BOLIVIA

CORDILLERA DE LOS ANDES

Río Paraguay

20° S

GRAN CHACO

PARAGUAY

Asunción

Cataratas
del Iguazú

Trópico de Capricornio

LEYENDA
Elevación

Metros	Pies
3,000	9,840
2,000	6,560
1,000	3,280
500	1,640
200	656

— Frontera nacional
✪ Capital
● Ciudad
▲ Volcán o montaña

0   400 Millas
0   400 Kilómetros

Proyección azimutal
equivalente de Lambert

CHILE

Viña del Mar
Valparaíso
Santiago
Cerro
Aconcagua

ARGENTINA

Rosario

URUGUAY

Montevideo
Punta del
Este

Buenos Aires

PAMPAS

Río de la Plata

Mar del Plata

OCÉANO
ATLÁNTICO

40° S

Cerro de
San Valentín

PATAGONIA

Torres del
Paine

TIERRA DEL
FUEGO

Estrecho de
Magallanes

Cabo de Hornos

Chile

Capital Santiago
Population 17.5 million
Area 291,933 sq mi / 756,102 sq km
Languages Spanish (official), English, and other indigenous languages
Religions Roman Catholic, Protestant
Government republic
Currency peso chileno
Exports copper, fish, fruit, paper and pulp, chemicals

La Casa Rosada en
Buenos Aires, Argentina

Paraguay

Capital Asunción

Population 6.8 million

Area 157,048 sq mi / 406,752 sq km

Languages Spanish and Guaraní (both official)

Religions Roman Catholic, Protestant

Government constitutional republic

Currency *guaraní*

Exports soy, cotton, meat, cooking oil, wood, leather

Argentina

Capital Buenos Aires

Population 43.4 million

Area 1,073,518 sq mi / 2,780,400 sq km

Languages Spanish (official), English, French, Italian, German, and indigenous languages

Religions Roman Catholic, Protestant, Jewish

Government republic

Currency *peso argentino*

Exports soy and soy products, petroleum, gas, motor vehicles, corn, wheat

Uruguay

Capital Montevideo

Population 3.3 million

Area 68,037 sq mi / 176,215 sq km

Languages Spanish (official), Portuñol/Brazilero

Religions Roman Catholic, Protestant, and other religions

Government constitutional republic

Currency *peso uruguayo*

Exports meat, soy, rice, wheat, wood, milk products, wool

España
Guinea Ecuatorial

8° O — 6° O — 4° O — Golfo de Vizcaya 2° O — FRANCIA — 0° — 2° E — 4° E

Asturias

Santiago de Compostela
Galicia

Cantabria
Bilbao
País Vasco
Pamplona
Navarra
La Rioja

PIRINEOS

42° N

OCÉANO ATLÁNTICO

Castilla y León
Valladolid
Río Duero

ESPAÑA

PORTUGAL

Madrid

Río Tajo

Zaragoza
Aragón

Cataluña
Barcelona

Mar Mediterráneo

Menorca

40° N

Mallorca

Valencia
Valencia

Baleares

Ibiza

ISLAS BALEARES

Extremadura
Río Guadiana
Mérida

Castilla-La Mancha

38° N

SIERRA MORENA

Alicante

Murcia

Río Guadalquivir
Córdoba
Sevilla
Andalucía
Granada
Málaga

0 — 100 Millas
0 — 100 Kilómetros
Proyección azimutal equivalente de Lambert

Estrecho de Gibraltar
Ceuta

Melilla

ISLAS CANARIAS

La Palma
Tenerife
Gomera
Hierro
Lanzarote
Fuerteventura
Gran Canaria

28° N

OCÉANO ATLÁNTICO
18° O — 16° O
0 — 50 mi
0 — 50 km

LEYENDA
Elevación

Metros	Pies
3,000	9,840
2,000	6,560
1,000	3,280
500	1,640
200	656

— Frontera nacional
⊛ Capital
● Ciudad

Paisaje de Guinea Ecuatorial

Malabo
Isla Bioko

Golfo de Guinea

GUINEA ECUATORIAL

0 — 50 Millas
0 — 50 Kilómetros
Proyección azimutal equivalente de Lambert

CAMERÚN

CAMERÚN
Isla Bioko
GUINEA ECUATORIAL
GABÓN

Ebebiyin

Bata

Mbini

Río Muni

Isla Annobón

PARQUE NACIONAL MONTE ALEN

OCÉANO ATLÁNTICO

8° E — 10° E

GABÓN

El Alcázar de Toledo, España

España

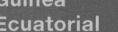

Capital Madrid

Population 48.1 million

Area 195,124 sq mi / 505,370 sq km

Languages Castilian Spanish (official); Catalan, Galician, Basque (official regionally), and other regional languages

Religion Roman Catholic

Government parliamentary monarchy

Currency *euro*

Exports food, machinery, motor vehicles, pharmaceutical products

Guinea Ecuatorial

Capital Malabo

Population 740,743

Area 10,831 sq mi / 28,051 sq km

Languages Spanish and French (both official), Fang, Bubi

Religions Roman Catholic, traditional African religions, and other religions

Government republic

Currency *franco CFA*

Exports oil, timber

Estados Unidos

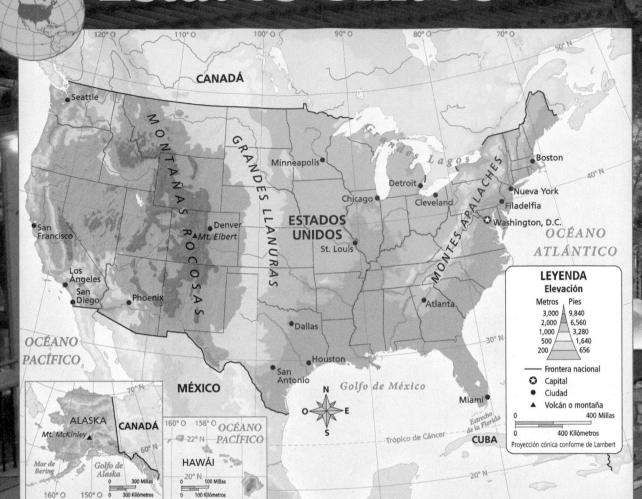

CANADÁ

Seattle

MONTAÑAS ROCOSAS

GRANDES LLANURAS

San Francisco

Denver
Mt. Elbert

Los Ángeles

San Diego

Phoenix

ESTADOS UNIDOS

Minneapolis

Chicago

St. Louis

Dallas

San Antonio

Houston

Grandes Lagos

Detroit

Cleveland

Atlanta

MONTES APALACHES

Boston

Nueva York

Filadelfia

Washington, D.C.

OCÉANO ATLÁNTICO

Miami

Estrecho de la Florida

CUBA

Trópico de Cáncer

Golfo de México

OCÉANO PACÍFICO

MÉXICO

LEYENDA
Elevación

Metros	Pies
3,000	9,840
2,000	6,560
1,000	3,280
500	1,640
200	656

— Frontera nacional
⊗ Capital
● Ciudad
▲ Volcán o montaña

0   400 Millas
0   400 Kilómetros
Proyección cónica conforme de Lambert

ALASKA
Mt. McKinley ▲
CANADÁ
Mar de Bering
Golfo de Alaska
0   300 Millas
0   300 Kilómetros

OCÉANO PACÍFICO
HAWÁI
0   100 Millas
0   100 Kilómetros

50° N
40° N
30° N
20° N

120° O   110° O   100° O   90° O   80° O   70° O

70° N
60° N
160° O   150° O

160° O   158° O
22° N
20° N

Riverwalk en
San Antonio, Texas

Estados Unidos

Capital Washington, D.C.

Population 321.4 million

Area 3,796,742 sq mi / 9,833,517 sq km

Languages English, Spanish, other Indo-European languages, Asian and Pacific Islander languages, other languages

Religions Protestant, Roman Catholic, Jewish, Muslim, Mormon, and other religions

Government federal republic

Currency U.S. dollar

Exports motor vehicles, aircraft, medicines, telecommunications equipment, electronics, chemicals, soybeans, fruit, corn

Para empezar

Communication

By the end of *Para empezar* you will be able to:

- Listen to information about likes, dislikes, healthy choices, and foods.
- Read and write e-mails and notes about plans, school, and everyday activities.
- Exchange information while describing people and discussing plans.

You will demonstrate what you know and can do:

- A ver si puedes, pp. PE-26, 27

You will also review:

1 Mis amigos y yo

- Talk about what you like and don't like to do
- Describe yourself and other people

2 La escuela

- Talk about the classes you have
- Describe your classroom
- Ask and tell who is doing an action

3 La comida

- Talk about foods and beverages for breakfast, lunch, and dinner
- Discuss food, health, and exercise

4 Los pasatiempos

- Talk about locations in your community
- Talk about leisure activities
- Tell where you go
- Ask questions

Go **Online** to practice

PEARSON
realize™

PearsonSchool.com/Autentico

 AUDIO

 VIDEO

 WRITING

 SPEAK/RECORD

 MAPA GLOBAL

 AUTÉNTICO

 FLASCHARDS

 ETEXT 2.0

 GAMES

Un grupo de jóvenes,
Mallorca, España

1 Mis amigos y yo

OBJECTIVES
▶ Talk about what you like and don't like to do
▶ Describe yourself and other people

 ¿Qué te gusta hacer?

to tell what you like to do
(A mí) me gusta ___.
(A mí) me gusta más ___.
(A mí) me gusta mucho ___.
A mí también
ir a la escuela
jugar videojuegos
montar en bicicleta
patinar
practicar deportes
trabajar

to say what you don't like to do
(A mí) no me gusta ___.
(A mí) no me gusta nada ___.
A mí tampoco.

to ask others what they like to do
¿Qué te gusta hacer?
¿Qué te gusta más?
¿Te gusta ___?
¿Y a ti?

other useful words and expressions
ni . . . ni
o
pues
sí
también
y

bailar

escuchar música

nadar

escribir cuentos

montar en monopatín

correr

esquiar

dibujar

cantar

pasar tiempo con amigos

ver la tele

usar la computadora

hablar por teléfono

tocar la guitarra

leer revistas

Y tú, ¿cómo eres?

to talk about what you and others are like
bueno, -a
inteligente
ordenado, -a
paciente
serio, -a
simpático, -a

to tell people what someone likes or doesn't like
le gusta . . .
no le gusta . . .

to describe someone
soy
no soy
es

to tell whom you are talking about
el chico
la chica
yo
él
ella

other useful words and expressions
a veces
muy
pero
según
según mi familia

artístico, -a

desordenado, -a

impaciente

trabajador, -a

perezoso, -a

atrevido, -a

talentoso, -a

gracioso, -a

reservado, -a

estudioso, -a

sociable

deportista

Hola, soy Jaime

LEER, ESCRIBIR Read the email from your new friend, Jaime. Number your paper from 1–6 and for each of Jaime's statements, write *cierto* if it is true, or *falso* if it is false. Correct the false statements.

¡Hola!

Me llamo Jaime Ordóñez Soriano. Soy de Santiago de los Caballeros en la República Dominicana. Yo soy deportista y un poco reservado. Me gusta leer libros de historia y montar en bicicleta. Mi amiga Clara es de Camagüey, Cuba. No es ni deportista ni reservada. Ella es muy talentosa, pero yo no. No me gusta ni tocar la guitarra ni dibujar. Tampoco me gusta bailar. Y tú, ¿cómo eres? ¿Qué te gusta hacer?

1. Yo soy de Camagüey.

2. Mi amiga Clara no es reservada.

3. Yo soy muy talentoso.

4. Me gusta leer revistas.

5. No me gusta ni bailar ni dibujar.

6. Me gusta montar en bicicleta.

¿Recuerdas?

In Spanish, you might use one or more negatives after answering "no".

—¿Te gusta cantar?

—**No, no** me gusta **nada.**

If you want to say that you do not like either of two choices, use *ni...ni:*

• **No** me gusta **ni** nadar **ni** dibujar.

Gramática
Repaso

Infinitives

Verbs are words that are most often used to name actions. The most basic form of a verb is called the **infinitive.** In English, you can spot infinitives because they usually have the word "to" in front of them. Spanish infinitives are only one word, and always end in *-ar, -er,* or *-ir:*

nad**ar**, le**er**, escrib**ir**

The verb *gustar*

It's easy to talk about the things you like to do once you know the infinitive. Just add the infinitive to *te gusta* or *me gusta.*

¿Te gusta **practicar deportes?**

Sí, me gusta **correr.**

2

¿Te gusta dibujar?

DIBUJAR, HABLAR EN PAREJA

1 On a sheet of paper, make simple sketches of three activities that you like to do, and three that you do not like to do.

2 Work with a partner. Exchange your sketches and take turns asking each other whether or not you like doing each activity shown.

Videomodelo

A —¿Te gusta **bailar**?

B —No, no me gusta **bailar**. ¿Y a ti?

A —Sí, me gusta mucho **bailar con mis amigos**.

o: —A mí tampoco. Me gusta más **cantar**.

3

Y tú, ¿qué dices?

ESCRIBIR, HABLAR

1. ¿Qué te gusta hacer en invierno? ¿Qué te gusta hacer en verano?

2. ¿Qué te gusta hacer más después de las clases?

3. ¿Qué no te gusta hacer los fines de semana?

4. ¿Qué revistas te gusta leer? ¿Qué libros?

5. ¿Con quién te gusta hablar por teléfono?

Gramática
Repaso

Adjectives

Words that describe people and things are called adjectives (*adjetivos*).

In Spanish, most adjectives have both masculine and feminine forms. The masculine form usually ends in the letter -o and the feminine form usually ends in the letter -a.

Masculine adjectives are used to describe masculine nouns and feminine adjectives are used to describe feminine nouns.

Paco es ordenad**o** y simpátic**o**.

Marta es ordenad**a** y simpátic**a**.

Adjectives that end in -e describe both masculine and feminine nouns.

Anita es inteligent**e** y Pedro es inteligent**e**.

When the masculine form of an adjective ends in -or, its feminine form ends in -ora.

Juan Carlos es trabajad**or** y Marilú es trabajad**ora** también.

Some adjectives that end in -a, such as *deportista*, describe both masculine and feminine nouns. You will need to learn which adjectives follow this pattern.

Tomás es deportist**a** y Raquel es deportist**a**.

Más recursos ONLINE

▶ **Tutorial:** Noun-adjective agreement

4

Los amigos de Jorge

 ESCUCHAR Listen to Jorge describe his friends. Write the numbers 1–5 on a sheet of paper. For each of his statements, write the name of the activity you think his friends would prefer.

1. ver la tele o estudiar
2. correr o dibujar
3. leer o jugar videojuegos
4. montar en monopatín o escribir cuentos
5. hablar por teléfono o usar la computadora

5

¿Cómo son los estudiantes?

 ESCRIBIR Number your paper from 1–6. Use the words in the box below to write a sentence describing each of the following people.

atrevido	gracioso
talentoso	perezoso
sociable	trabajador
desordenado	

 1. Gloria

 2. Lola

 3. Silvia

 4. Alejandro

 5. Juan

 6. Miguel

6

En la clase de español de Jaime

LEER, ESCRIBIR Unscramble the following descriptions from your friend Jaime's email in which he talks about people in his Spanish class. Write your paragraph on a sheet of paper.

Para	Miclase@español.com ✖
Sujeto	Mi clase de español

Me gusta mucho mi clase de español.

1. estudioso soy chico un yo.
2. Cruz una es profesora la paciente Sra. muy.
3. seria chica una es Ana.
4. no un Rafael chico es serio.
5. él un gracioso chico es.

Me gusta ir a la escuela y pasar tiempo con amigos.

   ✉   ✎ ▾ B I T! ≡ ≡ ≡ ≡ ↱ ↰ ☺

¿Recuerdas?

In Spanish, adjectives usually come after the noun they describe. Notice how *artística* follows *chica* in this sentence:

• Margarita es **una chica artística**.

7

¿Cómo eres y qué te gusta hacer?

HABLAR EN PAREJA Working with a partner, find out what each other is like. Ask questions using the following adjectives and answer following the model.

 Videomodelo

A —¿*Eres talentoso(a)?*
B —*Sí, soy un(a) chico(a) talentoso(a). Me gusta mucho escribir cuentos.*
o: —*Pues, no soy un(a) chico(a) muy talentoso(a). Me gusta más ver la tele.*

Estudiante A

artístico, -a
deportista
estudioso, -a
perezoso, -a
reservado, -a
talentoso, -a
¡Respuesta personal!

Estudiante B

¡Respuesta personal!

2 La escuela

OBJECTIVES

▶ Talk about the classes you have
▶ Describe your classroom
▶ Ask and tell who is doing an action

🔊 Tu día en la escuela

to talk about your school day
la clase
en la . . . hora
la tarea

to describe school activities
enseñar
estudiar
hablar

to describe your classes
aburrido, -a
difícil
divertido, -a
fácil
favorito, -a
interesante
práctico, -a
más . . . que

to talk about things you need for school
la calculadora
la carpeta de argollas
el diccionario
necesito
necesitas

other useful words and expressions
a ver...
para...
¿Quién?
mucho, -a

1 primera hora

español

2 segunda hora

arte

3 tercera hora

educación física

4 cuarta hora

el almuerzo

5 quinta hora

ciencias naturales

6 sexta hora

ciencias sociales

7 séptima hora

tecnología

8 octava hora

matemáticas

9 novena hora

inglés

Tu sala de clases

to identify gender and quantity of nouns
los, las
unos, unas

to talk about classroom items
el escritorio
la mochila
la pantalla
el ratón
el teclado

to indicate location
al lado de la/del
allí
aquí
debajo de la/del
delante de la/del
detrás de la/del
¿Dónde?
en
encima de la/del

to indicate possession
de
mi
tu

to identify (description, quantity)
Es un(a)
Hay
¿Qué es esto?

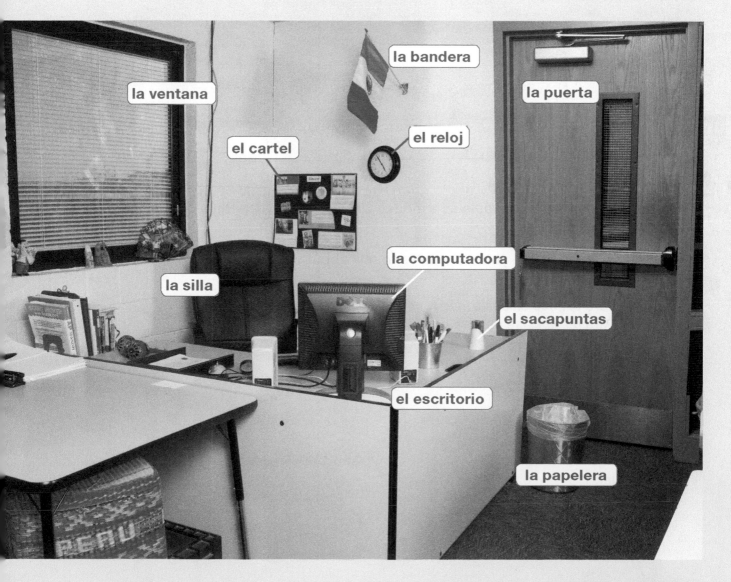

la bandera

la ventana

la puerta

el cartel

el reloj

la computadora

la silla

el sacapuntas

el escritorio

la papelera

8

¿Para qué clase?

ESCUCHAR Look at the schedule below as you listen to Gabriela get ready for school. Write the numbers 1–5 on a sheet of paper. For each statement that you hear, write the class period that Gabriela is gathering items for.

Horario	
Estudiante: Gabriela del Mar Romero	
1ª hora	inglés
2ª hora	matemáticas
3ª hora	tecnología
4ª hora	arte
5ª hora	educación física
6ª hora	almuerzo
7ª hora	ciencias naturales
8ª hora	español
9ª hora	ciencias sociales

9

¿Cómo es tu horario?

ESCRIBIR, HABLAR EN PAREJA

1 Using Gabriela's schedule as a model, write your own schedule on a sheet of paper.

2 With a partner, use your schedules to talk about your classes.

Videomodelo

A —*Para ti, ¿qué clase es más* **fácil**?
B —*Para mí, la clase de* **arte** *es más* **fácil***. Me gusta mucho* **dibujar***.*
A —*¿En qué hora es la clase?*
B —*Es en la* **segunda** *hora.*

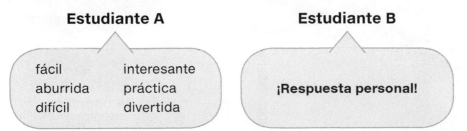

Estudiante A

fácil   interesante
aburrida   práctica
difícil   divertida

Estudiante B

¡Respuesta personal!

Gramática
Repaso

Subject pronouns

The subject of a sentence tells who is doing the action. You can also use subject pronouns, which replace people's names.

Eduardo toca muy bien la guitarra.   **Laura y yo** practicamos muchos deportes.

Él toca muy bien la guitarra.   **Nosotros** practicamos muchos deportes.

Here are the subject pronouns in Spanish:

(yo)	I	**nosotros** **nosotras**	we (masc., masc./fem.) we (fem.)
tú	you (familiar)	**vosotros** **vosotras**	you (masc., masc./fem.) you (fem.)
usted (Ud.)	you (formal)	**ustedes (Uds.)**	you (formal)
él ella	he she	**ellos** **ellas**	they (masc., masc./fem.) they (fem.)

Present tense of *-ar* verbs

You will want to use verbs in ways other than in the infinitive form. To create the present-tense form of most -ar verbs, you first drop the -ar ending, leaving the stem. Then you add new endings to the stem. These verb endings tell you who is doing the action.

Here are the present-tense forms of the verb *hablar*:

(yo)	**hablo**	(nosotros) (nosotras)	**hablamos**
(tú)	**hablas**	(vosotros) (vosotras)	**habláis**
Ud. (él) (ella)	**habla**	Uds. (ellos) (ellas)	**hablan**

Más recursos ONLINE

▶ **Tutorials:** Subject pronouns, Verbs, -ar verbs

▶ **Animated Verbs**

10

Las actividades de mis amigos

 ESCRIBIR Use the words in the box to write sentences about what you and your friends do.

1. yo
2. mi mejor (best) amigo(a)
3. mi profesor(a)
4. los estudiantes en mi clase de español
5. mis amigos y yo

estudiar	montar en monopatín
usar la computadora	escuchar música
patinar	trabajar
nadar	bailar

¿Qué hacen los fines de semana?

HABLAR EN PAREJA With a partner, take turns asking about what you and your friends do on the weekends.

Videomodelo

A —*¿Estudias tú los sábados?*
B —*Sí, yo estudio los sábados.*
A —*¿Y tus amigos?*
B —*Sí, mis amigos y yo estudiamos mucho.*
o:—*No, ellos no estudian, pero usan la computadora.*

Estudiante A

¡Respuesta personal!

Estudiante B

¡Respuesta personal!

¿Generalmente dónde están?

ESCRIBIR Number your paper from 1–5. For each of the times below, write a sentence to tell where you and the people you know generally are.

Modelo
el domingo a las ocho de la mañana: *(nombre)* y *(nombre)*
El domingo a las ocho de la mañana, Joaquín y Sarita están en la iglesia.

1. el lunes a las diez de la mañana: tu mejor amigo(a) *(nombre)*

2. el miércoles al mediodía: la profesora *(nombre)*

3. el sábado a las ocho de la noche: tú

4. el viernes a la una de la tarde: los profesores *(nombre)* y *(nombre)*

5. el domingo a las once de la mañana: tu amigo(a) *(nombre)* y tú

¿Recuerdas?
Estar is irregular because the *yo* form doesn't follow a regular pattern, and because *estás, está,* and *están* require accent marks. *Estar* is used to tell how someone feels or where something is located.
• **Estoy** en la escuela.

13

¿Qué hay y dónde está?

🎤 **HABLAR EN PAREJA** With a partner, take turns asking if various items are in the following picture, and where each item is located.

▶ **Videomodelo**

A —*¿Hay una computadora?*

B —*Sí, hay una computadora.*

A —*Pues, ¿dónde está?*

B —*Está encima de la mesa.*

> **¿Recuerdas?**
>
> When the preposition *de* is followed by the masculine definite article *el*, the contraction *del* must be used.
>
> • La computadora está encima **del** escritorio.

14

Juego

🎤 **ESCRIBIR, HABLAR EN PAREJA** Make a list of five items you can see in your classroom for which you know the names in Spanish. With a partner, describe where each item is, and your partner will guess which item you are talking about.

▶ **Videomodelo**

A —*Está al lado de la puerta, debajo del sacapuntas.*

B —*¿Es la papelera?*

A —*¡Claro que sí!*

o: —*No, está cerca de la papelera, pero no es la papelera.*

3 La comida

OBJECTIVES
▶ Talk about foods and beverages for breakfast, lunch, and dinner
▶ Discuss food, health, and exercise

¿Desayuno o almuerzo?

to talk about breakfast
el desayuno
el jugo de naranja
el pan
el plátano
la salchicha
el té
el tocino
el yogur

to say that you like / love something
Me/te encanta(n) ____.
Me/te gusta(n) ____.

to talk about eating and drinking
beber
comer
la comida
compartir

to show surprise
por supuesto
¡Qué asco!
¿Verdad?

to talk about lunch
la ensalada
las fresas
la galleta
la hamburguesa
la manzana
el perrito caliente
la pizza
el refresco
el té helado

to indicate how often
nunca
siempre
todos los días

other useful words and expressions
comprender
con
¿Cuál?
más o menos
sin

en el desayuno

el jugo de manzana

el cereal

la leche

en el almuerzo

la ensalada de fruta

la limonada

el agua

el pan tostado

el café

los huevos

la sopa de verduras

las papas fritas

el sándwich de jamón y queso

Para mantener la salud

to talk about being hungry and thirsty
Tengo hambre.
Tengo sed.

to talk about dessert
el helado
los pasteles

to discuss health
caminar
hacer ejercicio
  (yo) hago
  (tú) haces
levantar pesas
para la salud
para mantener
 la salud

to describe something horrible
malo, -a
sabroso, -a

to indicate agreement and disagreement
Creo que . . .
Creo que sí/no.
(No) estoy de acuerdo.

other useful words and expressions
algo
cada día
muchos, -as
¿Por qué?
porque
todos, -as
(yo) prefiero
(tú) prefieres

en la cena

la mantequilla

el arroz

los espaguetis

las uvas

las judías verdes

los guisantes

el pescado

la carne

el bistec

el pollo

las zanahorias
los tomates
las cebollas
las papas
la lechuga

¿Qué te gusta comer?

HABLAR EN PAREJA With a partner, look at the menu below to talk about what you like to eat and drink for breakfast, lunch, and dinner.

Videomodelo

A —*¿Qué te gusta comer en el desayuno?*
B —*Me gusta el tocino y me encantan los huevos.*
A —*¿Y para beber?*
B —*Pues, me gusta mucho el jugo de naranja.*

¿Recuerdas?

Use *me gusta* and *me encanta* to talk about a singular noun.
• Me encant**a** el café, pero no me gust**a** la leche.

Use *me gustan* and *me encantan* to talk about a plural noun.
• Me gust**an** los plátanos, y me encant**an** las uvas.

Café Miami

Menú del día

EL DESAYUNO
cereal con plátanos	$3.75
huevos con tocino y pan tostado	$4.50
huevos con salchichas y pan tostado	$4.50
ensalada de frutas	$4.25
con yogur	$5.00

EL ALMUERZO
sándwiches con papas fritas	
de jamón	$5.25
de jamón y queso	$5.75
perrito caliente con papas fritas	$5.75
hamburguesa con papas fritas	$6.25
pizza	$3.50
ensalada	$4.75
sopa de verduras con ensalada y pan	$5.25

LA CENA
bistec con papas y judías verdes	$11.25
pollo con arroz y zanahorias	$9.25
pescado con arroz y guisantes	$12.00
espaguetis con salsa de tomate y queso	$8.50

ensalada de lechuga y tomate incluida con todas las cenas

EL POSTRE
pasteles del día	$3.75
helado	$3.00

BEBIDAS
refrescos	$1.25
té helado	$1.00
limonada	$2.00
jugo de naranja	$2.50
jugo de manzana	$2.00
té o café	$1.50
leche	$1.25

Huevos y pan tostado

hamburguesa

espaguetis con salsa de tomatoe y queso

pasteles del día

Gramática
Repaso

Present tense of -*er* and -*ir* verbs

To create the present-tense forms of -*er* and -*ir* verbs, drop the endings from the infinitives, and add the appropriate verb endings to the stem.

Here are the present-tense forms of regular -*er* verbs:

como	comemos
comes	coméis
come	comen

Here are the present-tense forms of regular -*ir* verbs:

comparto	compartimos
compartes	compartís
comparte	comparten

Más recursos ONLINE

- Tutorials: *er* verbs, -*ir* verbs
- Animated Verbs

16

¿Qué hacen para mantener la salud?

ESCRIBIR Write sentences to say what the following people do or don't do to stay healthy, based on what you see in the drawings.

1. Juani / correr

2. Laura y Ana / comer

4. Manuela y Rosa / compartir

5. Roberto / comer

Modelo
tú
Tú bebes leche.

3. Pedro y yo / beber

¡Respuesta personal!

6. yo

17

¿Qúe bebes y qué comes?

HABLAR EN PAREJA With a partner, talk about what you eat and drink for breakfast, lunch, and dinner.

Videomodelo
A —¿Comes salchichas en el desayuno?
B —Sí, me encantan. Como salchichas en el desayuno los domingos.

Estudiante A

las papas fritas	los pasteles	el café
el cereal	el pollo	los refrescos
la ensalada	el pescado	la leche

Estudiante B

me gusta(n)	no me gusta(n) nada
me encanta(n)	¡Qué asco!

Gramática
Repaso

The plurals of adjectives

Just as adjectives agree with nouns depending on whether they are masculine or feminine, they also agree according to whether the nouns are singular or plural. To make adjectives plural, just add -*s* after the vowel at the end of the adjective. If the adjective ends in a consonant, add -*es*.

La manzana es buen**a** para la salud.

Las manzana**s** son buena**s** para la salud.

El pastel aquí es popular. **Los** pastel**es** del Café Nuñoz son popular**es**.

When an adjective describes a group including both masculine and feminine nouns, use the masculine plural form.

Las zanahoria**s** y **los** tomate**s** son buen**os** para la salud.

18

¿Cómo son los estudiantes?

 ESCRIBIR   Using the words from the list below, write sentences to describe Alejo and his friends.

deportista	atrevido
talentoso	trabajador
perezoso	estudioso
gracioso	

Modelo
Clara
Clara es estudiosa.
Estudian mucho.

1. Juan y yo

2. Ana y María

3. Joaquín y Luisa

4. Claudia y Marisa

5. los estudiantes en mi clase de arte

6. Natalia

¿Qué comemos para mantener la salud?

ESCRIBIR, HABLAR EN PAREJA

1 On a separate sheet of paper, write a list of food categories: *frutas, verduras, carnes, dulces,* and fill in at least two items for each category.

frutas	verduras	carnes	dulces
las uvas			

2 Work with a partner. For each category on your list, take turns asking and answering questions about what you prefer to eat or drink and why you like those items.

Videomodelo

A —*¿Qué frutas prefieres comer?*
B —*Me gustan mucho las fresas y las manzanas.*
A —*Y, ¿por qué?*
B —*Porque son muy sabrosas y son buenas para la salud. Yo soy deportista y necesito mantener la salud.*

Y tú, ¿qué dices?

ESCRIBIR, HABLAR

1. ¿Qué prefieres comer en el desayuno? ¿En el almuerzo?

2. ¿Qué frutas son buenas para la salud? ¿Qué verduras?

3. ¿Qué comida que es buena para la salud te gusta comer?

4. ¿Qué comida que es mala para la salud te gusta comer?

5. ¿Qué actividades te gusta hacer para mantener la salud?

4 Los pasatiempos

OBJECTIVES
▶ Talk about locations in your community
▶ Talk about leisure activities
▶ Tell where you go
▶ Ask questions

¿Adónde vas?

to tell where you go and with whom
a
a la, al (a + el)
¿Adónde?
a casa
¿Con quién?
con mis/tus amigos
solo, -a

to talk about places
Me quedo en casa.
la casa
  en casa
el gimnasio
la iglesia
la mezquita
la sinagoga
el templo

to talk about when things are done
¿Cuándo?
después
después (de)
los fines de semana
los lunes, los martes…
el tiempo libre

other useful words and expressions
¿De dónde eres?
de
generalmente
¡No me digas!
para + *infinitive*

las montañas

la playa

el parque

el campo

el trabajo

la biblioteca

ir de compras

el cine

el centro comercial

ver una película

el restaurante

la piscina

la lección de piano

¿Quieres ir conmigo?

to tell what time something happens
¿A qué hora?
a la una
a las ocho
de la mañana
de la noche
de la tarde
este fin de semana
esta noche
esta tarde

to describe how someone feels
cansado, -a
contento, -a
enfermo, -a
mal
ocupado, -a
triste

to extend, accept, or decline invitations
conmigo
contigo
(yo) puedo
(tú) puedes
¡Ay! ¡Qué pena!
¡Genial!
lo siento
¡Oye!
¡Qué buena idea!
(yo) quiero
(tú) quieres
¿Te gustaría?
Me gustaría
Tengo que ____.

other useful words and expressions
demasiado
entonces
un poco (de)
ir + a + *infinitive*
(yo) sé
(tú) sabes

jugar al béisbol

jugar al vóleibol

jugar al fútbol americano

jugar al golf

jugar al fútbol

jugar al básquetbol

jugar al tenis

el concierto

la fiesta

el baile

ir de pesca

el partido

21

¿Adónde va Carmen?

ESCUCHAR Listen to Carmen describe her plans for the week. As you hear each statement she makes, point to the place on the map where she is going.

¿Recuerdas?
To say where someone is going, use the verb *ir*. Here are the present-tense forms:

voy	vamos
vas	vais
va	van

el restaurante

el gimnasio

Calle Luchana

Avenida de los Toros

el cine

Calle Príncipe

el centro comercial

el café

la escuela

Calle Marino

el parque

la casa

la biblioteca

22

Los fines de semana de Arturo

LEER, ESCRIBIR Read Arturo's description of his weekends. Number your paper from 1–5, and write the appropriate form of the verb *ir*.

Me encantan los fines de semana. A veces me quedo en casa, pero generalmente __1.__ al parque para correr. Los sábados por la noche, mis amigos y yo __2.__ al cine. Me gustan mucho las películas. Mi mejor amigo, Jonatán, siempre __3.__ conmigo. Muchos de mis amigos son estudiosos y __4.__ a la biblioteca los sábados. ¿Y tú? ¿Adónde __5.__ este fin de semana?

Gramática
Repaso

Go **Online** to practice
PearsonSchool.com/Autentico

PEARSON
realize™

AUDIO   VIDEO   WRITING   SPEAK/RECORD

Asking questions

In Spanish, when you ask a question with an interrogative word (*who, what, where*, etc.), you put the verb before the subject.

¿Qué **bebe María** en el café?

¿Por qué **estudian Juan y Flor** en la biblioteca?

Here are some interrogative words you know

¿Qué?	¿Adónde?
¿Cómo?	¿De dónde?
¿Quién(es)?	¿Cuál?
¿Con quién(es)?	¿Por qué?
¿Dónde?	¿Cuándo?
¿Cuántos(as)?	

Más recursos   ONLINE

▶ **Tutorials:** Questions, Formation of yes-no questions, Interrogative words

---

23

¡Qué chica curiosa!

 LEER, ESCRIBIR Isabel is curious and can't stop asking questions. Number your paper from 1–5 and for each question, write the letter that corresponds to what she asks.

1. ¿Qué hay en tu mochila?
2. ¿Con quién vas al cine?
3. ¿Por qué van Julio y Rosibel a la biblioteca?
4. ¿Dónde está el cine?
5. ¿Quién va al parque?

a. Clara, Lucía y yo vamos al parque.
b. El cine está al lado del restaurante.
c. Hay una carpeta y dos libros porque yo voy a la escuela.
d. Porque ellos necesitan estudiar.
e. Voy al cine con mis amigos.

24

¿Adónde vas los fines de semana?

 ESCRIBIR, HABLAR EN PAREJA

1 Use the map in Actividad 21 to make a list of three places you go to and the reasons why you go there.

2 Exchange your list with a partner, and write two questions about each activity that you see on the list.

3 With your partner, use your questions to talk about where you go.

 Videomodelo

A —*¿Cuándo vas a la biblioteca para estudiar?*
B —*Voy a la biblioteca los lunes después de las clases.*
A —*¿Y con quién vas?*
B —*Generalmente yo voy con mis amigos.*

Gramática
Repaso

Ir + a + infinitive

Just as you use "to be going" + an infinitive in English to say what you are going to do, in Spanish you use a form of the verb *ir* + *a* + an infinitive to express the same thing.

Voy a correr hoy.

¿Tú **vas a jugar** al golf esta tarde?

25

¿Qué van a hacer tú y tus amigos?

 ESCRIBIR On a sheet of paper, write sentences that tell what the following people are going to do at different times.

Modelo
mi amigo(a) *(nombre)*/ sábado por la mañana
Mi amiga Eliana va a ver la tele el sábado por la mañana.

1. yo/ lunes por la tarde

2. mi amigo(a) *(nombre)*/ mañana por la noche

3. mi profesor(a) de español/ después de las clases

4. mis amigos y yo/ sábado por la noche

5. los estudiantes en la clase de español/ mañana en la clase

---

26

¿Qué vas a hacer?

 ESCRIBIR, HABLAR EN PAREJA Make a chart like this one to describe five things you're going to do, when you are going to do them, and with whom. Then ask your partner what his or her plans are. Use the following words to talk about when you're going to do these things: *esta tarde, esta noche, mañana, el lunes..., el fin de semana.*

¿Qué?	¿Cuándo?	¿Con quién?
tocar la guitarra	esta tarde	mis amigos

 Videomodelo

A —¿Qué vas a hacer esta tarde?
B —Esta tarde mis amigos y yo vamos a tocar la guitarra.

Gramática
Repaso

The verb *jugar*

Use the verb *jugar* to talk about playing a sport or a game. Even though *jugar* uses the same endings as the other *-ar* verbs, it has a different stem in some forms. For those forms, the *-u-* becomes *-ue-*. This kind of verb is called a "stem-changing verb."

Here are the present-tense forms of *jugar*:

juego	jugamos
juegas	jugáis
juega	juegan

27

En el club deportivo

ESCRIBIR, HABLAR EN PAREJA

1 Write a list of four activities from Club Deporte al Máximo and choose a time for each.

2 Work with three other students and talk about the activities you chose. Keep track of your group's answers to use in step 3.

Videomodelo

A —*Mario, ¿juegas al tenis?*
B —*Sí, juego al tenis.*
A —*¿A qué hora juegas al tenis?*
B —*A las dos.*

3 Write six sentences about the sports and games the students in your group play at the club.

Modelo

Mario juega al tenis y Ana y Geraldo juegan al fútbol. Todos jugamos al golf.

Club Deporte al Máximo

Actividades de verano

básquetbol
10:00 A.M., 12:00 P.M., 2:00 P.M., 4:00 P.M

béisbol
11:00 A.M., 1:00 P.M., 3:00 P.M., 5:00 P.M.

fútbol americano
10:00 A.M., 12:00 P.M., 2:00 P.M., 4:00 P.M

fútbol
9:00 A.M., 11:00 A.M., 1:00 P.M., 3:00 P.M.

golf
11:00 A.M., 1:00 P.M., 3:00 P.M., 5:00 P.M.

tenis
10:00 A.M., 12:00 P.M., 2:00 P.M., 4:00 P.M

vóleibol
11:00 A.M., 1:00 P.M., 3:00 P.M., 5:00 P.M.

¡También tenemos videojuegos! 10:00 A.M. – 4:00 P.M.

28

Y tú, ¿qué dices?

ESCRIBIR, HABLAR

1. ¿Adónde vas después de las clases? ¿Qué te gusta hacer allí?

2. ¿Dónde estudias? ¿Estudias solo(a) o con un amigo(a)?

3. ¿Cuándo pasas tiempo con tus amigos? ¿Adónde van ustedes?

A ver si puedes . . .

OBJECTIVES
▶ Demonstrate you can perform the tasks on these pages.

Now that you've completed *Para empezar,* you should be able to complete these practice tasks...

🔊 ### Escuchar

1 Listen to an interview with a professional tennis player.

   a. What is she like?

   b. What are two things she likes doing?

   c. What is one thing she dislikes doing?

   d. What does she do to stay healthy?

2 Listen as two students describe what they typically eat and drink for breakfast. Which one is most like the kind of breakfast you eat? Which foods mentioned do you not like?

🎤 ### Hablar

1 You are trying to find out the name of someone in your class. You ask the students sitting next to you, but they don't understand whom you are talking about. Describe what the person you are trying to identify is like and tell where he or she is in the classroom. Give at least three statements to describe his or her location in relation to various classroom objects.

2 Your best friend calls to find out where you are going and what you are going to do this weekend. Mention at least three places you plan to go and three things you plan to do.

For example, you might say:

Voy a hacer ejercicio en el gimnasio a las 4:30.

Leer

1 You are checking your text messages and receive several responses to invitations that you sent out last week for a party at your house. Read them to see why some people declined the invitation.

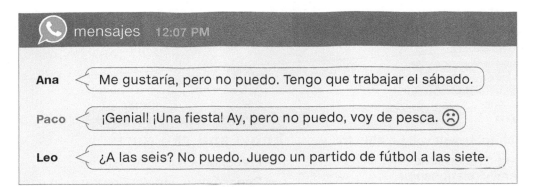

> **mensajes** 12:07 PM
>
> **Ana** — Me gustaría, pero no puedo. Tengo que trabajar el sábado.
>
> **Paco** — ¡Genial! ¡Una fiesta! Ay, pero no puedo, voy de pesca. ☹
>
> **Leo** — ¿A las seis? No puedo. Juego un partido de fútbol a las siete.

Escribir

1 A school in Uruguay wants to exchange e-mails with your school. Tell your e-pal your name and describe your class schedule. Include a description of your favorite class.

2 Your family is going to host an exchange student from Madrid, Spain. His name is Alejandro and he is going to spend the summer with you. Write him a note to find out more about him and to tell him about you. Ask him with whom he spends time on weekends and where he goes. Tell him about the places you and your friends go in your community and how you spend your free time.

Una fiesta de cumpleaños

Country Connections   Explorar el mundo hispano

Texas
California
México
España
República Dominicana

CHAPTER OBJECTIVES

Communication

By the end of this chapter you will be able to:

- Listen to and read descriptions of family members and family relationships.
- Talk and write about family, friends, and celebrations.
- Exchange information while describing your family.

Culture

You will also be able to:

- **Auténtico:** Identify cultural perspectives in an authentic video about family.
- Understand cultural perspectives on family celebrations in the Spanish-speaking world.
- Learn to make *papel picado* and explain how this craft is used in celebrations.

You will demonstrate what you know and can do:

- Presentación oral: Mi familia
- Repaso del capítulo: Preparación para el examen

You will use:

Vocabulary

- Family members and pets
- Telling ages
- Party decorations and celebration activities

Grammar

- The verb *tener*
- Possessive adjectives

ARTE y CULTURA ‹ Estados Unidos

Carmen Lomas Garza (1948–) is best known for her paintings that show Mexican American family life in her native South Texas in the 1950s.

▶ What do you see in the painting that would make this family celebration similar to or different from family parties that you're familiar with?

"Barbacoa para cumpleaños / Birthday Party Barbecue" (1993), Carmen Lomas Garza ▶

Alkyds on canvas, 36 x 48 inches. © 1993 Carmen Lomas Garza (reg. 1994). Photo credit: M. Lee Fatherree. Collection of Federal Reserve Bank of Dallas

Una familia mexicanoamericana celebrando un cumpleaños

▶ Videocultura **La quinceañera**

Vocabulario en contexto

" El **cumpleaños** de mi **hijo** es este fin de semana. A él **le encanta** la historia de **nuestra** familia. Vamos a hacer una fiesta sorpresa para él. Tío Julián, **mi hermano**, tiene **las decoraciones:** los globos, las flores y las luces. **Su hija**, Carlota, es **la prima** favorita de mi hijo y va a hacer una piñata para la fiesta. Mi mamá, **la abuela** Adela, va a **preparar** un pastel de chocolate y dulces tradicionales. Yo tengo el regalo perfecto para Eduardo: ¡un árbol familiar con **nuestra** historia! "

Más vocabulario
abrir to open
¡Feliz cumpleaños! Happy birthday

los globos

el regalo

el pastel

la piñata

las flores

las luces

los dulces

la cámara

el papel picado

"¡Estoy muy contento! **Tengo 15 años!** Aquí tengo mi regalo de cumpleaños: un árbol familiar. Toda mi familia está aquí, también mi hermana **mayor** Beatriz y mi hermana **menor** Rosana ".

Más vocabulario

el esposo, la esposa = husband, wife
el hermanastro, la hermanastra = stepbrother, stepsister
los hijos = children; sons
el padrastro, la madrastra = stepfather, stepmother

Cali
mi **gato**

Tuco
mi **perro**

Adela
mi **abuela**, 61

Roberto
mi **abuelo**, 68

mis **abuelos**

mis **padres**

José Manuel
mi **padre**, 42

Marta
mi **madre**, 39

Julian
mi **tío**, 42

Daniela
mi **tía**, 39

mis **tíos**

mis **hermanos**

Rosana
mi **hermana**, 13

Eduardo
yo, 15

Beatriz
mi **hermana**, 16

Marcos
mi **primo**, 13

Carlota
mi **prima**, 17

mis **primos**

1

¿Quién es?

🔊 **ESCUCHAR** Listen as Eduardo describes some of his family members. Point to the different pictures on the family tree as he describes them.

2

La fiesta de cumpleaños de Eduardo

🔊 **ESCUCHAR** Now listen to the following statements about Eduardo's birthday party. Give a "thumbs up" sign if the statement is true and a "thumbs down" sign if the statement is false.

Dos primos, Sergio y Andrea, escriben mensajes sobre la reunión familiar que van a organizar.

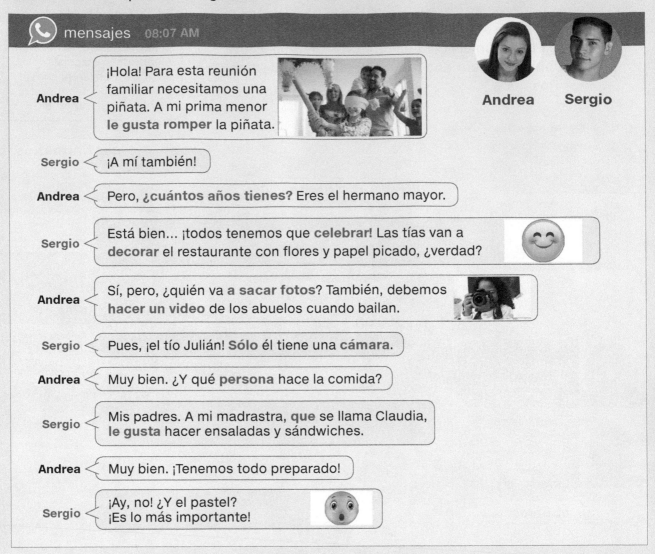

mensajes 08:07 AM

Andrea
¡Hola! Para esta reunión familiar necesitamos una piñata. A mi prima menor **le gusta romper** la piñata.

Sergio ¡A mí también!

Andrea Pero, **¿cuántos años tienes?** Eres el hermano mayor.

Sergio Está bien... ¡todos tenemos que **celebrar!** Las tías van a **decorar** el restaurante con flores y papel picado, ¿verdad?

Andrea Sí, pero, ¿quién va **a sacar fotos**? También, debemos **hacer un video** de los abuelos cuando bailan.

Sergio Pues, ¡el tío Julián! **Sólo** él tiene una **cámara**.

Andrea Muy bien. ¿Y qué **persona** hace la comida?

Sergio Mis padres. A mi madrastra, **que** se llama Claudia, **le gusta** hacer ensaladas y sándwiches.

Andrea Muy bien. ¡Tenemos todo preparado!

Sergio ¡Ay, no! ¿Y el pastel? ¡Es lo más importante!

Andrea **Sergio**

3

¿Todo preparado?

ESCRIBIR Elige las respuestas a las siguientes preguntas:

1. ¿Qué persona hace la comida?
   a. los padres   b. los primos   c. los tíos

2. ¿A quién le gusta romper la piñata?
   a. al tío   b. al primo   c. al hermano

3. ¿Quién saca fotos y hace un video en la fiesta?
   a. la madre   b. el hermano   c. el tío

4. ¿Quién decora el restaurante?
   a. las tías   b. los tíos   c. los padres

5. ¿Qué decoraciones usan?
   a. cámaras   b. flores   c. ensaladas

Videohistoria

Los quince años

Before You Watch

Identify cultural practices Use the conversation and visuals to identify the traditions of a teen's special birthday. Focus your listening with questions: *¿De qué habla? ¿Le gusta una tradición?¿Por qué?*

Complete the Activity

La quinceañera Describe las tradiciones culturales que ves en estas fotos de diferentes fiestas de quince años. ¿Cómo es la quinceañera en cada foto?

▶ Watch the Video

A Ximena y a su prima, ¿les gusta ser la quinceañera y tener la fiesta de quince años?

Go to **PearsonSchool.com/Autentico** to watch the video *Los quince años* and to view the script.

Ximena

After You Watch

 ¿COMPRENDES? Contesta las siguientes preguntas.

1. ¿Quién va a tener quince años?
2. ¿Qué problema tiene Clara con la fiesta?
3. ¿Qué cree Ximena sobre la fiesta?
4. ¿Qué prefiere Clara?
5. Describe dos tradiciones de la fiesta que ves en el video.
6. ¿Qué hacen al final?

Comparación cultural Compara las tradiciones de la fiesta de quince años con las fiestas especiales de tu familia o de tus amigos.

OBJECTIVES
▶ Write and talk about family members and celebrations
▶ Exchange information while discussing your family and family activities with a classmate

---

4

¿Quién es?

LEER, ESCRIBIR, HABLAR Completa cada frase con la palabra apropiada.

Modelo
*La madre de mi madre es mi **abuela**.*

1. La esposa de mi tío es mi ___.
2. El padre de mi padre es mi ___.
3. El hijo de mi madrastra es mi ___.
4. Paco y Ana son mis tíos. Sus hijos son mis ___.
5. El hermano de mi madre es mi ___.
6. Los padres de mi padre son mis ___.
7. La hija de mi padrastro es mi ___.
8. El hermano de mi prima es mi ___.

5

En la fiesta de cumpleaños

LEER, ESCRIBIR, HABLAR Escribe la palabra apropiada para completar cada frase.

Hoy __1.__ *(celebramos / sacamos)* la fiesta de cumpleaños de mi hermana menor, Cristina. ¿Cuántos años __2.__ *(es / tiene)* ella? Trece. A nuestra madre __3.__ *(le / me)* encantan las fiestas. Mamá y mi hermana __4.__ *(decoran / rompen)* el patio con __5.__ *(luces / pasteles)* y __6.__ *(fiestas / flores)*. A __7.__ *(nuestro / nuestra)* hermano le gusta hacer un __8.__ *(regalo / video)* o __9.__ *(abrir / sacar)* fotos de la fiesta. Siempre hay una piñata que nosotros __10.__ *(abrimos / rompemos)*. En la piñata hay __11.__ *(dulces / flores)* sabrosos. Ahora Cristina va a __12.__ *(romper / abrir)* sus regalos.

CULTURA ‹ México

El papel picado Las familias mexicanas decoran con papel picado en sus celebraciones. Estas decoraciones se hacen doblando[1] y cortando[2] papeles de colores para crear dibujos y diseños. Luego cuelgan[3] estas decoraciones.

¿Qué artesanía conoces que utiliza una técnica similar?

Pre-AP Integration: Las tradiciones y los valores En las fiestas mexicanas, el papel picado es una decoración tradicional. En tus fiestas, ¿usas una decoración similar?

¹folding ²cutting ³they hang

"Papel picado de colores ▶

6

Mi familia

 HABLAR EN PAREJA   Habla de los miembros de tu familia o de otra familia.

> **Para decir más . . .**
> **el (la) hijo(a) único(a)**   only child

Videomodelo
hermanos
A —¿Tienes **hermanos**?
B —Sí, tengo **un hermano y una hermana**.

o: No, no tengo hermanos.
A —¿Cómo se llaman?
B —Mi hermano se llama **David** y mi hermana se llama **Abby**.

Estudiante A

1. tíos
2. primos
3. un abuelo
4. una hermana mayor
5. hermanos menores
6. una tía favorita
7. una abuela
8. un gato o un perro

Estudiante B

¡Respuesta personal!

7

A mi familia le gusta . . .

 HABLAR EN PAREJA   Habla de las actividades favoritas de los miembros de tu familia o de otra familia.

Videomodelo
primo
A —¿Qué le gusta hacer a tu **primo**?
B —Le gusta **sacar fotos**.

Estudiante A

1. padre
2. madre
3. abuelo
4. hermana
5. prima o primo favorito(a)
6. tía o tío favorito(a)
7. perro o gato

Estudiante B

¡Respuesta personal!

8

Y tú, ¿qué dices?

 HABLAR   Contesta las preguntas oralmente.

1. Describe a una persona de tu familia o de otra familia con detalles y vocabulario de la lección. ¿Cómo se llama? ¿Cuántos años tiene? ¿Cómo es? ¿Qué le gusta hacer?
2. ¿Tienes un perro o un gato? ¿Cómo se llama? ¿Cuántos años tiene?
3. ¿Qué te gusta hacer durante (during) una fiesta de cumpleaños?

Gramática

OBJECTIVES
▶ Talk about what people have and have to do
▶ Interview a classmate and write a description of a classmate's family and their ages
▶ Read about, identify, and describe the ages of members of the Spanish royal family

The verb *tener*

The verb *tener* is used to show relationship or possession.

Tengo un hermano mayor.   *I have an older brother.*
Tenemos un regalo para Tere.   *We have a gift for Tere.*

Some expressions in Spanish use *tener* where English uses "to be."

Mi primo **tiene** dieciséis años.   *My cousin is sixteen years old.*
Tengo hambre y sed.   *I am hungry and thirsty.*

Here are all the present-tense forms of *tener*:

(yo)	**tengo**	(nosotros) (nosotras)	**tenemos**
(tú)	**tienes**	(vosotros) (vosotras)	**tenéis**
Ud. (él) (ella)	**tiene**	Uds. (ellos) (ellas)	**tienen**

¿Recuerdas?
You have been using the verb *tener* for several chapters.
• ¿**Tienes** una bicicleta?
• **Tengo** que hacer ejercicio.

Más ayuda   ONLINE
- *GramActiva* Video
- Tutorials: *Tener, Tener que*
- Animated verbs
- *Canción de hip hop: Fiesta de cumpleaños*
- *GramActiva* Activity

9

Rompecabezas

LEER, ESCRIBIR Escribe la forma apropiada del verbo *tener* para cada frase. Luego *(Then)* resuelve el problema.

El total de las edades *(ages)* de los hijos de nuestra familia es cien. Marta __1.__ 19 años. Paco y yo __2.__ dos años menos que Marta. Laura y Eva __3.__ cinco años menos que Paco y yo. ¿Cuántos años __4.__ nuestro hermano mayor, Enrique?

10

¿Qué hay para la fiesta?

HABLAR EN PAREJA Pregunta a otro(a) estudiante qué tienen estas personas para la fiesta.

Videomodelo
A —¿Qué tiene Ana?
B —Ana tiene *la piñata.*

Ana

1. David

2. Yolanda

3. tu abuela

4. tú

5. Uds.

6. Juan y Marcos

11

Entrevista

ESCRIBIR EN PAREJA   Ask and answer questions about everyday life via text messages with a partner. Use the questions provided. You and your partner may answer based on your families or on a TV family. You each should use the other's answers to the questions to report your interviews to the class.

1. ¿Cómo te llamas y cuántos años tienes? ¿Qué te gusta hacer?

2. ¿Cuántos hermanos mayores o menores tienes?

3. ¿Cómo se llaman tus hermanos(as) y cuántos años tienen?

4. ¿Cómo son tus hermanos(as)?

5. ¿Qué le gusta hacer a uno(a) de tus hermanos(as)?

6. ¿Tienes perros o gatos? ¿Cómo se llama(n)?

Nota

To say that a person likes or loves something, you use *le gusta(n)* or *le encanta(n)*. When you include the name of the person or the pronoun, be sure to add *a*:
- **A Pedro le** gustan los dulces.
- **A ella le** encanta sacar fotos.

12

¡Reportaje!

ESCRIBIR   Based on your notes from Actividad 11, write a report of your interview and describe your partner. Your teacher may ask you to read your report to the class.

Modelo

Anita tiene 13 años y le encanta escuchar música. Anita tiene tres hermanos: un hermano mayor y dos hermanos menores. Su hermano mayor, Peter, tiene 16 años. Sus hermanos menores se llaman Lisa y Kevin. Ellos tienen sólo once y ocho años. Son simpáticos y deportistas. A Kevin le gusta jugar al básquetbol. Anita no tiene ni perros ni gatos.

13

Preparar una fiesta de cumpleaños

ESCRIBIR EN PAREJA

1 Describe qué pasa cuando tu familia celebra fiestas. Usa estas notas para explicarlo:

1. Quién decora la casa y qué utiliza
2. Quién prepara la comida y las bebidas
3. Quién compra los regalos
4. Quién hace el pastel
5. Quién hace el video o saca fotos

¿Recuerdas?

Remember that *tener que* + infinitive means "to have to" (do something).
- Sofía **tiene que** decorar el pastel.

2 Organiza tu descripción en un email y envíalo a un(a) compañero(a). Incluye preguntas sobre las fiestas de su familia para que tu compañero(a) las responda en otro email. Contesta las preguntas que tu compañero(a) te envía.

La familia de Sofía

LEER, ESCRIBIR Look carefully at the photograph of Sofía's family, the royal family of Spain, as they celebrate a special day. Read Sofía's description of her family and complete the story with the appropriate forms of the verb *tener*.

La Primera Comunión de Leonor

Me llamo Sofía de Borbón y Ortiz. Mi cumpleaños es el 29 de abril. Nosotros __1.__ muchas fiestas en mi familia. En la foto celebramos un día muy especial para mi familia. Es el día de la Primera Comunión de mi hermana. (Yo) __2.__ una hermana mayor que se llama Leonor. Ella __3.__ trece años. También (yo) __4.__ seis primos que no están en la foto. Hay dos chicas y cuatro chicos. Victoria Federica que __5.__ dieciocho años y su hermano Felipe son dos primos míos. Felipe __6.__ veinte años. Victoria y Felipe son los hijos de mis tíos, Elena y Jaime. Mis tíos Cristina e Iñaki __7.__ cuatro hijos: mis primos Juan, Pablo, Miguel e Irene. En la foto, yo estoy al lado de mi hermana Leonor y delante de mi papá, el rey¹ Felipe VI y mi abuelita Sofía. ¡Nosotras dos __8.__ el mismo nombre! Mi mamá, la reina² Letizia, está detrás de mi hermana y al lado de mi abuelo Juan Carlos, el anterior³ rey de España, que __9.__ 80 años.

¹king ²queen ³previous

CULTURA **España**

La Familia Real (*royal*) de España Felipe VI y Letizia son el rey y la reina de España desde 2014.

• ¿Qué otros países tienen un rey o una reina?

¿Quiénes son los miembros de la Familia Real?

LEER, HABLAR EN PAREJA Read the text in Actividad 14 with a partner and identify the members of the royal family that are mentioned. Then, talk with your partner about each member's relation to princess Sofía de Borbón y Ortiz. Take turns making up sentences, following the model.

Modelo
A —*Leonor es la hermana mayor de Sofía.*
B —*Victoria Federica es la prima de Sofía.*

16

La familia de Carlos IV

LEER   Before the age of photography, painted portraits were used to capture the images of people. Look carefully at the painting "La familia de Carlos IV" by Francisco de Goya and then read *Conexiones: El arte.* Answer the questions after the reading.

Francisco de Goya (1746–1828) was one of the greatest Spanish painters and is considered by many to be the "Father of Modern Art." He was known for a wide range of art themes, including portraits of the royal family and other members of the nobility.

"Autorretrato" (*ca.* 1815) ▷

Oil on canvas. Academia de San Fernando, Madrid, Spain. Courtesy
The Bridgeman Art Library International Ltd.

Conexiones ‹ El arte

La familia real tiene mucha importancia en la historia de España. Es el año 1800: Carlos IV *(Cuarto)* no es un rey popular y muchas personas creen que es demasiado indeciso[1]. En este cuadro[2] del pintor Francisco de Goya, puedes ver a la familia del rey Carlos IV. Carlos IV reinó[3] de 1788 a 1808.

• El pintor también está en el cuadro. ¿Puedes ver a Goya? ¿Dónde está?

[1]indecisive [2]painting [3]reigned

"La familia de Carlos IV" (1800), Francisco de Goya ▷
Oil on canvas, 110 1/4" x 132 1/4 " (280 x 336 cm).
Museo Nacional del Prado, Madrid. Photo credit: Scala / Art Resource, NY.

17

Carlos IV y su familia

HABLAR EN PAREJA   Work with a partner. Point to different people in Goya's painting of the royal family and ask your partner who he or she thinks they are.

Videomodelo
A —¿Quién es?
B —*Creo que es el hijo menor.*

CULTURA ‹ España

Dos familias reales   Hay más de 200 años entre el cuadro de Goya de la familia real y la fotografía de Felipe VI y su familia. Estudia las dos fotografías y contesta estas preguntas:

• ¿Cómo son similares las dos fotos?
• ¿Cómo son diferentes?
• Compara estas fotos a las fotos de tu familia.

 Mapa global interactivo   Explora el Palacio Real y otras partes de Madrid, España. Habla con otro(a) compañero(a) y expresa tu opinión sobre este palacio.

Gramática

OBJECTIVES
▶ Identify to whom something belongs
▶ Read and write about family relationships
▶ Read and listen to a description of a birthday card
▶ Survey and interview classmates to write about birthday celebrations

Possessive adjectives

You use possessive adjectives to tell what belongs to someone or to show relationships. In English, the possessive adjectives are *my, your, his, her, its, our,* and *their*.

Here are the possessive adjectives in Spanish:

mi(s)	nuestro(s) nuestra(s)
tu(s)	vuestro(s) vuestra(s)
su(s)	su(s)

> **¿Recuerdas?**
> You know that *de* shows possession or relationship and is the equivalent of -'s and -s':
> • el regalo **de** Ana
> • los primos **de** mis amigos

Javier y yo con **nuestra** abuela

Mis padres con **su** regalo

Like other adjectives, possessive adjectives agree in number with the nouns that follow them. Only *nuestro* and *vuestro* have different masculine and feminine endings.

mi cámara   mis cámaras

nuestro abuelo   nuestros abuelos

nuestra hija   nuestras hijas

Su and *sus* can have many different meanings: *his, her, its, your,* or *their*. To be more specific, you can use *de* + noun or pronoun.

sus flores = las flores **de ella**

sus regalos = los regalos **de Javier y Carlos**

> **Más ayuda**   ONLINE
> ▶ *GramActiva* Video
> ▶ **Tutorials:** Possessive Adjectives, Possessive Adjectives (Long Form), Possessive with *de* + pronoun
> ✎ *GramActiva* Activity

18

La Cenicienta y su familia

LEER, ESCRIBIR Escribe la palabra o los adjetivos posesivos apropiados para completar la historia de la Cenicienta. La Cenicienta es un personaje de un cuento muy famoso. ¿Quién es?

Cenicienta tiene una madrastra y dos hermanastras muy perezosas. __1.__ *(Sus / Tus)* hermanastras se llaman Griselda y Anastasia. __2.__ *(Nuestra / Su)* madrastra y __3.__ *(su / sus)* hermanastras siempre dicen: "¡Cenicienta! Tenemos hambre. ¿Dónde está __4.__ *(mi / nuestra)* comida?" Cada mañana Griselda le dice:

"Quiero __5.__ *(mi / su)* desayuno. ¿Dónde está?" Una noche Cenicienta va al baile del príncipe. Él le pregunta a Cenicienta: "¿Cómo te llamas? ¿Quiénes son __6.__ *(tu / tus)* padres?" Las hermanastras __7.__ *(de / su)* Cenicienta ven al príncipe cuando baila con Cenicienta. Ellas dicen: "¡ __8.__ *(Nuestra / Su)* hermanastra baila con el príncipe! ¡Qué ridículo!".

¿Quién es tu héroe o heroína?

 LEER, ESCRIBIR, HABLAR EN PAREJA   Lee el anuncio y contesta las preguntas.

1. En este anuncio, ¿quién es el héroe? ¿De quiénes es el héroe?

2. Trabaja con otro(a) estudiante. Pregunta quién es su héroe o heroína.

 Videomodelo

A —*¿Quién es tu héroe o heroína? ¿Cómo es?*
B —*Mi heroína es mi madre. Es muy inteligente.*

No es sólo mi padre. También es mi héroe.

Y es nuestro héroe también. *Gracias.*

Patrocinado por la Cámara de Comercio

¿Dónde está o dónde están?

 LEER, ESCRIBIR   Un grupo de estudiantes busca *(is looking for)* sus decoraciones para una fiesta en la escuela. Empareja *(Match)* cada pregunta con la respuesta más apropiada.

1. ¿Dónde están tus flores?

2. ¿Dónde está el papel picado de Clara?

3. ¿Dónde está mi papel picado?

4. ¿Dónde están los globos de Marta y Tere?

5. ¿Dónde están las flores de Teodoro?

6. ¿Dónde están mis globos?

a. Tu papel picado está allí.

b. Sus flores están allí.

c. Mis globos están allí.

d. Mis flores están detrás del escritorio.

e. Tus globos están debajo de la mesa.

f. Su papel picado está debajo de la carpeta.

g. Sus globos están al lado de la computadora.

Juego

HABLAR EN GRUPO, GRAMACTIVA

1 Working with a partner, make a set of two cubes using the template your teacher will give you.

- **Cube 1** Write a different subject pronoun on each side.

- **Cube 2** Write a different classroom object on each side. Make three of them singular and three of them plural.

- **Both cubes** Write a different point value from 1 to 6 on each side.

2 You and your partner will play against another pair of students. Team 1 rolls both of your cubes and says a sentence using the correct form of the verb *tener*, the appropriate possessive adjective, and the classroom object. If the sentence is correct, Team 1 receives the total points shown on the cubes. Team 2 then rolls the other cubes. Continue until a team reaches 100 points or time is called.

Modelo

Uds. tienen su calculadora.

¿Qué tienen y para qué clase?

HABLAR EN GRUPO ¿Qué tienen tus compañeros hoy?

1 Escribe cinco cosas *(things)* que usas en la escuela y para qué clases son.

2 Pide *(Ask for)* las respuestas a tres compañeros y escríbelas en una hoja de papel.

Videomodelo

A —*¿Qué tienes para tus clases hoy?*
B —*Tengo mi calculadora para la clase de matemáticas y mi carpeta para la clase de inglés.*

3 Escribe cinco frases para describir las cosas que tienen los estudiantes para las clases de hoy.

Modelo

Ana tiene su carpeta para la clase de inglés.
Paco y yo tenemos nuestros lápices para la clase de arte.

¿Recuerdas?
You have been using vocabulary for classroom supplies for several chapters.

Exploración del lenguaje ‹ Diminutives

In Spanish you can add the suffix *-ito(a)* to a word to give it the meaning of "small" or "little." It can also be used to show affection. Words with this suffix are called diminutives *(diminutivos)*.

abuelo → abuel**ito**

perros → perr**itos**

hermana → herman**ita**

Now that you know what the suffix *-ito(a)* means, can you figure out the meanings of these words?

abuelita   gatito   Miguelito   hijita

Some very popular names are diminutives. What do you think the diminutives of these names are?

Ana   Juana   Eva   Lola

23

¡Feliz cumpleaños!

LEER, ESCRIBIR   Read the birthday card. Who is it for? Find the diminutives. What words in the poem do you understand? How many objects in the picture can you name in Spanish?

Hay luces, y flores, y lindos globitos, un pastelito sabroso, y muchos regalitos,

y una piñata, cinco perritos que cantan y bailan, muy contentitos,

porque hoy cumples... ¡6 añitos!

Felipe

24

La fiesta de cumpleaños

ESCUCHAR   En una hoja de papel, escribe los números del 1 al 6. Mira la tarjeta *(card)* de cumpleaños y escucha las frases. Si la frase es cierta, escribe *C*. Si es falsa, escribe *F*.

Pronunciación — The letters *p, t,* and *q*

In English the consonants *p, t, q,* and the hard *c* sound are pronounced with a little puff of air.

Hold a tissue loosely in front of your mouth as you say these English words. You will notice that the tissue moves.

pan	papa	too	tea
comb	case	park	take

Now say these Spanish words with the tissue in front of your mouth. Try to say the consonants so that there is no puff of air and the tissue does not move.

pan	papá	tú	tía
cómo	queso	parque	taco

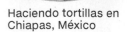

Try it out! Listen to this nursery rhyme. Listen particularly for the *p, t,* and *q* sounds. Then repeat the rhyme.

Tortillitas para mamá, tortillitas para papá. Las quemaditas,¹ para mamá, las bonitas,² para papá.

Haciendo tortillas en Chiapas, México

¹The burned ones ²The pretty ones

CULTURA — México

Diego Rivera (1886–1957) Esta pintura del muralista mexicano Diego Rivera muestra una mujer **moliendo**¹ maíz en un metate, un utensilio para moler granos. Aquí Rivera nos enseña una escena de la vida cotidiana de los indígenas de México.

Pre-AP Integration: La identidad nacional Con sus pinturas, los artistas se comunican con las personas. ¿Qué dice Rivera de los mexicanos con esta pintura de la mujer y su trabajo?

¹grinding

"La molendera" (1926), Diego Rivera ▶

Oil on canvas, 35 7/16 X 46 1/16 inches. Museo Nacional de Arte Moderno, Instituto Nacional de Bellas Artes, Mexico City, D.F., Mexico. © 2009 Banco de México Diego Rivera & Frida Kahlo Museums Trust, México, D.F. / Artists Rights Society (ARS), New York.

Mapa global interactivo Explora México y Centroamérica. Esta región se llama Mesoamérica. Compara la geografía de esta región con los Estados Unidos y tu estado.

El español en la comunidad

The five most common last names in the United States, in order, are Smith, Johnson, Williams, Brown, and Jones. The five most common last names in the United States for people of Spanish-speaking heritage, in order, are García, Martínez, Rodríguez, López, and Hernández.

• Look up these names in your school directory or local phone listings. Count the entries for each. Do the numbers in your community match the statistics above? Can you identify two other Hispanic last names common in your community or that you are familiar with?

Un cumpleaños divertido

HABLAR EN PAREJA, ESCRIBIR   Find out from your classmates what they consider to be a great birthday. Make a chart like the one below on a sheet of paper and complete the first row about yourself. Then survey four classmates and your teacher to find out what their preferences are and record the information in the chart. Remember to use *tú* when you address your classmates and *usted* when you address your teacher.

Modelo
¿En qué mes es tu cumpleaños?
¿Cuál es tu actividad y lugar (place) favorito?
¿Cuáles son tus comidas favoritas?

	Mes del cumpleaños	Actividad y lugar favorito	Comidas favoritas
yo	*julio*	*comer–un restaurante*	*pastel y helado*
Miguel	*enero*	*abrir regalos–en casa*	*pizza y ensalada*
Anita	*julio*	*bailar–un baile*	*hamburguesas y helado*

26

¿Quién es esta persona?

ESCUCHAR, HABLAR, ESCRIBIR

1 Use your completed chart from Actividad 25 and describe a classmate to the class. Do not give that person's name. The class will try to guess whom you are describing.

Modelo
Su cumpleaños es en enero. Para su cumpleaños le gusta abrir regalos en casa. Sus comidas favoritas en su cumpleaños son pizza y ensalada. ¿Quién es?

Un chico con su mejor amigo

2 Write a paragraph describing the person you interviewed whose idea of a great birthday celebration is most like your own. Describe the similarities, but also mention differences.

Modelo
Nuestro cumpleaños es en julio. Nuestra comida favorita es el helado. El lugar favorito para mi cumpleaños es un restaurante porque me gusta comer. Su lugar favorito es un baile porque le gusta bailar. A ella le gustan las hamburguesas pero a mí me gusta el pastel. ¿Quién es la persona? Es Anita.

Lectura

OBJECTIVES

▶ Read about a *fiesta de quince años*
▶ Scan to find specific information more quickly
▶ Learn about and explain the Hispanic system of surnames

Mis padres te invitan a mi fiesta de quince años

Para muchas jóvenes hispanas, el día de sus quince años es una ocasión muy especial. Toda la familia y muchos amigos van a misa en la iglesia y después celebran con una fiesta. Es una tradición especialmente importante en México, América Central y los países hispanos del Caribe. También es importante entre muchos hispanohablantes en los Estados Unidos.

Aquí está la invitación a la fiesta de quince años de María Teresa Rivera Treviño.

Strategy

Scanning What information would you expect to find on an invitation? Read quickly through this invitation and find the names of María Teresa's parents and the date and times of the two events to which you are invited.

Felipe Rivera López y Guadalupe Treviño Ibarra
esperan el honor de su asistencia
el sábado, 19 de mayo de 2012
para celebrar los quince años de su hija,

María Teresa Rivera Treviño

Misa
a las cuatro de la tarde
Iglesia de Nuestra Señora de Guadalupe
2374 Avenida Linda Vista
San Diego, California

Recepción y cena-baile
a las seis de la tarde
Restaurante Luna
7373 Calle Florida
San Diego, California

" Toda mi familia, mis amigos y yo vamos a la iglesia en la tarde. Después vamos a la recepción en un restaurante muy elegante donde comemos y bailamos. Bailo primero con mi padre y después con mis amigos ".

Quinceañera

❝Aquí estoy yo en el día de mis quince años. Es un día muy especial y toda la familia está conmigo para celebrar. Todo está perfecto para mi fiesta —la comida, las decoraciones, la música— ¡todo! ❞.

**María Teresa
Rivera Treviño**

 ## ¿Comprendes?

1. ¿Cuál es la fecha de los quince años de María Teresa?

2. Necesitas una hora para ir de tu casa a la Iglesia de Nuestra Señora de Guadalupe. ¿A qué hora tienes que salir *(leave)* de casa?

3. ¿Dónde y a qué hora es la recepción? Según la invitación, ¿qué van a hacer en la recepción?

4. ¿Qué actividad de la fiesta de quince años te gusta más?

¡Vamos a comparar!

The special celebration of a girl's fifteenth birthday is called *la quinceañera, los quince,* or *los quince años.* Think about an event in the lives of your friends that has the importance of a *quince años* celebration. How are the events similar or different?

CULTURA ⟩ El mundo hispano

El nombre completo El nombre[1] completo de una persona consiste en un nombre, o muchas veces dos, y dos apellidos[2]: el apellido del padre seguido[3] por el apellido de la madre. Por ejemplo, mira el nombre completo de los padres de María Teresa:

*Felipe Rivera López y
Guadalupe Treviño Ibarra*

• ¿Cuál es el apellido paterno de Felipe?

• ¿Cual es el apellido materno de Guadalupe?

• Explica cómo María Teresa forma su nombre.

• Usa el sistema en español para escribir tu nombre completo. ¿Es bueno escribir los nombres así? ¿Por qué sí o por qué no?

[1]name [2]surnames [3]followed

La cultura en vivo

El papel picado

El papel picado es una artesanía[1] famosa de México. Esta artesanía de México conecta el arte con papel europeo con el arte asiático y el pre-Colombino. El papel de colores se corta en patrones[2] pequeños, similares a los copos de nieve[3] de papel. El papel cortado se cuelga[4] de una cuerda para decorar en celebraciones y fiestas. Así es cómo puedes hacer papel picado para decorar tu salón de clases.

Comparación cultural ¿Conoces otras artesanías de papel? ¿Dónde las hacen?

[1]craft [2]patterns [3]snow flakes [4]is hung

Papel picado para celebrar el Día de los Muertos

Online Cultural Reading

Go to Auténtico ONLINE to "attend" a birthday party in Panama City.

Materials

- colored tissue paper cut into 12" x 18" sheets
- scissors
- stapler
- string

Directions

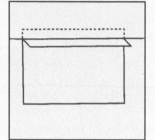

1. Spread the tissue paper flat. Fold down 1" on the 18" side for making a hanging flap.

2. Fold the paper in half on the 12" side and crease on the fold to make a sharp line.

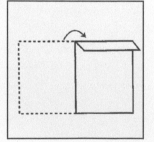

3. Fold the paper twice, diagonally.

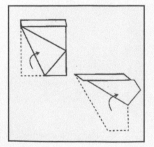

4. Cut out designs along the folded edge. Experiment with snowflake or other geometric designs.

5. Cut a scalloped design on the outside edge.

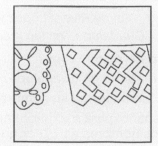

6. Open the cutout and staple to a string to hang across a room to decorate for a *fiesta*.

Presentación oral

OBJECTIVES
▶ Describe your family members, their ages, and their likes and dislikes
▶ Use a chart to organize your ideas

🎤 Mi familia

TASK You are on an exchange program in Chile and your host family wants to know about your family back home. Show photographs and describe three family members.

1 Prepare Bring in three family photos or "create" a family using magazine pictures. Use a chart to plan what to say about each person.

Nombre	Es mi ...	Edad	Actividad favorita
Isabel	hermana menor	13 años	le gusta cantar

2 Practice Go through your presentation several times. You can use notes to practice, but not to present. Try to:

• provide all the information for each family member

• use complete sentences

• speak clearly

Modelo
Se llama Isabel. Es mi hermana menor y tiene 13 años. A ella le gusta cantar. Es artística.

3 Present Show the photos and give information about each person.

4 Evaluation The following rubric will be used to grade your presentation.

Strategy
Using graphic organizers Simple charts can help you organize your thoughts for a presentation.

Rubric	Score 1	Score 3	Score 5
How complete your preparation is	Your information is written down but without use of a chart.	You used the chart, but it is only partially completed.	You used the chart and provided all the information.
How much information you communicate	You bring in one photo and provide all the information.	You bring in two photos and provide all the information.	You bring in three photos and provide all the information.
How easily you are understood	You are extremely difficult to understand. Your teacher could only recognize isolated words and phrases.	You are understandable but have frequent errors in vocabulary and/or grammar that hinder your comprehensibility.	You are easily understood. Your teacher does not have to "decode" what you are trying to say.

Auténtico

Partnered with E F E:

La familia al fin del mundo

Before You Watch

Use the Strategy: Context Clues

As you watch the video, use context clues and visual clues to help you understand the life of a family living on Cape Horn.

Read this Key Vocabulary

alejados = remote

lejos de los ruidos = far from the sounds

confección de meteorología = weather forecast

embate = pounding

refugio = refuge

islas apartadas = isolated islands

sentirse a gusto = feel pleased

miedo = fear

▶ Watch the Video

Could you live on a remote island? How would your family feel about living far away, by boat, from the closest neighbor?

Go to **PearsonSchool.com/Autentico** and watch the video *La vida de una familia chilena en el fin del mundo* to see how one family survives living on a secluded island.

Complete the Activities

Mientras ves As you watch the video, use the images and context clues to help you comprehend the life of the family on the island. Using these context clues, mark the following statements true (*Cierto*) or false (*Falso*).

La isla es parte de Chile.
Hace mucho calor.
Muchas personas viven en la isla.
Los abuelos viven con la familia en la isla.
La familia es padre, madre y dos hijos.

Integration

Después de ver Demonstrate your understanding of the video by answering the following questions.

1. ¿Cuántas personas viven en la isla de Hornos?

2. ¿Cómo es la isla de Hornos?

3. After watching the video, how would you feel about living on the island?

 For more activities, go to the *Authentic Resources Workbook.*

¿Cómo es tu familia?

Expansión Find other authentic resources for this chapter in *Auténtico* online, then answer the questions.

 5A Auténtico

Integración de ideas In the authentic resources, you will learn about families from Spanish-speaking countries. Use the resources to write about values common to Spanish-speaking families.

Comparación cultural Compare values from families in Spanish-speaking cultures with what is important to families in your experience.

Repaso del capítulo

OBJECTIVES
▶ Review the vocabulary and grammar
▶ Demonstrate you can perform the tasks on p. 245

🔊 Vocabulario

to talk about family members

los abuelos	grandparents
el abuelo	grandfather
la abuela	grandmother
el esposo, la esposa	husband, wife
los hermanos	brothers; brother(s) and sister(s)
el hermano	brother
la hermana	sister
el hermanastro	stepbrother
la hermanastra	stepsister
los hijos	children; sons
el hijo	son
la hija	daughter
los padres (papás)	parents
el padre (papá)	father
la madre (mamá)	mother
el padrastro	stepfather
la madrastra	stepmother
los primos	cousins
el primo	(male) cousin
la prima	(female) cousin
los tíos	uncles; aunt(s) and uncle(s)
el tío	uncle
la tía	aunt

to discuss and compare ages

¿Cuántos años tiene(n) ___?	How old is / are ___?
Tiene(n) ___ años.	He / She is / They are ___ (years old).
mayor pl. mayores	older
menor pl. menores	younger

to talk about people

la persona	person

to name animals

el gato	cat
el perro	dog

to discuss what someone likes

(a + person) le gusta(n) / le encanta(n)	he / she likes / loves

For *Vocabulario adicional*, see pp. 472–473.

to describe activities at parties

abrir	to open
celebrar	to celebrate
decorar	to decorate
las decoraciones	decorations
hacer un video	to videotape
el video	video
preparar	to prepare
romper	to break
sacar fotos	to take photos
la foto	photo
la cámara	camera

to discuss celebrations

el cumpleaños	birthday
¡Feliz cumpleaños!	Happy birthday!
los dulces	candy
la flor pl. las flores	flower
el globo	balloon
la luz pl. las luces	light
el papel picado	cut-paper decorations
el pastel	cake
la piñata	piñata
el regalo	gift, present

other useful words

que	who, that
sólo	only

Gramática

to indicate possession or relationship

tener *to have*

tengo	tenemos
tienes	tenéis
tiene	tienen

possessive adjectives

mi(s) my	nuestro(s), -a(s) our
tu(s) your	vuestro(s), -a(s) your (pl.)
su(s) your (formal), his, her, its	su(s) your (pl.), their

Preparación para el examen

Más recursos   PearsonSchool.com/Autentico

🔲 Games   📁 Flashcards   ✏️ Instant check
▶️ Tutorials   ▶️ GramActiva videos   ▶️ Animated verbs

What you need to be able to do for the exam . . .	Here are practice tasks similar to those you will find on the exam . . .	For review go to your print or digital textbook . . .
Interpretive		
1 ESCUCHAR I can listen to and understand someone's description of a family member.	At a friend's party, a woman is telling you stories about her brother, Jorge. a) How old is her brother? b) Who is older, the woman or her brother? c) What does her brother like to do?	**pp. 222–225** *Vocabulario en contexto* **p. 226 Actividad 4** **p. 227 Actividades 7–8** **p. 229 Actividad 11**
Interpersonal		
2 HABLAR I can describe some members of my family and what they like to do.	At your first Spanish Club meeting, your teacher requests that all of you try to talk to each other in Spanish. Since you just learned how to talk about your family, you feel confident that you can talk about some of your family members. Tell about: a) how they are related to you; b) their ages; c) what they like to do; d) their personalities.	**pp. 222–225** *Vocabulario en contexto* **p. 226 Actividad 4** **p. 227 Actividad 7** **p. 229 Actividad 12** **p. 232** *Gramática: Possessive adjectives* **p. 237 Actividad 26**
Interpretive		
3 LEER I can read and understand someone's description of a problem he or she is having with a family member.	Read this letter to an advice columnist. Can you describe in English what Ana's problem is? **Querida Dolores:** **Yo soy la hija menor de una familia de seis personas. Uno de mis hermanos mayores, Nacho, siempre habla de mí con mis padres. A él le encanta hablar de mis amigos y de mis actividades. Tenemos una familia muy simpática, pero ¡Nacho me vuelve loca!** **Ana**	**pp. 222–225** *Vocabulario en contexto* **p. 226 Actividades 4–5** **p. 232 Actividad 18**
Presentational		
4 ESCRIBIR I can write a brief note describing a friend or family member.	The party planner at a local restaurant is helping you plan a birthday party for your cousin. Write a brief note telling her your cousin's name, age, two things he or she likes to do at a party, the kinds of decorations he or she likes, and one thing he or she loves to eat.	**p. 226 Actividad 5** **p. 227 Actividad 8** **p. 229 Actividad 12** **p. 237 Actividad 26**
Cultures • Comparisons		
5 COMPARAR I can demonstrate an understanding of some ways that Spanish-speaking families celebrate special occasions.	Think about what you would consider your most important birthday. Based on what you know about important family traditions, describe why a fifteenth birthday is important for a young Spanish-speaking girl and what you would expect to see at her celebration.	**pp. 222–225** *Vocabulario en contexto* **p. 226** *Cultura* **pp. 238–239** *Lectura* **p. 240** *La cultura en vivo*

CAPÍTULO 5B
¡Vamos a un restaurante!

Country Connections Explorar el mundo hispano

España
Nuevo México
Texas
República Dominicana
Costa Rica
Colombia
Chile
Paraguay
Argentina

CHAPTER OBJECTIVES

Communication

By the end of this chapter you will be able to:

- Listen to, read, and write information about restaurant meals and service.
- Write about plans for a celebration.
- Exchange information while describing physical features of family members.

Culture

You will also be able to:

- **Auténtico:** Identify cultural products in an authentic video about restaurants.
- Understand cultural perspectives on meals and mealtimes in the Spanish-speaking world.
- Explain aspects of the Hispanic history and culture of Santa Fe, New Mexico.

You will demonstrate what you know and can do:

- Presentación escrita: Un restaurante muy bueno
- Repaso del capítulo: Preparación para el examen

You will use:

Vocabulary

- Describing people and things
- Food and table settings
- Eating out
- Expressing needs

Grammar

- The verb *venir*
- The verbs *ser* and *estar*

ARTE y CULTURA ⟩ El mundo hispano

Extended families tend to be close-knit in Spanish-speaking cultures. Parents, children, grandparents, aunts, uncles, and cousins get together often for meals, and not just on special occasions. It is not uncommon for three generations to live under one roof or in the same neighborhood.

▶ How do extended families in Spanish-speaking cultures compare with your family and those of your friends?

▶ How does the painting "Tarde de domingo" reflect the idea of extended families? Compare this to how you and your family spend weekends.

"Tarde de domingo" (1923), Xavier Nogués ▲

Nogués, Xavier. Tarde de Domingo - Sunday afternoon, 1923. Canvas, 60 x 75 cm, Museo de Arte Moderno, Barcelona, Spain.

Go **Online** to practice

PEARSON
realize™

PearsonSchool.com/Autentico

  AUDIO

 VIDEO

 WRITING

 SPEAK/RECORD

 MAPA GLOBAL

 AUTÉNTICO

 FLASCHARDS

 ETEXT 2.0

GAMES

▶ Videocultura **La quinceañera**

Una cena entre familia,
Ciudad de México

Vocabulario en contexto

Fernando y Raquel son **camareros** y trabajan en un restaurante.

Fernando   **Raquel**

Fernando: Estoy muy ocupado. **La joven** en la mesa tres **desea** ver **el menú. Me falta el plato principal** para la mujer pelirroja. Y necesito **un postre** para el hombre **alto. ¿Me trae** un helado para él?

Raquel: Sí, ¿pero para quién es? ¿El señor **guapo** y atractivo con el pelo negro, o el señor viejo con el pelo canoso?

Fernando: ¡Ay, Raquel! El señor con el pelo negro de la mesa cinco. Él también **pide otro** tenedor.

Raquel: ¡Otro tenedor! ¡Ya es el tercero!

Fernando: Y la mujer de pelo castaño pide sal y pimienta. Y **me falta** la cuenta para la mesa ocho.

Raquel: **Le traigo** la cuenta de la señora en la mesa ocho.

el vaso

el tenedor

la servilleta

el cuchillo

el plato

la sal

la pimienta

el camarero

el menú

el azúcar

la taza

la cuchara

la cuenta

el pelo canoso

el hombre

la mujer

viejo

joven

el pelo largo

el pelo corto   el pelo castaño   el pelo negro   el pelo rubio   la pelirroja

1

¿Cómo eres tú?

🔊 ESCUCHAR You will hear a number of descriptions. If the description can be applied to you, raise your hand.

2

¿Qué desea el Señor Gutiérrez?

🔊 ESCUCHAR El señor Gutiérrez needs things brought to him so that he can eat. Identify the key details of what he says, then point to the item that he wants.

Francisco y Federico escriben mensajes sobre los planes para esta noche.

Francisco   **Federico**

Francisco: **¿Vienen** al nuevo restaurante mexicano *El chilito*? Mi hermana trabaja allí de camarera.

Federico: Sí, me gusta mucho. Creo que la comida es muy **rica** allí. ¿Qué vas a **pedir**?

Francisco: **De plato principal,** unas enchiladas **deliciosas** ☺ y **de postre** yo **quisiera** un flan o un helado.

Federico: ¡Mmmmm... **qué rico! ¿Algo más?**

Francisco: No, no voy a pedir mucho.

Francisco: Pues **ahora** voy con Sandra. ¿Vienes o no?

Federico: No. No voy porque **tengo sueño.** Pero, ¿me traes unas quesadillas?

Francisco: Sí. Claro.

Federico: ¡Gracias!

Francisco: **De nada.**

Más vocabulario

alto = tall
bajo = short
tener calor = to be warm
tener frío = to be cold

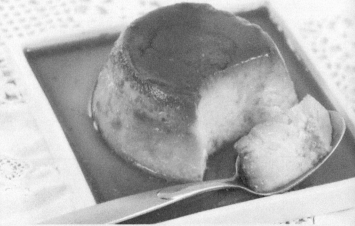

3

Un restaurante nuevo

ESCRIBIR   Contesta a cada una de las siguientes preguntas.

1. ¿Por qué a Federico le gusta el restaurante El chilito?
   a. Porque le gustan las enchiladas.
   b. Porque la comida es muy buena.

2. ¿Qué va a pedir Francisco de plato principal?
   a. un flan
   b. unas enchiladas

3. ¿Por qué Federico no va al restaurante?
   a. Porque está cansado.
   b. Porque tiene calor.

Videohistoria

Fiesta en el restaurante

Before You Watch

Use key details How do you to keep track of people you meet in a large family or group? Do you match names to faces or physical details? Do you connect people to others you know?

Complete the Activity

La fiesta ¿Cómo van a celebrar en el restaurante? Describe la comida de la fiesta según las fotos.

▶ Watch the Video

¿Qué hace Teo en el restaurante de su papá?

Go to **PearsonSchool.com/Autentico** to watch the video *Fiesta en el restaurante* and to view the script.

Mateo

After You Watch

¿COMPRENDES? Contesta las preguntas con detalles clave del video.

1. ¿Cómo preparan Antonio y Teo la fiesta?
2. ¿Quién va a venir? ¿A qué hora?
3. ¿Quién es Guadalupe?
4. ¿Quién es Lucía? ¿Tiene hijos?
5. ¿Cuáles son los trabajos que hace Teo durante la fiesta?

Comparación cultural Compara la familia Corrales a tu familia. ¿Hay más personas o menos? ¿Celebra los eventos especiales toda la familia?

Vocabulario en uso

OBJECTIVES
▶ Listen to and write descriptions of people
▶ Read and understand a conversation in a restaurant
▶ Explain what you like to order in a restaurant
▶ Play a guessing game about table settings
▶ Write recommendations based on a restaurant review

4

¿Quiénes son?

ESCUCHAR Vas a escuchar descripciones de las personas en las fotos. En una hoja de papel, escribe los números del 1 al 5. Al lado de cada número escribe el nombre de la persona que describen.

También se dice . . .
pelirrojo(a) = colorado(a) *(Argentina);* colorín, colorina *(Chile)*
el pelo = el cabello *(muchos países)*
rubio(a) = güero(a) *(México)*

Alejandro, 20

Eduardo, 15

María Elena, 60

Rosalía, 14

Jorge, 65

Lucía, 18

5

¿Quién es?

ESCRIBIR, HABLAR

1 Mira las fotos de la Actividad 4 y escribe frases para describir a cada persona.

Modelo
El joven muy guapo es Eduardo. Tiene 15 años. Tiene el pelo castaño. Le gusta jugar al tenis.

2 Describe a uno(a) de tus amigos(as).

¿Recuerdas?
Adjectives agree in number and gender with the nouns they describe.

6 Las analogías

 LEER, ESCRIBIR Many exams test your vocabulary by asking about the logical relationships, or analogies, between words. In analogies, the symbol ":" is used to mean "is to" *(es a)* and the symbol "::" is used to mean "as" *(como)*. For example:

la madre : la hija :: el padre : el hijo

You would read this as *"La madre es a la hija como el padre es al hijo."*

Complete these analogies.

Modelo
trabajador : perezoso :
: alto : bajo

1. aburrido : interesante :: largo :_____
2. comida : plato :: bebida : _____
3. escuela : profesora :: restaurante : _____
4. chico : joven :: abuelo : _____
5. bistec : plato principal :: pastel : _____
6. amigo : amiga :: hombre : _____
7. ensalada : tenedor :: sopa : _____

CULTURA ‹ Costa Rica • Colombia

Llamar la atención del camarero en un restaurante de un país hispanohablante es diferente de otras culturas. Por ejemplo, en Costa Rica, las personas hacen un sonido *pfft*. En Colombia, las personas levantan la mano o dan una palmada¹. Ten cuidado² al llamar la atención del camarero así. Puede parecer³ de mala educación si lo hace alguien de otra cultura.

Pre-AP Integration: Las relaciones personales En general, en los Estados Unidos, ¿cómo llamas a un camarero en un restaurante? Compara lo que tú haces con la costumbre⁴ en los países hispanohablantes.

¹clap their hands ²be careful ³may seem ⁴custom

7 ¿Qué te gusta pedir?

 ESCRIBIR EN PAREJA Escribe mensajes de texto a otra persona para decir lo que te gusta pedir o hacer según las fotos. Usa *tú* o *usted*.

Modelo
*Cuando **tengo hambre**, me gusta pedir pizza en un restaurante. ¿Qué pides tú?*

En un restaurante de Cartagena, Colombia

En el restaurante

LEER, HABLAR EN PAREJA Practica expresiones y gestos apropiados para pedir comida con otro estudiante. Lee la conversación entre un camarero y dos jóvenes. Empareja *(Match)* las preguntas y alternativas del camarero con lo que piden y contestan los jóvenes para crear la conversación. Después, practiquen cómo llamar la atención del camarero según la nota cultural de la página 253.

El paseo, *Riverwalk*, de San Antonio tiene muchos restaurantes

El camarero

1. Buenas noches. ¿Qué desean de bebida?
2. ¿Qué desea pedir de plato principal?
3. ¡Ay, señor! Le falta el cuchillo, ¿no?
4. ¿Le gusta la sopa?
5. Señorita, ¿qué desea Ud. de postre?
6. Señor, ¿le traigo otra bebida?
7. ¿Desean Uds. algo más?
8. Gracias por venir a nuestro restaurante.

Los jóvenes

a. Sí, está deliciosa. Umm. ¡Qué rica!
b. No, sólo la cuenta, por favor.
c. Quisiera el arroz con pollo, por favor.
d. De nada. Hasta luego.
e. Un helado, por favor.
f. Sí. ¿Me trae uno, por favor?
g. Para mí, un refresco y, para la señorita, un té helado.
h. Sí, por favor. Tengo mucha sed.

Juego

HABLAR EN GRUPO, GRAMACTIVA

1 Work in groups of three or four. Your teacher will give you copies of pictures of various table items. Cut or tear the pictures apart to make cards.

2 Arrange the pictures in a table setting on a desk. While the other players have their backs turned, hide one or more of the cards. Then ask: *¿Qué me falta?* The first player to say correctly *Te falta(n) . . .* and name the missing item(s) receives a point.

3 Put the hidden items back on the desk and continue playing until all players have had a chance to hide items. The player with the most points is the winner.

Nota

When one item is missing, use *me / te falta.* When more than one item is missing, use *me / te faltan.*

Exploración del lenguaje ‹ Adjectives ending in *-ísimo*

Muy + an adjective can be expressed in another way by adding the correct form of *-ísimo* to the adjective. The *-ísimo* ending conveys the idea of "extremely."

> un chico muy guapo = un chico guap**ísimo**
> una clase muy difícil = una clase dificil**ísima**

Adjectives that end in *-co* or *-ca* have a spelling change to *-qu-*. The *-o* or *-a* is dropped.

> unos pasteles muy ri**cos** = unos pasteles ri**qu**ísimos

Try it out! Rework the following phrases using the correct *-ísimo* form.

> un perro muy perezoso = ¿ ?   una clase muy aburrida = ¿ ?
> dos libros muy interesantes = ¿ ?   unas chicas muy simpáticas = ¿ ?

10

El Café Buen Libro

 LEER, ESCRIBIR, HABLAR   Lee la crítica del café y lo que dicen estas *(these)* personas. ¿A quiénes recomiendas el café? ¿A quiénes no?

Café Buen Libro
Nuevo León, 28

Es un café tranquilo con un ambiente* intelectual donde puedes pasar el tiempo en la compañía de un buen amigo o un buen libro. Los precios son muy razonables. Puedes comer un sándwich, una ensalada, un postre riquísimo o simplemente beber un café. También tienen lo último en libros, videos y música. Un "plus" es la presentación de grupos musicales los fines de semana.

1. **Carmen:** "Quisiera comer un bistec sabroso".
2. **Marta:** "Me encanta escuchar música".
3. **Diego:** "Tengo muchísima hambre y poco tiempo".
4. **Lupe:** "Me gusta pasar tiempo con otras personas interesantes y graciosas".
5. **Ana:** "No tengo mucho dinero *(money)* ahora".
6. Y a ti, ¿te gustaría ir al Café Buen Libro? ¿Por qué?

Ambiente		Precios	
aburrido ✔		barato $	
tranquilo ✔✔		medio $ $	
fantástico ✔✔✔✔		caro $ $ $	
Comida y bebida		**Servicio**	
regular ✚		regular ☖	
buena ✚✚		bueno ☖☖	
excelente ✚✚✚✚		superior ☖☖☖☖	

* atmosphere

Gramática

OBJECTIVES
▶ Read about and discuss celebrations and preparations
▶ Listen to a description of a family

The verb *venir*

You use *venir* to say that someone is coming to a place or an event.

¿A qué hora **vienes** a mi casa?
*When **are you coming** to my house?*

Siempre **vengo** a esta playa.
*I **always come** to this beach.*

Here are all the present-tense forms:

(yo)	**vengo**	(nosotros) (nosotras)	**venimos**
(tú)	**vienes**	(vosotros) (vosotras)	**venís**
Ud. (él) (ella)	**viene**	Uds. (ellos) (ellas)	**vienen**

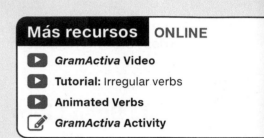

Más recursos ONLINE

▶ *GramActiva* Video
▶ **Tutorial:** Irregular verbs
▶ **Animated Verbs**
✎ *GramActiva* **Activity**

11

¿Cómo vienen?

LEER, ESCRIBIR Tu amigo Antonio invita a tu familia a su casa en el campo. Escribes una nota para explicar cómo y cuándo todos Uds. vienen. Completa la nota con las formas apropiadas del verbo *venir*.

> X
>
> Antonio:
>
> ¡Gracias por tu invitación! Yo __1.__ en bicicleta con mi amiga, Marta. Nosotros __2.__ a las dos porque Marta trabaja hasta la una. Mi abuela __3.__ en tren¹ con mis padres. Ellos __4.__ a las once para ayudar² con la cena. Mis hermanitos también __5.__ en tren con mis padres. Mi hermana mayor, Cecilia, __6.__ en monopatín. No sé a qué hora va a venir.
>
> ¡Nos vemos el sábado!
>
>   ✎ ▾ B *I* T! ≜ ≣ ≣ ≣ ➔ ↩ ☺

¹train ²to help

12

Escucha, escribe y dibuja

ESCUCHAR, ESCRIBIR, HABLAR EN PAREJA Roberto, otro amigo de Antonio, también va a la fiesta con su familia. Vas a escuchar la descripción de su familia. Escribe las cuatro descripciones y después dibuja a la familia. Compara tu dibujo con el dibujo de otro(a) estudiante.

¿Qué traen a tu casa?

HABLAR EN PAREJA Estás en casa de un(a) amigo(a). Habla de lo que traen las personas a la casa.

Videomodelo

A —*Cuando tus tíos vienen a tu casa, ¿traen algo?*
B —*Sí, generalmente traen* **el postre.**
o: —*No, generalmente no traen* **nada.**

Nota

Traer, "to bring," follows the pattern of *-er* verbs except for the irregular *yo* form: *traigo.*

- Mañana **traigo** pasteles para todos.
- Y tú, **¿traes** bebidas?

Estudiante A

1. tu(s) abuelo(s)
2. tu mejor amigo(a)
3. tus amigos
4. tus tíos
5. tus primos
6. los amigos de tus padres

Estudiante B

el plato principal	el postre
un regalo	flores
nada	**¡Respuesta personal!**

14

¿Quiénes vienen?

ESCRIBIR EN PAREJA Hay una fiesta en la escuela y quieres saber más. Escribe un email a otro estudiante y haz preguntas como las de abajo. Luego, con tu compañero(a), escriban un email al/a la maestro(a) para ver qué trae él/ella a la fiesta. Recuerda usar el pronombre *tú* para escribir al estudiante y el pronombre *Ud.* para escribir al maestro.

1. ¿Quiénes vienen a la fiesta? ¿A qué hora vienen?
2. ¿Vienen todos los profesores a la fiesta? ¿Qué traen ellos?
3. ¿Traen los estudiantes pizza o sándwiches? ¿Frutas o pasteles?
4. ¿Quién trae las decoraciones? ¿Qué traes tú?

Pronunciación ‹ **The letters *b* and *v***

In Spanish, *b* and *v* are pronounced the same. At the beginning of a word or phrase, *b* and *v* sound like the *b* in "boy." Listen to and say these words:

voy bolígrafo vienen bien viejo video

In most other positions *b* and *v* have a softer "b" sound. The lips barely touch as the *b* or *v* sound is pronounced. Listen to and say these words:

abuelo divertido joven huevos globo Alberto

Try it out! Listen to and say this *trabalenguas:*

Cabral clava un clavo.
¿Qué clavo clava Cabral?

Gramática

OBJECTIVES
▶ Discuss and describe people and foods
▶ Read an interview and a recipe
▶ Exchange information while ordering and discussing food in a restaurant

The verbs *ser* and *estar*

You know that both *ser* and *estar* mean "to be." Their uses, however, are different.

(yo)	**soy**	(nosotros) (nosotras)	**somos**
(tú)	**eres**	(vosotros) (vosotras)	**sois**
Ud. (él) (ella)	**es**	Uds. (ellos) (ellas)	**son**

(yo)	**estoy**	(nosotros) (nosotras)	**estamos**
(tú)	**estás**	(vosotros) (vosotras)	**estáis**
Ud. (él) (ella)	**está**	Uds. (ellos) (ellas)	**están**

Use *ser* to talk about characteristics that generally do not change. *Ser* is used for descriptions that are not about conditions or location. For example:

• who a person is or what a person is like
• what something is or what something is like
• where a person or thing is from

Teresa **es** mi prima. **Es** muy graciosa.
Los tacos **son** mi comida favorita. **Son** riquísimos.
Mis tíos **son** de México. **Son** muy simpáticos.

Use *estar* to talk about conditions that tend to change. For example:

• how a person feels
• where a person or thing is

¿Dónde **está** Mariana? No **está** aquí. No puede venir hoy porque **está** muy enferma.

Más ayuda ONLINE

▶ *GramActiva* Video
▶ Tutorial: *Ser* and *estar*
▶ Animated Verbs
🔊 *Canción de hip hop:* Camarero
✎ *GramActiva* Activity

15

¿Dónde están las otras personas?

HABLAR EN PAREJA Estás en un café con un(a) amigo(a) y preguntas dónde están los otros amigos. Tu amigo(a) explica dónde están y cómo están.

Strategy

Using rhymes To remember the uses of *estar*, memorize this rhyme:

For how you feel
And where you are,
Always use the verb *estar*.

 Videomodelo
Marcos y Graciela
A —¿Dónde están *Marcos y Graciela?*
B —*Están en la biblioteca. Están muy ocupados.*

Estudiante A
1. Yolanda
2. Miguel y Fernando
3. Isabel y Raquel
4. Ana María
5. Federico
6. Enrique

Estudiante B

la escuela	ocupado, -a
casa	enfermo, -a
el trabajo	cansado, -a
la lección de . . .	triste
la biblioteca	mal
	contento, -a

¡Respuesta personal!

Entrevista con una chef

LEER, ESCRIBIR   Lee la entrevista con la chef Ortiz y completa la conversación con la forma apropiada del verbo *estar* o *ser*.

— Bienvenida, Chef Ortiz. ¿Cómo __1.__ Ud. hoy?

— __2.__ muy bien, gracias.

— Ud. trabaja aquí en Asunción ahora pero, ¿de dónde __3.__ Ud. originalmente?

— Mi familia y yo __4.__ del campo.

— ¿Y cuál __5.__ su trabajo aquí?

— Yo __6.__ directora de los chefs en el famoso restaurante La Capital.

— La Capital __7.__ un restaurante muy popular aquí. ¿Dónde __8.__ el restaurante?

— Al lado de la catedral.

— Los platos en su restaurante __9.__ muy típicos de Paraguay, ¿no?

— Sí, y según los clientes, la comida en nuestro restaurante __10.__ deliciosa.

— Y los postres __11.__ muy populares también, ¿no?

— Sí, tenemos pasteles ricos, helados simples con frutas exóticas, un poco de todo.

— ¡Muchas gracias, Chef Ortiz!

— De nada. Siempre __12.__ muy contenta de estar aquí con Uds.

¡Qué rico!

17

Un postre delicioso

LEER, ESCRIBIR   You have found a recipe online for *arroz con leche* and you want to try it out. But the ingredients are given in *gramos* and *litros* and you don't know what the customary measure equivalents are. Study the conversion chart, convert the measurements given in the recipe, and answer the question.

Conexiones ‹ **Las matemáticas**

1 kilo (k) = 2,2 libras *(pounds)*
1 gramo (g) = 0,035 onzas *(ounces)*
1 litro (l) = 1,057 cuartos *(quarts)*

Multiplica los kilos, gramos o litros por su medida[1] correspondiente en el sistema que usas.

Calcula las onzas o los cuartos que hay en 300 gramos de arroz, tres litros de leche y 400 gramos de azúcar.

• ¿Cuántas libras hay en dos kilos de arroz?

[1]measure

Arroz con leche *Para 8*

300 gramos de arroz   un poco de vainilla

3 litros de leche   canela[2]

400 gramos de azúcar

Pon el arroz en remojo[3] con la leche una hora y media. Luego cocina a fuego lento[4] una hora más o menos. Añade[5] el azúcar y la vainilla y cocina unos 5 minutos más. Pon el arroz en el refrigerador y esparce[6] un poco de canela encima.

[2]cinnamon   [3]soak   [4]cook slowly   [5]Add   [6]sprinkle

¡Es buenísimo para la salud!

ESCRIBIR, HABLAR EN PAREJA Habla con otro(a) estudiante sobre cómo son las comidas en general.

Nota
To describe what a food item is like in general, use *ser*. To describe how a food item tastes at a particular time, use *estar*.

> **Nota**
> To describe what a food item is like in general, use *ser*. To describe how a food item tastes at a particular time, use *estar*.

1 Escribe una lista de diez comidas y bebidas.

2 Usa tu lista y pregunta a un(a) compañero(a) si come lo que le preguntas. Tu compañero(a) va a contestar y decirte por qué come o no come cada una de estas comidas.

bueno (para la salud)	sabroso
malo (para la salud)	delicioso
rico	horrible
riquísimo	

Videomodelo

A —*¿Comes muchas verduras?*

B —*Por supuesto! Las verduras son muy buenas para la salud.*

o: —*No. ¡Qué asco! Las verduras son horribles.*

¡La sopa está riquísima!

HABLAR EN PAREJA Estás en un restaurante y el (la) camarero(a) te pregunta cómo está todo. Mira el menú para contestar, usando expresiones apropiadas.

Videomodelo

A —*Señor(ita), ¿cómo está el arroz con pollo?*

B —*Está muy sabroso. Me encanta.*

o: —*Lo siento. Está malo. ¿Me trae otro plato principal?*

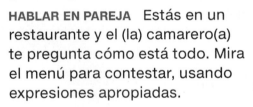

Restaurante Los Arcos

Menú del día $20.00

Sopas y ensaladas
Ensalada de tomate y cebolla
Sopa de verduras
Sopa Los Arcos

Verduras
Papas fritas
Papas al horno
Guisantes con jamón

Platos principales
Bistec
Pescado
Arroz con pollo

Postres
Pastel de chocolate
Helado de mango o papaya
Frutas frescas

CULTURA ⟨ El mundo hispano

El menú del día Muchos restaurantes de países hispanohablantes ofrecen un menú del día, o *una comida corrida* en México. Estos menús diarios ofrecen entre una y tres opciones para cada plato por un precio fijo¹ y razonable.

- ¿Conoces un restaurante con un menú del día? ¿Prefieres un menú del día, con pocas opciones, o un menú con muchas opciones? ¿Por qué?

> **También se dice . . .**
> el menú = la carta (México, España)

¹fixed price

20

El menú del día

 ESCRIBIR, HABLAR EN PAREJA   With a classmate, prepare to play the roles of a server and client *(cliente)* at the Restaurante Los Arcos. Write five questions that each one could ask. Use the menu in Actividad 19 to help you decide what to ask. Don't forget to use the formal *Ud.* form in your questions and answers.

Modelo

el (la) camarero(a)	el (la) cliente
¿Qué desea pedir de plato principal?	*¿Cómo está el bistec?*

21

En el restaurante

 HABLAR EN PAREJA   Usa las preguntas y frases de la Actividad 20 para tener una conversación completa sobre qué pedir para comer. En tu conversación habla de las sopas y ensaladas, verduras, platos principales y postres. Si haces el papel de camarero, ofrece alternativas al cliente.

▶ **Videomodelo**

A —*¿Qué desea pedir de plato principal?*

B —*No sé. ¿Cómo está el bistec?*

A —*Está muy sabroso.*

B —*¡Genial! Quisiera el bistec, por favor.*

El español en el mundo del trabajo

How can you combine an interest in nutrition and health with skills in Spanish? Here's one example. As you know, the U.S. Department of Agriculture provides the public with a wide range of nutritional information through print materials and Web sites. Much of this information is available in Spanish. There is a need for federal employees who are knowledgeable to translate and work with the Spanish-speaking community on issues related to nutrition.

• What other opportunities can you think of that would combine communication skills with a knowledge of nutrition?

Lectura

OBJECTIVES
▶ Read an email about a visit to Santa Fe, New Mexico
▶ Skim to find specific information
▶ Compare the history of Santa Fe to that of your community

Una visita a Santa Fe

Lee este email que escriben Alicia y Pedro. Ellos hablan de una visita que van a hacer sus primos a Santa Fe. ¿Qué cosas interesantes van a hacer? ¿Qué van a visitar?

Strategy

Skimming Before you read this email, make a list of three pieces of information you might expect to find. Quickly skim the email. What information did you find that was on your list?

Queridos Rosario y Luis:

¡Esperamos[1] su visita en agosto! Aquí en Santa Fe vamos a hacer muchas cosas. ¿Saben que es una ciudad[2] con más de 400 años de historia y cultura? Vamos a visitar museos y tiendas, y vamos a comer comida típica. ¡Los cinco días van a pasar rápidamente![3].

Tenemos planes para pasar una noche muy especial en honor de su visita. Vamos a comer en un "restaurante" histórico que se llama Rancho de las Golondrinas[4]. Está a diez millas de nuestra casa, al sur de Santa Fe. El Rancho, en realidad, no es un restaurante; es una casa española.

Durante los días de su visita, el Rancho va a celebrar "un fandango", un baile histórico y típico, con una cena tradicional. Toda la comida es riquísima, pero nuestro plato favorito es el chile con carne y queso. Después de comer, vamos a bailar. ¡No sabemos bailar pero va a ser muy divertido! ¡Nos vemos en agosto!

Sus primos de Nuevo México,

[1]We're looking forward to [2]city [3]quickly [4]Swallows

Alicia y Pedro

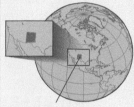

Nuevo México

La Capilla de San Miguel, la iglesia más vieja de Santa Fe, del año 1626

Go **Online** to practice

PearsonSchool.com/Autentico

PEARSON
realize.™

WRITING

MAPA GLOBAL

Menú del Fandango

Sopas
Sopa de arroz
Garbanzos con chile

Plato principal
Pollo relleno[5]
Chile con carne y queso

Postre
Bizcochitos[6]
Pudín de arroz con leche

Bebidas
Chocolate mexicano
Ponche
Café

[5]Stuffed chicken [6]Cookies

▲ El Rancho de las Golondrinas, Nuevo México

◄ El Palacio de los Gobernadores, construido en 1610, es el edificio *(building)* público más viejo de los Estados Unidos que todavía se usa. Ahora es un museo de historia.

 ¿Comprendes?

1. ¿Cuáles son cuatro actividades que los primos van a hacer durante la visita? ¿Cuál te gustaría hacer en Santa Fe?

2. ¿Por qué es importante Santa Fe?

3. ¿Por qué quieren ir Alicia y Pedro al Rancho de las Golondrinas?

4. Si no te gusta nada la comida picante *(spicy)*, ¿qué debes pedir del menú?

5. ¿Por qué es importante La Capilla de San Miguel?

6. Vuelve a leer el segundo párrafo de la carta. ¿Cómo te ayuda conocer el cognado "rancho" a saber que el Rancho de las Golondrinas no era originalmente un restaurante?

CULTURA ◄ Los Estados Unidos

Santa Fe histórico España estableció la comunidad de Santa Fe trece años antes de llegar[1] los peregrinos del Mayflower a Plymouth. España, México y la Confederación gobernaron desde allí. Durante los años, Santa Fe fue[2] controlado por los indígenas Pueblo, España, México y la Confederación.

Pre-AP Integration: La arquitectura ¿Cuál es el edificio[3] más viejo de tu comunidad? ¿Cuál es más viejo, ese edificio o el Palacio de los Gobernadores en Santa Fe?

 Mapa global interactivo Explora la ciudad de Santa Fe. Describe la arquitectura de la ciudad con tus propias palabras a un(a) compañero(a).

[1]before arriving
[2]was [3]building

Perspectivas del mundo hispano

A la hora de comer

Imagine that you had two hours for lunch every day. Or imagine that every time you ate a meal, you sat down at a table with a friend or family member and had a lengthy conversation. Now imagine that you didn't jump up from dinner as soon as you finished eating. What do these situations have in common?

In many Spanish-speaking cultures, even ordinary mealtimes are considered social events, a time to spend enjoying food and company. People often take time after a meal to relax, to sit around the table and enjoy a good conversation or just to have a laugh. This custom, called the *sobremesa*, is more important in many cultures than getting to the next appointment or saving time and money by buying a quick meal.

Not surprisingly, most Spanish-speaking countries have very few drive-through restaurants. Since people rarely take food "to go," they might be surprised if you suggested grabbing a sandwich to eat in the car. In fact, many cars don't have cup-holders.

Online Cultural Reading

Go to Auténtico ONLINE to learn about baseball by reading Josué Prado's personal blog.

Para   Marta123@gmail.com

Asunto   ¡Mis vacaciones!

Hola Carolina:
Esta es la hora de comer con mi familia en Chile. ¡La sobremesa es muy divertida!

Un saludo desde Renaca,
Marta

Investigar Figure out how much time you and your family spend at breakfast, lunch, and dinner on days when you're not in school or at work. Compare your results with those of your classmates. Then complete the following statements about practices among families in your community.

Modelo

En mi comunidad, es común *(common)* comer el desayuno en quince minutos.

1. En mi comunidad, es común comer el desayuno en _____ .
2. En mi comunidad, es común comer el almuerzo en _____ .
3. En mi comunidad, es común comer la cena en _____ .

Comparación cultural What does your research say about the importance of relaxing and enjoying a leisurely meal with friends and family? How does it compare to what happens during meals in Spanish-speaking countries? Consider the two different attitudes towards mealtime. What benefits might each one have?

OBJECTIVES
▶ Write a review of your favorite restaurant
▶ Use examples to persuade your reader

Go **Online** to practice
PEARSON
realize™
PearsonSchool.com/Autentico

WRITING

Un restaurante muy bueno

TASK Your school is creating a community guide for Spanish speakers. Your class is writing about restaurants. Write a review of your favorite restaurant.

Strategy
Persuasion Give specific information and concrete examples to support your opinion and persuade your readers to try a restaurant.

1 **Prewrite** Think about the restaurant you like best. Copy the word web. Write the name of the restaurant in the middle circle. Write words and expressions associated with each category inside the appropriate circles.

2 **Draft** Write your review of the restaurant using information from the word web for support. Include information that might persuade others to try the restaurant.

3 **Revise** Read through your review and check for agreement, verb forms, and spelling. Share your review with a partner. Your partner should check the following:

• Did you provide information about all categories?
• Did you use the correct forms of the verbs?
• Do you have any errors in spelling or agreement?
• Is the review persuasive?

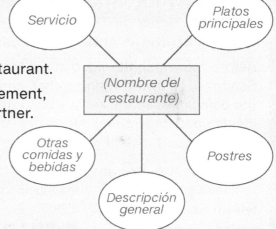

4 **Publish** Write a final copy of your review, making any necessary changes or additions. You may want to add illustrations and include your review in a booklet with your classmates' reviews or in your portfolio.

5 **Evaluation** The following rubric will be used to grade your review.

Rubric	Score 1	Score 3	Score 5
Completion of task	You provide information in three categories from the word web.	You provide information in four categories from the word web.	You provide information in five categories from the word web.
Use of new and previously learned vocabulary	You use very limited and repetitive vocabulary.	You use only recently acquired vocabulary.	You use both recently acquired and previously learned vocabulary.
Accurate spelling/use of grammar	You have many patterns of misspelling and misuse of grammar.	You have frequent patterns of misspelling and misuse of grammar.	You have very few patterns of misspelling and misuse of grammar.
Correct use of verbs	You have many repetitions of incorrect verb forms.	You have frequent repetitions of incorrect verb forms.	You have very few incorrect verb forms.

Auténtico

El mundo de la gastronomía

Before You Watch

Use the Strategy: Anticipate Meaning

Before you watch the video about Mario Sandoval, an award-winning chef, anticipate the context. Read the key words to help you identify and understand information about the cultural importance of quality foods in Spain.

Read this Key Vocabulary

se rinde = surrenders

jefe = boss

cocina = kitchen

cocinero = chef

gastronomía = gastronomy

madrileño = from Madrid

sabores = tastes

repostero = pastry chef

▶ Watch the Video

How do chefs win awards? For what are they recognized?

Go to **PearsonSchool.com/Autentico** and watch the video *El mundo de la Gastronomía se rinde ante Mario Sandoval* to see how a chef in Madrid is leading the way.

Complete the Activities

Mientras ves Before you watch the video, try to anticipate what the video will tell you about Mario Sandoval. Which of the following words and phrases do you anticipate will be mentioned? As you watch, mark those that you hear or see.

el restaurante
los platos ricos
el postre
los jóvenes
el menú

Integration

Después de ver Demonstrate your understanding of the video. Use key words and details to infer meaning and answer the following questions.

1. ¿Cómo se llama el restaurante de Mario Sandoval?

2. ¿Cuántos años tiene el restaurante?

3. ¿Qué tipo de comida prepara Mario Sandoval?

4. What do the gastronomic awards and associations mentioned in the video tell you about the importance of fine foods in Spain?

 For more activities, go to the *Authentic Resources Workbook*.

En el restaurante

Expansión Find other authentic resources for this chapter in *Auténtico* online, then answer the questions.

 5B Auténtico

Integración de ideas In the authentic resources you will learn about other restaurants. Identify cultural practices in the resources and write a short description of restaurants or foods from Spanish-speaking countries.

Comparación cultural Compare the dining experience in Spanish-speaking cultures that you have learned about in these resources to your own dining experiences.

OBJECTIVES
- Review the vocabulary and grammar
- Demonstrate you can perform the tasks on p. 269

🔊 Vocabulario

to talk about people

el hombre	man
la mujer	woman
el joven	young man
la joven	young woman

to describe people and things

alto, -a	tall
bajo, -a	short (stature)
corto, -a	short (length)
guapo, -a	good-looking
joven	young
largo, -a	long
viejo, -a	old
el pelo	hair
canoso	gray
castaño	brown (chestnut)
negro	black
rubio	blond
pelirrojo, -a	red-haired

to describe how someone is feeling

tener calor	to be warm
tener frío	to be cold
tener sueño	to be sleepy

to talk about food

delicioso, -a	delicious
desear	to want
pedir (e → i)	to order
el plato principal	main dish
de plato principal	as a main dish
el postre	dessert
de postre	for dessert
rico, -a	rich, tasty

For *Vocabulario adicional,* see pp. 472–473.

to describe table settings

el azúcar	sugar
la cuchara	spoon
el cuchillo	knife
la pimienta	pepper
el plato	plate, dish
la sal	salt
la servilleta	napkin
la taza	cup
el tenedor	fork
el vaso	glass

to talk about eating out

el camarero, la camarera	waiter, waitress
la cuenta	bill
el menú	menu

to express needs

Me falta(n) . . .	I need . . .
Quisiera	I would like
traer	to bring
Le traigo . . .	I will bring you . . .
¿Me trae . . . ?	Will you bring me . . . ?
yo traigo	I bring

other useful words

ahora	now
¿Algo más?	Anything else?
De nada.	You're welcome.
otro, -a	other, another
¡Qué + *adjective!*	How . . . !

Gramática

venir *to come*

vengo	venimos
vienes	venís
viene	vienen

Preparación para el examen

What you need to be able to do for the exam . . .	Here are practice tasks similar to those you will find on the exam . . .	For review go to your print or digital textbook . . .
Interpretive		
1 **ESCUCHAR** I can listen and understand as people complain to room service that something is missing from their order.	As you listen to complaints about room service, see if you can identify key details about whether there is: a) missing silverware; b) missing food; c) missing condiments; d) all of the above.	**pp. 248–251** *Vocabulario en contexto*, Actividad 2 **p. 254 Actividades 8–9** **p. 260 Actividades 18–19**
Interpersonal		
2 **HABLAR** I can use appropriate expressions and gestures to describe physical characteristics of family members to another person.	Your aunt and uncle are going to celebrate their anniversary with you in a restaurant, but they're late. You describe them to the waiter so that he can recognize them when they arrive. Mention at least two physical characteristics about each person, such as hair color, height, or age.	**pp. 248–251** *Vocabulario en contexto* **p. 252 Actividades 4–5** **p. 256 Actividad 12**
Interpretive		
3 **LEER** I can read and understand a letter about an upcoming visit with a relative.	As you read part of a letter about an upcoming trip to Santa Fe, can you determine what the writers are most looking forward to in the trip? What questions do they have about it? Queridos Alicia y Pedro: Nosotros también esperamos impacientemente nuestra visita a Santa Fe en el verano. Me encanta la idea de visitar una ciudad con mucha historia. Nuestra ciudad también es muy histórica. ¿Qué es una comida típica del Rancho de las Golondrinas?	**p. 255 Actividad 10** **p. 262** *Lectura*
Presentational		
4 **ESCRIBIR** I can write a short report telling whether people are coming to an event and what they are bringing with them.	You and your classmates decide to bring either a main dish, dessert, eating utensils, glassware, plates, or condiments for the Spanish Club party. Write a note to the club president indicating who is coming and what they are bringing. For example: *Ryan viene y trae las servilletas.*	**p. 256 Actividad 11** **p. 257 Actividades 13–14** **p. 265** *Presentación escrita*
Cultures		
5 **COMPARAR** I can demonstrate an understanding of cultural perspectives regarding meals.	Think about how you spend lunch or dinner time during the school week. What would be at least three things that would be different at mealtime if you were an exchange student in a Spanish-speaking country? What is a *sobremesa*?	**p. 253** *Cultura* **p. 260** *Cultura* **p. 264** *Perspectivas del mundo hispano*

6A
En mi dormitorio

Nuevo México

España

México

CHAPTER OBJECTIVES

Communication

By the end of this chapter you will be able to:

- Listen to and read descriptions of bedrooms and colors.
- Talk and write about your room.
- Survey classmates about their bedrooms and compare theirs to your room.

Culture

You will also be able to:

- **Auténtico:** Identify cultural practices in an authentic video about homes and home decor.
- Make a *luminaria* and understand the history and significance of this tradition.

You will demonstrate what you know and can do:

- Presentación oral: Las personalidades de un dormitorio
- Repaso del capítulo: Preparación para el examen

You will use:

Vocabulary
- Bedroom items
- Electronic equipment
- Colors
- Describing, comparing, and contrasting

Grammar
- Making comparisons
- The superlative
- Stem-changing verbs: *poder* and *dormir*

ARTE y CULTURA ◀ España

Salvador Dalí (1904–1989) was a painter born in Figueras, Spain. This is one of his most famous paintings, made when he was only 20. Here he has painted his sister, who appears only from the back.

▶ Why do you think that Dalí painted her looking out the window rather than facing the viewer?

"Muchacha en la ventana" (1925), Salvador Dalí ▶

© 2009 Salvador Dalí, Gala-Salvador Dalí Foundation/Artists Rights Society (ARS), New York. Photo: Museo Español de Arte Contemporáneo, Madrid, Spain/The Bridgeman Art Library.

Go **Online** to practice

PEARSON
realize™

PearsonSchool.com/Autentico

 AUDIO
 VIDEO
 WRITING
 SPEAK/RECORD
 MAPA GLOBAL
 AUTÉNTICO
 FLASCHARDS
 ETEXT 2.0
 GAMES

Dormitorio de una casa mexicana

Vocabulario en contexto

OBJECTIVES
Read, listen to, and understand information about bedroom items and colors and electronic equipment.

Julieta: Me gusta mi dormitorio. Aquí tengo todas mis **posesiones** más **importantes**: las fotos de mis amigos, mi computadora y mis libros. Mi dormitorio es **grande** y está ordenado. Pero no me gusta el color. Voy a pintar¹ las paredes de un color diferente. **¿De qué color?** ¿Te gusta el amarillo?

 **Julieta**

 **Marcos**

Marcos: No, ¡el amarillo es **el peor** color que existe! **Para mí** el azul es **el mejor** color. Creo que me gusta más mi **propio** dormitorio. Es **pequeño** y está un poco desordenado, pero allí tengo mi guitarra y mi música. Y las paredes son azules.

Julieta: ¡El azul me gusta! Voy a pintar las paredes del **mismo** color azul. Ahora, ¡solo necesito un **televisor** y un **equipo de sonido** nuevo!

¹to paint

los colores

rojo, -a

anaranjado, -a

amarillo, -a

rosado, -a

verde

azul

morado, -a

blanco, -a

gris

marrón

negro, -a

la alfombra

el espejo

el despertador

el armario

el estante

la cómoda

Más vocabulario
el disco compacto = compact disc
el lector DVD = DVD player
el video = video

el dormitorio

las cortinas

el cuadro

la lámpara

la pared

la cama

la mesita

1

En el dormitorio

🔊 **ESCUCHAR** Mira la foto de arriba y escucha la descripción del dormitorio de Julieta. Señala cada cosa que menciona.

2

¿De qué color es?

🔊 **ESCUCHAR** Escucha las descripciones de las cosas que están en un dormitorio. Toca el color que escuchas en la gráfica de colores.

Pilar: ¿Vamos al centro comercial?

Leti: ¡No **puedo**! Tengo que organizar **las cosas** en mi cuarto.

Pilar: ¡Uf, qué **feo** está tu dormitorio! ¿Cómo puedes **dormir** con todas estas cosas sobre la cama?

Leti: ¡Eso no es importante! Hay días que mi cama está **peor que** hoy.

Pilar: ¡Ay, ay, ay, Leti! Bueno, podemos organizar los libros en el estante **a la derecha** y los videos **a la izquierda**.

Leti: Yo guardo la ropa en el armario... Ahora está **mejor que** antes, ¿verdad?

Pilar: Sí, pero ¡todavía está **menos** organizado **que** mi dormitorio!

Leti: ¡Ay, Pilar! ¡**Para mí** está muy **bonito**! **Para ti,** ¿cómo está?

Pilar: Está bien, ¡vamos de compras!

Pilar   Leti

3

El orden y el desorden

ESCRIBIR Lee las oraciones y decide si son ciertas o falsas. Corrige (*Correct*) las oraciones falsas.

1. El cuarto de Leti está siempre muy desordenado.

2. Leti no puede ir al centro comercial con Pilar.

3. Pilar ayuda a Leti a organizar su dormitorio.

4. Leti nunca tiene cosas sobre su cama.

5. Mañana Pilar y Leti van a ir al centro comercial.

6. A Leti no le gusta tener cosas sobre su cama.

7. Leti y Pilar son buenas amigas.

Videohistoria

En mi dormitorio

Before You Watch

Predicting Think about your bedroom. Does it reflect your interests and personality? How or how not? Use your knowledge of the characters to predict how Ximena and Camila might each decorate their bedroom.

Complete the Activity

En el dormitorio Mira las fotos y piensa en lo que sabes de Ximena y Camila. ¿Quién va a tener un cartel de arte o de fútbol en su dormitorio?

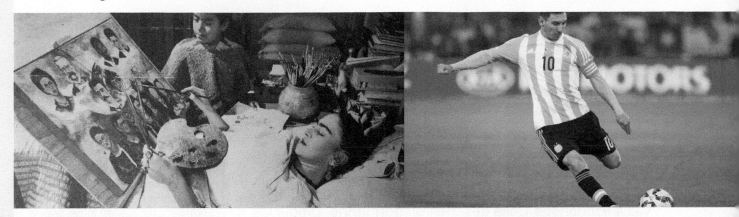

▶ Watch the Video

¿Crees que Ximena y Camila pueden compartir un dormitorio en verano?

Go to **PearsonSchool.com/Autentico** to watch the video *En mi dormitorio* and to view the script.

Ximena   **Camila**

After You Watch

 ¿COMPRENDES?   Indica cuál de las chicas tiene estas cosas en su dormitorio, según el video: ¿Ximena, Camila, o las dos?

a. una cama
b. una lámpara
c. una mesita

d. un equipo de sonido
e. un espejo
f. unos cuadros

g. unos carteles
h. un escritorio
i. un despertador

j. una cómoda
k. un estante
l. un armario

Pregunta personal   ¿Qué tienes en tu dormitorio? ¿Tienes más cosas que Ximena? ¿Tienes menos cosas que Camila?

Vocabulario en uso

OBJECTIVES

▶ Listen to a description of a room and label a room diagram
▶ Draw and describe your own room
▶ Exchange information while describing rooms and playing a game

4

Las palabras opuestas

ESCRIBIR Escribe las palabras de la lista y su opuesto *(opposite)*.

Modelo
día   *noche*

1. bonito
2. grande
3. derecha
4. peor

5. alto
6. negro
7. ordenado
8. joven

Strategy
Making word associations
Learning vocabulary as opposites helps you make quick associations to other words.

5

Escucha, dibuja y escribe

ESCUCHAR, ESCRIBIR Copia el dibujo en una hoja de papel. Vas a escuchar a Celia describir su dormitorio. Dibuja las cosas que ella menciona en los lugares *(places)* correctos y escribe las palabras en español para cada cosa.

También se dice . . .
el dormitorio = la habitación, la alcoba *(España);* la pieza *(Argentina, Chile);* la recámara *(México)*

bonito = lindo, chulo *(México);* mono *(España)*

marrón = de color café, castaño, de color chocolate *(México, América del Sur)*

la cómoda = el gavetero, el buró *(México, muchos países)*

el armario = el guardarropa, el ropero *(México, muchos países)*

pequeño = chico *(México, otros países)*

la puerta

la cama

la ventana

el dormitorio de Celia

6

Tu propio dormitorio

DIBUJAR, ESCRIBIR

1 Dibuja tu propio dormitorio. Escribe el nombre de ocho cosas en el dibujo.

2 Escribe siete frases para describir o *(either)* tu dormitorio o el dormitorio de Celia de la Actividad 5.

Modelo

El espejo está al lado de la cama.
Las cortinas en el dormitorio son largas.

¿Recuerdas?

Use *estar* to tell the location of items.
Use *ser* to tell what items are like.

7

¿Qué dormitorio es?

ESCUCHAR, HABLAR EN PAREJA   Trabaja con otro(a) estudiante. Muestra *(Show)* los dibujos de tu dormitorio y del dormitorio de Celia a tu compañero(a). Lee una de las frases que escribiste *(that you wrote)* en la Actividad 6. Tu compañero(a) tiene que identificar qué dormitorio describes.

Strategy

Labeling Put Spanish labels on the items in your bedroom so that you will see them every day. This will help you learn new words quickly.

Videomodelo

A —*El espejo está al lado de la cama.*
B —*Es tu propio dormitorio.*
o: —*Es el dormitorio de Celia.*

8

Juego

ESCUCHAR, HABLAR EN GRUPO   Trabajen en grupos de tres personas. Necesitan una moneda *(coin)* y uno de los dibujos de la Actividad 6. Una persona describe dónde está la moneda en el dormitorio. Los otros dos tratan de colocar *(try to place)* la moneda en el cuarto correctamente. La primera persona que coloca la moneda correctamente recibe un punto.

Modelo

La moneda está debajo de la cama.

9

¿Quién soy yo?

LEER, HABLAR EN PAREJA   Aquí tienes una adivinanza *(riddle)* popular en las escuelas primarias en México. Trabaja con otro(a) estudiante para resolver la adivinanza.

Cine no soy,
radio tampoco.
Tengo pantalla
y me creen poco.
¿Quién soy yo?

Gramática

OBJECTIVES
▶ Listen to a description of two different bedrooms
▶ Write about, discuss, and compare different music
▶ Exchange information while comparing opinions with a classmate

Making comparisons

Just as you can use *más . . . que* to compare two things, you can also use **menos . . . que** (*less . . . than*).

El disco compacto de Los Toros es **menos** popular **que** el disco compacto de Los Lobos.

*The CD by Los Toros is **less** popular **than** the CD by Los Lobos.*

The adjectives *bueno(a)*, *malo(a)*, *viejo(a)*, and *joven* and the adverbs *bien* and *mal* have their own comparative forms. *Más* and *menos* are not used with these comparative adjectives and adverbs.

¿Recuerdas?

You have learned to use *más . . . que* to compare two things.

* La clase de inglés es **más** interesante **que** la clase de matemáticas.

Adjective	Adverb	Comparative	
bueno, -a	**bien**	**mejor (que)**	*better than*
malo, -a	**mal**	**peor (que)**	*worse than*
viejo, -a		**mayor (que)**	*older than*
joven		**menor (que)**	*younger than*

Mejor, peor, mayor, and *menor* have plural forms that end in *-es*.

Los videos de Shakira son **mejores que** los videos de Juanes.

Más recursos   ONLINE

▶ *GramActiva* Video

▶ **Tutorials:** Comparing things that are equal, Comparing things that are not equal

✎ *GramActiva* Activity

10

Dos dormitorios

ESCUCHAR, ESCRIBIR En una hoja de papel, escribe los números del 1 al 6. Escucha las seis comparaciones de los dormitorios de Paco y de Kiko. Escribe *C* si la frase es cierta o *F* si es falsa.

El dormitorio de Paco

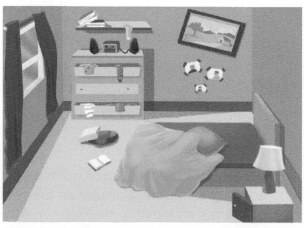

El dormitorio de Kiko

11

¡Viva la música!

ESCRIBIR EN PAREJA

1 Escribe cinco frases con comparaciones de los varios tipos de música que ves aquí. Usa estos *(these)* adjetivos en la forma correcta con *más . . . que* o *menos . . . que.*

Para decir más . . .

los blues	la música rap
la música reggae	el jazz
la música clásica	la música rock
la música folklórica	la salsa
la música hip-hop	

Modelo

Para mí, la salsa es más divertida que la música rap.

aburrido, -a	interesante
bonito, -a	popular
divertido, -a	serio, -a
feo, -a	triste
importante	

2 Escribe tus comparaciones en un email a otro estudiante para ver si Uds. están de acuerdo.

Modelo

A —*Para mí, la salsa es más divertida que la música rap.*

B —*Sí, estoy de acuerdo, pero la salsa es menos popular que la música rap.*

12

¿Cómo se comparan los dos?

ESCRIBIR EN PAREJA Escribe mensajes a otro estudiante para expresar tu opinión. Escoge una categoría de la lista y, en tu mensaje, escribe una comparación entre dos cosas o personas según la categoría. Tu compañero(a) debe contestar tu mensaje.

1. actividades
2. deportes
3. comidas
4. clases
5. libros o revistas
6. personas famosas

Modelo

actividades

A —*Ir al cine es mejor que **ver un video**.*

B —*Estoy de acuerdo. Ver un video es menos divertido que ir al cine. / No estoy de acuerdo. Ver un video es más divertido porque estás en casa.*

CULTURA ❯ **El mundo hispano**

Los premios **Grammy Latinos** reconocen[1] el talento de artistas de todo el mundo que hablan español y portugués cada año. En los últimos[2] años, los ganadores[3] de los Grammy Latinos incluyeron a Alejandro Sanz, Juan Luis Guerra, Nelly Furtado, Natalia Lafourcade, Rubén Blades, Café Tacuba, Juanes y Marc Anthony.

Pre-AP® Integration: Las artes visuales y escénicas ¿Por qué son importantes los premios Grammy Latinos para los artistas de habla hispana?

---
[1]recognize [2]last [3]winners

La artista mexicana de pop Natalia Lafourcade, con cuatro de sus premios Grammy ▶

Gramática

OBJECTIVES
▶ Discuss and write about the best and worst
▶ Exchange information about bedrooms and colors
▶ Compare technology use in Spain to your class
▶ Identify flags from the Spanish-speaking world and design your own flag

The superlative

To say that someone or something is the "most" or "least," use:

definite article **(el, la, los, las)** + noun + **más / menos** + adjective
La foto de mi familia es **la posesión más importante** para mí.

To say that someone or something is the "best" or the "worst," use:

definite article + **mejor(es) / peor(es)** + noun

Rojo y azul son **los mejores colores** para mi dormitorio.

Más recursos ONLINE

▶ *GramActiva* Video
▶ **Tutorial:** Superlatives
✎ *GramActiva* Activity

13

Las posesiones de tu casa

HABLAR EN GRUPO Habla con el grupo sobre los objetos de la vida diaria en tu casa. Pregunta y contesta según el modelo.

1. posesión / importante
2. disco compacto / popular
3. video / gracioso
4. foto / bonita
5. videojuego / divertido
6. libro / interesante

Videomodelo
cuadro/bonito
A —*Para ti, ¿cuál es el cuadro más bonito?*
B —*Para mí, el cuadro más bonito es el cuadro de las flores rojas y amarillas.*

14

Los premios del año

HABLAR EN GRUPO, ESCRIBIR

1 En grupos de cuatro estudiantes, pregunta y contesta sobre las mejores y peores cosas del año. Decide el (la) mejor y el (la) peor de cada categoría de la lista y escribe una frase para cada una.

1. el programa de televisión
2. el video
3. el grupo musical
4. la película
5. el disco compacto

2 Prepara una presentación para la clase para dar un premio *(give a prize)* para las categorías indicadas.

Videomodelo
el mes
A —*Para ti, ¿cuál es el mejor mes del año?*
B —*Para mí, el mejor mes del año es junio.*
A —*¿Y cuál es el peor mes del año?*
B —*El peor mes del año es enero.*

Modelo
Nuestro grupo da el premio al mejor mes del año a junio. Nuestro grupo da el premio al peor mes del año a enero.

Tus propias cosas

HABLAR EN PAREJA, ESCRIBIR

1 Habla con otro(a) estudiante sobre las cosas que tienes en tu dormitorio. Pregunta y contesta según el modelo. Escribe las respuestas en una hoja de papel.

Estudiante A

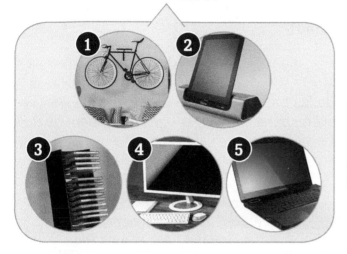

Videomodelo

A —¿Tienes **tu propio equipo de sonido**?
B —Sí, tengo **mi propio equipo de sonido**. ¿Y tú?
A —**No, pero puedo usar el equipo de sonido de mi familia**.

Estudiante B

Sí, tengo mi propio(a) . . .
No, pero comparto . . . con . . .
No, pero puedo usar . . . de mi familia.
No, no tengo . . .

2 Trabajen con otra pareja. Sumen *(Add together)* los resultados del paso *(step)* 1. Escriban frases para presentar los resultados a la clase. Compartan los resultados del grupo de ustedes con los otros grupos y sumen los resultados de toda la clase.

Modelo
Cuatro estudiantes tienen computadoras en su dormitorio.

3 Determinen un porcentaje *(percentage)* para cada cosa y creen *(create)* una gráfica para demostrar los resultados.

Cataluña y la tecnología

COMPARAR, ESCRIBIR, HABLAR Estudia la gráfica y contesta las preguntas.

1. ¿Cuáles son los aparatos más populares en las casas en la región de Cataluña, en España?

2. Haz una encuesta en tu clase. Escribe frases para comparar los resultados de tu clase y la información de la gráfica.

Modelo
Nosotros tenemos más lectores DVD que . .

Mapa global interactivo Explora la región de Cataluña en el noreste de España.

Porcentaje de tecnología en las casas catalanas

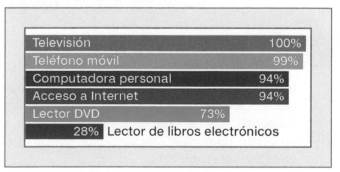

Televisión	100%
Teléfono móvil	99%
Computadora personal	94%
Acceso a Internet	94%
Lector DVD	73%
Lector de libros electrónicos	28%

17

¿De qué color es tu día?

 ESCRIBIR, HABLAR ¿Cuáles son los colores que asocias con estas palabras? Escribe los colores.

1. contento
2. calor
3. artístico
4. horrible

5. reservado
6. triste
7. frío

8. sociable
9. gracioso
10. aburrido

Modelo
regular   *gris*

Y para ti, ¿cuál es el color de tu personalidad?

18

Las banderas

 HABLAR EN PAREJA Identifica los colores de las banderas de los países *(countries)* o lugares de habla hispana. Trabaja con otro(a) estudiante.

Videomodelo
A —*La bandera tiene los colores rojo, amarillo y verde.*
B —*¿Es la bandera de Bolivia?*
A —*Sí.*

Argentina

Bolivia

Chile

Colombia

Costa Rica

Cuba

Ecuador

El Salvador

España

Guatemala

Guinea Ecuatorial

Honduras

Nicaragua

Panamá

Paraguay

Perú

Puerto Rico

República Dominicana

Uruguay

Venezuela

CULTURA ◄ México

La bandera mexicana tiene[1] una historia fascinante. La tradición dice que los aztecas crearon su capital, Tenochtitlán, en el lugar donde había un águila sobre un cactus comiendo[2] una serpiente. Esta imagen está en la bandera mexicana.

Pre-AP® Integration: La identidad nacional y la identidad étnica ¿Qué banderas de los Estados Unidos puedes identificar que tienen un símbolo importante para su historia?   [1]has [2]eating

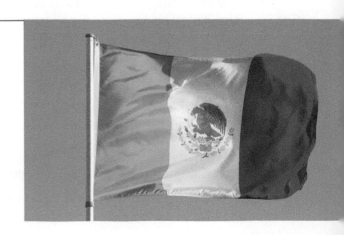

Go **Online** to practice

PearsonSchool.com/Autentico

PEARSON
realize TM

VIDEO   WRITING   SPEAK/RECORD

¿Qué significan los colores?

 LEER, ESCRIBIR   En la psicología, hay un estudio de los significados *(meanings)* de diferentes colores en diferentes culturas. Lee las descripciones aquí para contestar las preguntas.

Conexiones   Las ciencias sociales

 En muchas culturas, el verde significa buena salud, la primavera, las plantas y tranquilidad. Es un color de la paz.[1]

 El blanco, en las culturas de las Américas, significa generalmente inocencia y paz. En ciertas culturas asiáticas, el blanco significa la muerte.[2]

 El color que expresa energía, pasión y acción en muchas culturas diferentes es el rojo.

 En muchas culturas, el amarillo significa atención, precaución, el sol y la energía. Es muy fácil ver el amarillo y se usa mucho para los taxis.

 Un color que expresa protección, autoridad, confianza[3] y armonía es el azul. Vemos este color mucho en los uniformes de la policía y los militares.

Find words or expressions in the reading to explain the following uses of color:
- yellow traffic light
- green recycling symbol
- blue police uniform
- red roses for Valentine's Day

[1]peace [2]death [3]confidence

¿Una bandera para ti?

 ESCRIBIR, HABLAR   Imagina que vas a diseñar *(design)* una bandera para una organización, un club o un equipo *(team)*. ¿Qué colores vas a usar? ¿Por qué?

Y tú, ¿qué dices?

 ESCRIBIR, HABLAR

1. ¿Cuáles son tus colores favoritos? ¿Qué posesiones tienes en tu dormitorio de estos colores?

2. Escribe una lista de cinco cosas que están en tu dormitorio y el color de cada cosa. Usa estructuras y vocabulario de esta lección. Por ejemplo: *Tengo una lámpara anaranjada.*

3. ¿De qué colores son los libros y las carpetas que tienes para tus clases?

Gramática

OBJECTIVES
▶ Listen to, write, and discuss rules
▶ Read, write, and talk about sleep habits
▶ Describe objects to play a guessing game
▶ Design a dream bedroom for a classmate

Stem-changing verbs: *poder* and *dormir*

Like *jugar, poder* and *dormir* are stem-changing verbs. They have a change from *o → ue* in all forms except *nosotros* and *vosotros*. Here are the present-tense forms:

¿Recuerdas?

You use *puedo* and *puedes* to say what you can or cannot do:
—¿**Puedes** ir a la fiesta conmigo?
—No, no **puedo**.

(yo)	**puedo**	(nosotros) (nosotras)	**podemos**
(tú)	**puedes**	(vosotros) (vosotras)	**podéis**
Ud. (él) (ella)	**puede**	Uds. (ellos) (ellas)	**pueden**

(yo)	**duermo**	(nosotros) (nosotras)	**dormimos**
(tú)	**duermes**	(vosotros) (vosotras)	**dormís**
Ud. (él) (ella)	**duerme**	Uds. (ellos) (ellas)	**duermen**

22

Rompecabezas

LEER, ESCRIBIR ¿Cuántas horas duermen las personas en esta familia? Escribe la forma apropiada del verbo *dormir* para cada frase. Después contesta la pregunta.

¡Mis hermanos y yo __1.__ 50 horas al día! Es mucho, ¿no? Tomás, mi hermano mayor, __2.__ menos, seis horas al día. Catalina __3.__ más horas que todos—cuatro horas más que Tomás. Guillermo y yo __4.__ el mismo número de horas. Juntos (Together) nosotros __5.__ el mismo número de horas que Tomás y Catalina. Paco y Laura __6.__ el mismo número de horas. ¿Cuántas horas duerme cada persona (Tomás, Catalina, Guillermo, Paco, Laura y yo)?

Más recursos ONLINE

▶ *GramActiva* Video
▶ Animated Verbs
◀)) *Canción de hip hop:* ¡No podemos dormir!
🖉 *GramActiva* Activity

Nota

When the forms of *poder* are followed by another verb, the second verb is in the infinitive form.
• Ana no **puede hablar** español.

23

El campamento Nadadivertido

ESCUCHAR, ESCRIBIR, HABLAR Es el primer día en el campamento de verano Nadadivertido. Tu amigo(a) nunca escucha nada. Escucha las reglas (rules) del campamento y después contesta las preguntas de tu amigo(a).

1. ¿Podemos usar el equipo de sonido en la tarde?

2. ¿Quiénes no pueden ir a los dormitorios de los chicos?

3. ¿Podemos ver videos en los dormitorios?

4. ¿Cuándo podemos escuchar discos compactos?

5. ¿Podemos beber refrescos en la cama?

6. ¿Podemos dormir hasta (until) las nueve?

Las reglas

ESCRIBIR, HABLAR EN PAREJA   Tienes que cuidar *(baby-sit)* a dos niños y no sabes las reglas de su casa. Primero escribe cinco preguntas para ellos. Después pregunta y contesta según el modelo. Aquí está una lista de verbos que puedes usar:

beber	escuchar	jugar
comer	ir	ver

Videomodelo
A —¿*Uds. pueden comer helado después de las siete?*
B —*No, nunca podemos comer helado después de las siete.*
o:—*¡Por supuesto! Siempre podemos comer helado después de las siete.*

¡Podemos hacer muchas cosas!

HABLAR EN PAREJA   Trabaja con otro(a) estudiante para decir qué pueden hacer diferentes personas con las posesiones que tienen.

Videomodelo
Marcos / sacar fotos
A —¿*Marcos **puede sacar fotos**?*
B —*¡Por supuesto! **Tiene una cámara muy buena.***
o:—*No. No **tiene una cámara.***

Estudiante A

1. Uds. / ver películas en casa
2. Raquel / hacer la tarea de álgebra
3. tu papá (o tu mamá) / usar el Internet
4. tú / escuchar discos compactos
5. Guille y Patricio / jugar videojuegos

Estudiante B

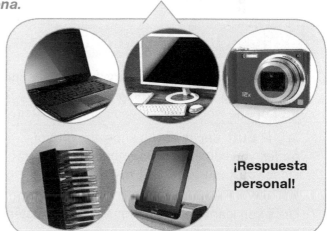

¡Respuesta personal!

Pronunciación   The sounds of *r* and *rr*

Except at the beginning of a word or after *l* or *n,* the sound of the letter *r* is similar to the *dd* in the English word *ladder*. Listen to and say these words:

derecha	quiero	amarillo	bandera
pero	puerta	alfombra	morado

The sound of *rr* is similar to saying "batter, batter, batter" over and over again very quickly. Listen to and say these words:

perro	correr	guitarra	marrón
aburrido	arroz	pelirrojo	horrible

When *r* is the first letter of a word or comes after *l* or *n,* it is pronounced like the *rr*.

Roberto	Rita	Ricardo	rojo	regalo
rubio	radio	reloj	romper	Enrique

Try it out! Listen to and say this *trabalenguas*:

**Erre con erre cigarro,
erre con erre barril.
Rápido corren los carros,
cargados de azúcar
del ferrocarril.**

¿Duermes bien?

LEER, ESCRIBIR, HABLAR Lee este artículo de una revista y contesta las preguntas.

1. Según el artículo, ¿cuál es el problema?

2. ¿Qué porcentaje de las personas duerme menos de ocho horas diarias durante la semana?

3. ¿El artículo presenta estas ideas? Contesta *sí* o *no*.

   Las personas que duermen poco . . .
   . . . generalmente están más cansadas.
   . . . trabajan mejor.
   . . . juegan mucho y hacen ejercicio.
   . . . son menos sociables.

4. Y tú, durante los fines de semana, ¿cuántas horas duermes en la noche?

Horas > duermes

¿Cuántas horas duermes por noche?

Un nuevo estudio indica que muchos adultos no duermen ni[1] seis horas por noche, y afecta mucho a su calidad de vida.[2]

Durante la semana:
8 ó más
Menos de 6
15%
30%
24%
29%
6 a 6.9
7 a 7.9

Fines de la semana:
Menos de 6
10%
6 a 6.9
12%
8 ó más
52%
22%
7 a 7.9

Las personas que duermen menos de seis horas por noche:
- Tienen más estrés y fatiga.
- Están más tristes y menos alertas.
- Hacen peor su trabajo.
- Sufren más lesiones[3].
- Tienen más problemas de relaciones interpersonales.
- Comen más de lo usual.
- Tienen menos energía.

[1]not even [2]quality of life [3]injuries

Exploración del lenguaje ‹ Using root words

You can build your vocabulary, both in Spanish and in English, if you recognize the root of a word and know its meaning. For example, because you know the root of one word, *comer,* you can more easily learn another word, *la comida.*

Try it out! Because you know the root of *beber,* you can easily remember *la __?__.* And since you know *ver la televisión,* you can easily recognize *el __?__.*

Once you learn another language, your mastery of your own language can increase. This is because you begin to use words from your second language to help you understand words in English that are new to you.

Try it out! Since you know *verde, azul,* and *gris,* what do you think these words mean?

   verdant fields   *azure* sky   a *grizzled* old man

CULTURA ‹ El mundo hispano

La siesta, un descanso[1] corto después de un gran almuerzo al mediodía, se practica en España y otros países de habla hispana desde hace siglos[2]. Con las presiones del mundo moderno y en las grandes ciudades[3], muchas personas ya no hacen la siesta.

Pre-AP® Integration: Las tradiciones y los valores ¿Qué crees que es bueno y malo de hacer la siesta todos los días?

[1]rest [2]for centuries [3]big cities

En España, muchas tiendas cierran entre las 14:00 y las 16:30 horas.

27

Juego

ESCRIBIR, HABLAR EN GRUPO Con otro(a) estudiante, describe tres cosas y escribe las descripciones. Lee las frases a otra pareja para ver si ellos pueden identificar las cosas.

Videomodelo

A —*Es una cosa que toca música. Puede ser grande o pequeño. Está en muchas casas. ¿Qué es?*

B —*Es un equipo de sonido.*

Strategy
Circumlocution When you don't know or can't remember the word for something, you can describe it. You can tell what it is used for, what size it is, what color it is, where it is often found, and so on.

28

Y tú, ¿qué preguntas?

ESCRIBIR, HABLAR EN PAREJA, DIBUJAR

1 Escribe cinco preguntas que puedes hacer *(ask)* a otra persona. Puedes preguntar sobre las actividades que le gustan, cómo es, sus colores favoritos, sus intereses en música y deportes.

2 Haz tus preguntas a otro(a) estudiante. Escribe sus respuestas.

3 Dibuja un dormitorio especial para el (la) estudiante según sus respuestas a tus preguntas. Usa lápices de color. Presenta tu dibujo a tu compañero(a) y explica por qué el dormitorio es especial para él o ella.

Modelo

El dormitorio es especial para ti porque tus colores favoritos son el azul y el rojo. Hay una foto de Rafael Nadal en la cómoda porque te gusta mucho el tenis. Hay muchas fotos en las paredes porque también sacas fotos de tus amigos. Tú eres muy gracioso y desordenado. Hay muchos libros y revistas en la cama. Te gusta escuchar música hip-hop. Aquí, en el estante, están tus discos compactos.

El español en la comunidad

In many communities in the United States, you can see the influence of Spanish-style architecture. Spanish-style buildings often have tile roofs, stucco exteriors, and interior courtyards or patios.

• Identify houses, buildings, or neighborhoods in your community that feature this style. Draw or take a picture of one example.

Lectura

OBJECTIVES
▶ Read a comment and a response in a personal blog
▶ Look for cognates to help you understand what you read
▶ Explore differences in technology use in the Spanish-speaking world

El desastre en mi dormitorio

Lee este comentario para Magdalena.
Ella da soluciones a los problemas de los jóvenes
en su blog personal.

Strategy
Using cognates As you read the letter and response, look for cognates to help you better understand Rosario's problem. Try to guess the meaning of some of the cognates: *el desorden, la situación, recomendar, considerar.*

El blog de Magdalena

R **Querida Magdalena:**

Mi problema tiene un nombre: es mi hermana Marta. Compartimos el mismo dormitorio y estoy desesperada. Todo en mi lado del dormitorio está en orden. Pero su lado es un desastre. Ella es la reina del desorden. Le encanta comer en el dormitorio. Hay pizza debajo de la cama. Hay botellas de agua en la mesita. Hay postre en el escritorio. Es horrible. Siempre deja[1] ropa,[2] revistas y todas sus posesiones en el suelo,[3] en la mesita, en la cama. ¡No hay ni un libro en el estante!

Y ella no usa su propio equipo de sonido, ¡no! Usa mi equipo y sin pedir[4] permiso. Y escucha música a toda hora (y a un volumen muy alto) y ¡yo no puedo dormir!

Las paredes en su lado del dormitorio son amarillas. Es el peor color y es feísimo. Mi color favorito es el rosado, claro. Es más bonito que el amarillo, ¿no?

Estoy cansada de compartir el dormitorio con ella y con su desorden.

¿Qué debo hacer?

Rosario Molino 😞
Montevideo,
Uruguay

---
[1]leaves [2]clothing [3]floor
[4]asking for

M **Querida Rosario:**

¡Qué problema! Es difícil compartir un dormitorio con otra persona, especialmente si la persona es tu hermana. Uds. son muy diferentes, ¿no? Tú eres más ordenada que ella. Ella cree que el color amarillo es el más bonito.

Necesitas hablar con tu hermana delante de tus padres. Tienes que explicar⁵ la situación y recomendar unas soluciones. Es necesario encontrar⁶ un punto intermedio.⁷ Si la situación no es mejor después de unas semanas, tienes que considerar la posibilidad de separar el dormitorio con una cortina. ¡Pero no debe ser una cortina ni rosada ni amarilla!

Tu amiga,

Magdalena ☺

⁵explain ⁶find ⁷middle ground

 ¿Comprendes?

Lee las frases y decide quién dice *(says)* la frase. ¿Es Rosario, Marta o su madre?

1. "Pero me gusta comer en la cama y escuchar música".

2. "Soy una persona muy simpática y el color rosado representa mi personalidad".

3. "Estoy muy ocupada y no tengo tiempo para 'un dormitorio perfecto'".

4. "Uds. tienen que respetar las posesiones de la otra".

5. "Mi color favorito es el amarillo. No me gustan los colores rosado, anaranjado o azul".

6. "Ella debe pedir permiso para escuchar mis discos compactos".

7. "Tu hermana no es ordenada como tú. Tienes que ser más paciente".

 Y tú, ¿qué dices?

¿Eres desordenado(a) como *(like)* Marta o eres ordenado(a) como Rosario? ¿En qué? Incluye dos ejemplos en tu respuesta.

CULTURA ▶ **El mundo hispano**

Los aparatos electrónicos En todos los países hispanos hay aparatos electrónicos modernos. Es muy importante la comunicación instantánea y los medios electrónicos. Sin embargo¹, el acceso a las tecnologías como Internet varía² de país a país, o en diferentes regiones. El mundo hispano usa más computadoras cada día, pero en las casas de las familias las computadoras no son tan comunes como en los Estados Unidos.

Pre-AP® Integration: El acceso a la tecnología ¿Crees que la geografía es un factor importante en el acceso a Internet en los países hispanos? ¿Por qué?

¹However ²varies

La cultura en vivo

Las luminarias

Para celebrar Navidad en México y el suroeste de los Estados Unidos, las personas hacen luminarias con bolsas, velas y arena. Las luminarias están organizados en línea junto a ventanas, caminos y tejados y iluminan para dar la bienvenida[1] a los visitantes.

Esta tradición tiene más de 300 años, cuando los habitantes junto al Río Grande hacían hogueras[2] para iluminar y dar calor en el camino a la iglesia en Nochebuena[3]. Las luminarias de hoy son del estilo de la década de 1820. Los comerciantes trajeron papel marrón a la región y pusieron velas en arena dentro de las bolsas de papel.

Comparación cultural ¿Qué decoraciones usas para eventos? ¿Cómo usan la luz las culturas diferentes para decorar?

Mapa global interactivo Explora el Río Grande y la frontera entre Tejas y México.

Luminarias en Nuevo México

[1]welcome [2]made bonfires [3]Christm

Here's how you can make your own luminarias.

Directions

1. Trace a pattern on the side of the bag, leaving at least 4 inches at the top and 3 inches at the bottom. You may want to use the pattern in Fig. 1 or create your own.

Figure 1

2. Cut out the design, cutting through both sides of the bag. (*Fig. 1*)

3. Open the bag and fold down a 2" cuff around the top. (*Fig. 2*)

Figure 2

4. Fill the bag $\frac{1}{4}$ full of sand.

5. Place a flashlight in the sand. (*Fig. 3*)

Figure 3

6. Place the completed luminarias along your walkway, turn on the small flashlights, and enjoy these symbols of hope and joy for any special occasion.

Materials

- 12" paper lunch bags
- sand
- small flashlights
- scissors

Variations

1. Use white or brightly colored bags.

2. Paste or glue white or pastel tissue paper behind the cut-out design.

3. Cut a scalloped edge along the top of the bag instead of folding down the cuff.

4. Instead of sand, use soil, cat litter, or gravel to hold the flashlight in place.

OBJECTIVES
▶ Describe someone's personality based on his/her bedroom
▶ Use a word web to organize your ideas

La personalidad de un dormitorio

TASK You are studying how a bedroom reflects the personality of its owner(s). Describe a photo or drawing of a bedroom and explain your opinion of what its contents and colors tell about the owner's personality.

1 Prepare Bring in a photo, magazine picture, or drawing of a bedroom. Use this word web to think through what you want to say about the room and the personality of its owner. Then answer the questions.

• En tu opinión, ¿cómo es la persona que vive *(lives)* en el dormitorio? ¿Qué le gusta hacer?

2 Practice Go through your presentation several times. You can use your notes to practice, but not to present. Try to:

• support your statements with examples
• use complete sentences
• speak clearly

3 Present Show your picture and describe the bedroom and the personality behind it.

4 Evaluation The following rubric will be used to grade your presentation.

Strategy

Using graphic organizers A word web can help you organize your ideas and supporting opinions for a presentation.

¿De qué color es?

¿Qué hay en el dormitorio?

el dormitorio

¿Qué cosas hay en las paredes?

¿Cómo es el dormitorio?

Rubric	Score 1	Score 3	Score 5
Completeness of presentation	You describe the room, but have no visual.	You describe the room with a visual, but give no opinion.	You describe the room with a visual, and give your opinion.
Amount of information you communicate	You include two categories from the word web.	You include three categories from the word web.	You include all four categories from the word web.
How easily you are understood	You are extremely difficult to understand. Your teacher could only recognize isolated words and phrases.	You are understandable, but have frequent errors in vocabulary and/or grammar that hinder your comprehensibility.	You are easily understood. Your teacher does not have to "decode" what you are trying to say.

Auténtico

Partnered with EFE:

Casa Decor

Antes de ver

Use the Strategy: Inferring Meaning

As you watch the video, rely on the image and your prior knowledge of English and home decorating shows on television to infer what will be discussed in the video.

Read this Key Vocabulary

diseñadores = designers

modernidad = modernity

experiencia para los sentidos = an experience for the senses

disfrutar = to enjoy

▶ Ve el video

If you could decorate a house in any way, what would the rooms look like? What colors would you use? What kind of furniture would you place in your house?

Go to **PearsonSchool.com/Autentico** and watch the video *Casa Decor viste un edificio de Chueca en Madrid* to see how a group of designers transformed a house in Madrid.

Completa las actividades

Mientras ves As you watch the video, think back to any shows you have seen about decorating a house. Which of the following ideas might be part of the designers' goals? Mark the statements as true (*Cierto*) or false (*Falso*) according to the video.

- **Hacer una casa totalmente moderna**
- **Combinar estilos en una casa**
- **Tener tecnología y naturaleza**
- **Creación de espacios funcionales**
- **Diseñar para personas que quieren estar en casa**

Integración

Después de ver Review the video and infer meaning from the images and context to answer the following questions.

1. ¿Qué colores usan los diseñadores?

2. ¿Es sofisticada o elegante la casa?

3. ¿El diseño es para personas jóvenes o mayores?

4. ¿Cuál es tu opinión de la casa? ¿Te gusta?

 For more activities, go to the *Authentic Resources Workbook.*

La casa ideal

Expansión Busca otros recursos en *Auténtico* en línea. Después, contesta las preguntas.

 6A Auténtico

Integración de ideas In the authentic resources you will learn about other types of housing. Use the resources to write, in Spanish, a description of housing in the Spanish-speaking world.

Comparación cultural Compare housing in Spanish-speaking cultures that you have learned about in these resources to styles of housing in your experience.

Repaso del capítulo

OBJECTIVES
▶ Review the vocabulary and grammar
▶ Demonstrate you can perform the tasks on p. 295

🔊 Vocabulario

to talk about things in a bedroom

la alfombra	rug
el armario	closet
la cama	bed
la cómoda	dresser
las cortinas	curtains
el cuadro	painting
el despertador	alarm clock
el dormitorio	bedroom
el espejo	mirror
el estante	shelf, bookshelf
la lámpara	lamp
la mesita	night table
la pared	wall

to talk about electronic equipment

el disco compacto	compact disc
el equipo de sonido	sound (stereo) system
el lector DVD	DVD player
el televisor	television set
el video	video

to talk about colors

¿De qué color . . . ?	What color . . . ?
los colores	colors
amarillo, -a	yellow
anaranjado, -a	orange
azul	blue
blanco, -a	white
gris	gray
marrón	brown
morado, -a	purple
negro, -a	black
rojo, -a	red
rosado, -a	pink
verde	green

For *Vocabulario adicional,* see pp. 472–473.

to describe something

bonito, -a	pretty
feo, -a	ugly
grande	large
importante	important
mismo, -a	same
pequeño, -a	small
propio, -a	own

to indicate location

a la derecha (de)	to the right (of)
a la izquierda (de)	to the left (of)

to compare and contrast

mejor(es) que	better than
el / la mejor; los / las mejores	the best
menos . . . que	less, fewer . . . than
peor(es) que	worse than
el / la peor; los / las peores	the worst

other useful words

la cosa	thing
para mí	in my opinion, for me
para ti	in your opinion, for you
la posesión	possession

Gramática

stem-changing verbs: *dormir* and *poder*

duermo	dormimos
duermes	dormís
duerme	duermen

puedo	podemos
puedes	podéis
puede	pueden

Preparación para el examen

Más recursos   PearsonSchool.com/Autentico

▦ Games   ▣ Flashcards   ✎ Instant check

▶ Tutorials   ▶ GramActiva videos   ▶ Animated verbs

What you need to be able to do for the exam . . .	Here are practice tasks similar to those you will find on the exam . . .	For review go to your print or digital textbook . . .
Interpretive		
1 ESCUCHAR I can listen to and understand descriptions of bedrooms.	You will be spending a month in a Spanish immersion camp. You go to the camp Web site and click on the audio descriptions of the student rooms. Which items are provided? Which items do you have to bring?	**pp. 272–275** *Vocabulario en contexto* **p. 276 Actividad 5** **p. 277 Actividad 7** **p. 281 Actividad 15**
Interpersonal		
2 HABLAR I can ask and answer questions about my bedroom and that of a classmate.	You are asked to survey several classmates about their bedrooms to describe the "typical" teenage room in everyday life. Ask a partner at least three questions including: a) the color of his or her room; b) whether or not there is a TV; c) whether he or she is able to study well in the room; d) what is on the walls. Answer your partner's questions also.	**pp. 272–275** *Vocabulario en contexto* **p. 277 Actividad 7** **p. 281 Actividad 15**
Interpretive		
3 LEER I can read and understand descriptions of bedroom colors that are associated with particular personality types.	Decorators say that the colors of a room's walls should match the personality of the person living in it. Based on the descriptions of a "yellow personality" and a "blue personality," what kind of room best suits you? Why or why not? A las personas más sociables les gustan los dormitorios amarillos. Es el color más popular para los jóvenes a quienes les gusta hablar y hablar por teléfono. ¡Ellos son los mejores amigos! Al contrario, a las personas más serias les gustan los dormitorios azules. Ellos son los mejores estudiantes y los peores cómicos.	**p. 282 Actividad 17** **p. 283 Actividad 19** **pp. 288–289** *Lectura*
Presentational		
4 ESCRIBIR I can write a short paragraph comparing my bedroom to a friend's bedroom.	After surveying classmates, you are asked to write a comparison of your room to that of one of the people you surveyed. Use the information from Task 2 to practice. You might compare: a) the colors; b) the sizes; c) the types of furniture; d) the number of different things on the walls.	**p. 277 Actividad 6** **p. 278 Actividad 10** **p. 291** *Presentación oral*
Cultures		
5 COMPARAR I can demonstrate an understanding of cultural perspectives regarding a celebration.	Explain the historical significance of *las luminarias*. What is the history of other decorations used in the celebrations of different cultures?	**p. 290** *La cultura en vivo*

6B
¿Cómo es tu casa?

España
Arizona
Venezuela
Panamá
Chile

CHAPTER OBJECTIVES

Communication

By the end of this chapter you will be able to:

- Listen to conversations about chores and read housing ads.
- Talk about household chores and write a description of a house or apartment.
- Exchange information while giving advice.

Culture

You will also be able to:

- **Auténtico:** Identify cultural practices in an authentic video about household chores.
- Understand cultural perspectives regarding homes and privacy.
- Explain how houses in the Spanish-speaking world compare to those in the United States.

You will demonstrate what you know and can do:

- Presentación escrita: Se vende casa o apartamento
- Repaso del capítulo: Preparación para el examen

You will use:

Vocabulary

- Houses and apartments
- Rooms
- Household chores

Grammar

- Affirmative *tú* commands
- The present progressive tense

ARTE y CULTURA   Chile

La arpillera is a popular textile folk art of rough patchwork appliqués created by women in Chile. Done in brilliant colors, the themes show the story of daily life, traditions, and values in the country.

▶ What other types of crafts have you seen that portray life in a region or country?

 Mapa global interactivo Explore Chile's geography and the country's natural features.

Arpillera de Chile ▶

Go Online to practice

PearsonSchool.com/Autentico

PEARSON
realize™

 AUDIO
 VIDEO
 WRITING
 SPEAK/RECORD
 MAPA GLOBAL
 AUTÉNTICO
 FLASCHARDS
ETEXT 2.0
 GAMES

Una casa en Tenerife,
Islas Canarias, España

Videocultura **La casa**

Vocabulario en contexto

"Aquí está nuestra casa. Es más bonita que nuestro **apartamento** viejo. Tiene tres dormitorios, un despacho y una sala grande. También está **bastante cerca** de mi escuela. Y tú, ¿**vives** en una casa o en un apartamento?"

Más vocabulario
lejos = far (from)

el comedor

el despacho

la escalera

el baño

la sala

el segundo piso

el primer piso

la planta baja

el sótano

el garaje

"Todos tenemos que **ayudar** con **los quehaceres** en la casa. Para organizar el trabajo vamos a usar una aplicación. Mamá va a **cocinar**. Su **cuarto** favorito es **la cocina**. Papá va a lavar la ropa, limpiar el baño y lavar los platos **sucios**. Mi hermana tiene que sacar la basura y pasar la aspiradora. ¿Y **cuáles son** los trabajos que yo debo hacer? Pues, **doy** de comer al perro, **pongo** la mesa con los platos **limpios** y corto el césped. "

quitar el polvo

sacar la basura

cortar el césped

poner la mesa

arreglar el cuarto

limpiar el baño

lavar la ropa

hacer la cama

lavar el coche

lavar los platos sucios

cocinar en la cocina

pasar la aspiradora

dar de comer al perro

1

En la casa

 ESCUCHAR Escucha la descripción de los quehaceres y señala con el dedo *dónde* hacer cada uno.

2

¿Qué piensas? ¿Lógico o ilógico?

 ESCUCHAR Escucha cada frase. Si es lógica, haz el gesto del pulgar hacia arriba (*"thumbs-up" sign*). Si no es lógica, haz el gesto del pulgar hacia abajo (*"thumbs-down" sign*).

Marcela y Lucas escriben mensajes sobre lo que hacen. Marcela es un poco perezosa y Lucas es muy trabajador.

Marcela

Marcela: Hola, ¿qué estás haciendo?

Lucas: Hago la cama ☹. ¿Y tú?

Marcela: Quito el polvo. Nuestra casa está bastante sucia.

Lucas: **Un momento**, tú nunca ayudas en tu casa. ¿Ahora haces los quehaceres? ¿**Pones** la mesa? ¿Sacas la basura?

Marcela: ¡Claro! **Si** ayudo, mi mamá me da **dinero**.

Lucas: ¡Yo no **recibo** ni un centavo! Y siempre limpio el baño, lavo los platos sucios y pongo la mesa para la cena.

Marcela: ¡Qué trabajador eres, Lucas! Creo que debes hablar con tu mamá. **Haz** tu cama hoy y **pon** la mesa para la cena y seguro que tu mamá te da dinero por los quehaceres.

Lucas: Sí, buena idea. Tengo que hablar con ella…

3

¿Qué están haciendo?

ESCRIBIR Lee el texto y presta atención (*pay attention*) a las palabras clave. Contesta estas preguntas con *sí* o *no*.

1. ¿Lucas quita el polvo?

2. ¿Marcela hace la cama?

3. ¿Recibe dinero Marcela cuando hace quehaceres?

4. ¿Es Lucas muy trabajador?

5. ¿Está muy limpia la casa de Marcela?

Videohistoria

La casa del verano

Before You Watch

Inferring As you watch the video, listen to the tone and details of the conversation between Sebastián and Mateo. What clues tell you when each one is serious or joking?

Complete the Activity

Una casa en el aire ¿Te gustaría vivir en un árbol (tree)? Mira las fotos y describe qué te gusta o no te gusta de esta casa.

▶ Watch the Video

What kind of house do Sebastián and Teo imagine they will live in when they go to Costa Rica?

Go to **PearsonSchool.com/Autentico** to watch the video *La casa del verano* and to view the script.

Mateo   **Sebastián**

After You Watch

 ¿COMPRENDES? Answer the following questions based on what you can infer from the video.

1. ¿Qué comparte Sebastián con Mateo sobre el verano?
2. ¿Cuál es el quehacer que hace Mateo en su casa?
3. ¿Quiere hacer Mateo este (this) quehacer en la casa de verano? ¿Por qué?
4. ¿Qué van a enseñar a los monos (monkeys)?
5. ¿Hablan en serio Sebastián y Mateo? ¿Por qué?

OBJECTIVES
▶ Listen to and write descriptions of a house
▶ Write about and discuss furniture and chores
▶ Exchange information about homes

4

La casa de los Ramírez

 ESCUCHAR, ESCRIBIR Los Ramírez van a comprar la casa que ves aquí. En una hoja de papel escribe los números del 1 al 8 y escribe el nombre de cada cuarto que describen.

Nota
Primero(a) and *tercero(a)* become *primer* and *tercer* before a masculine singular noun.
• Mi dormitorio está en el **primer** piso.
• Su apartamento está en el **tercer** piso.

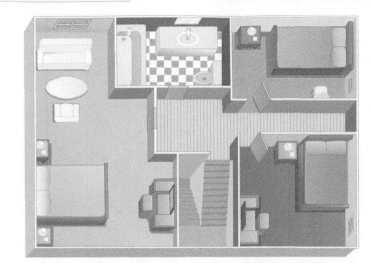

5

¿Cierto o falso?

 ESCRIBIR, ESCUCHAR, HABLAR EN PAREJA Escribe cinco frases para indicar dónde están los cuartos en la casa de los Ramírez. Las frases pueden ser ciertas o falsas. Lee tus frases a otro(a) estudiante, quien va a indicar si son ciertas o falsas. Si son falsas, tiene que dar la información correcta.

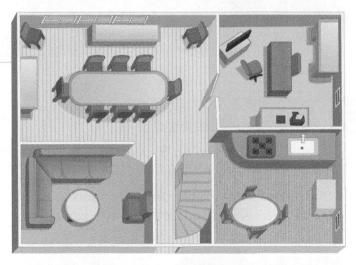

 Videomodelo
A —*La sala está en el primer piso.*
B —*Falso. La sala está en la planta baja.*

También se dice . . .
la sala = el salón *(muchos países)*, el living *(España)*
el despacho = la oficina *(muchos países)*
el piso = la planta *(muchos países)*
el apartamento = el piso *(España)*, el departamento *(muchos países)*

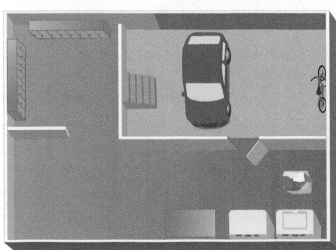

6

¿Dónde pongo la silla?

HABLAR EN PAREJA Ayudas a la familia Ramírez a mudarse *(move)* a su nueva casa pero no sabes dónde poner sus cosas. Pregunta a otro estudiante dónde tiene que poner todo.

> **Nota**
> *Poner,* "to put," is also used in the expression *poner la mesa,* "to set the table." It has an irregular *yo* form: *pongo.*
> • En la mañana **pongo** la mesa.

Modelo

A —*¿Dónde tienes que poner la silla?*
B —*Pongo la silla en el comedor.*

Estudiante A

Estudiante B

¡Respuesta personal!

7

¿En qué cuarto?

ESCRIBIR ¿En qué cuarto hacen los Ramírez estos quehaceres? Escribe las frases.

Modelo
Sacan la basura en el patio.

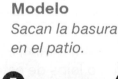

   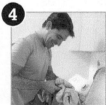 

CULTURA España

El patio en España es un área en el centro del edificio[1]. Hay casas con patios que tienen plantas y fuentes[2]. Los árabes trajeron[3] este estilo de arquitectura a España, y los españoles lo trajeron a las Américas.

Pre-AP® Integration: La arquitectura ¿Cómo es un patio español comparado con un patio en tu comunidad?

 Mapa global interactivo Explora los patios más famosos de Sevilla, España.

Un patio típico en Córdoba, España

---

[1]building [2]fountains [3]brought

8

¿Cómo ayudas en casa?

 HABLAR EN PAREJA ¿Ayudas mucho en casa? Pregunta a otro(a) estudiante qué tiene que hacer para ayudar.

Videomodelo

A —¿Tienes que *lavar el coche*?
B —*Sí, lavo el coche todos los sábados.*

Estudiante A

> **Nota**
> *Dar* means "to give" and is used in the expression *dar de comer*, "to feed." It has an irregular *yo* form: *doy*.
> • En mi casa **doy** de comer al perro.

Estudiante B

a veces	en el (verano)
mucho	los fines de
todos los días	semana
todos los (sábados)	nunca

9

¿Dónde vives?

 ESCRIBIR, HABLAR EN PAREJA Escribe una lista de cinco lugares en tu comunidad, como la escuela, el centro comercial, la biblioteca, etc. Pregunta a otro(a) estudiante si vive cerca o lejos de estos lugares.

Videomodelo

El cine Rex

A —¿Vives cerca del cine Rex?
B —Sí, vivo bastante cerca del cine.
o: —No, vivo muy lejos.

10

Y tú, ¿qué dices?

ESCRIBIR, HABLAR

1. ¿Ayudas mucho o poco en casa? ¿Cuáles son tus quehaceres?

2. ¿Generalmente tu cuarto está sucio o limpio?

3. En tu casa, ¿quién pasa la aspiradora? ¿Quién saca la basura?

4. Para ti, ¿cuáles son los tres peores quehaceres? ¿Y los mejores?

5. Imagina que eres padre o madre. ¿Cuánto dinero recibe tu hijo(a) si hace sus quehaceres?

6. ¿Vives cerca o lejos de tu escuela?

> **También se dice . . .**
> **cocinar** = guisar *(España)*
> **cortar el césped** = cortar la hierba, cortar el pasto *(muchos países)*, cortar el zacate *(México)*
> **lavar los platos** = fregar los platos *(España)*
> **quitar el polvo** = sacudir los muebles *(México)* desempolvar *(Bolivia)*

Gramática

OBJECTIVES
▶ Listen to, follow, and write instructions and recommendations
▶ Read and respond to a letter and a survey
▶ Explain what has to be done around the house

Go **Online** to practice

PEARSON realize™

PearsonSchool.com/Autentico

VIDEO   WRITING   SPEAK/RECORD

Affirmative *tú* commands

When you tell friends, family members, or young people to do something, you use an affirmative *tú* command. To give these commands, use the same present-tense forms that you use for *Ud., él, ella.*

Infinitive	Ud. / él / ella	Affirmative *tú* commands
hablar	habla	¡Habla!
leer	lee	¡Lee!
escribir	escribe	¡Escribe!

- Certain verbs, like *poner* and *hacer,* have irregular command forms.

Jorgito, ¡**pon** la mesa!   Jorgito, ¡**haz** tu cama!

¿Recuerdas?
In the direction lines of many activities, you have already seen many affirmative commands.
- **Habla** con otra persona.
- **Lee** las frases.
- **Escribe** la palabra apropiada.

Más recursos   ONLINE

- ▶ *GramActiva Video*
- ▶ **Tutorials:** Formation of regular *tú* commands
- ◀)) *Canción de hip hop: Cenicienta*
- 🖉 *GramActiva Activity*

11

"Simón dice . . . "

ESCUCHAR, GRAMACTIVA   Escucha y sigue *(follow)* las instrucciones de tu profesor(a) o de otro(a) estudiante. Si no dicen *"Simón dice,"* no debes hacer la acción.

12

¡Habla bien!

ESCRIBIR EN PAREJA   Un(a) amigo(a) quiere hablar bien el español. ¿Qué recomiendas? Escribe el mandato *(command)* de los siguientes verbos.

Modelo
usar: *usa*
Usa un buen diccionario.

1. estudiar
2. ver
3. escuchar
4. escribir
5. hacer
6. hablar con
7. leer
8. practicar

Con un(a) compañero(a), escribe uno de los verbos de la lista en una hoja de papel. Tu compañero(a) tiene que escribir un mandato *(command)* con ese verbo. Intercambien *(exchange)* roles hasta acabar con la lista de verbos.

Instituto de inglés

Aprende con nosotros
¡Cursos de verano!

Nuestro sistema cubre las cuatro habilidades esenciales:
→ Hablar
→ Comprender
→ Leer
→ Escribir

Grupos reducidos
Cuotas accesibles
Tel: 212-1234

¿Qué debo hacer?

LEER, ESCRIBIR EN PAREJA Tu amiga tiene un problema y te escribe unos mensajes de texto. Lee sus mensajes y escribe tus recomendaciones sobre lo que debe hacer usando los verbos de la lista.

Modelo
Aquí están mis recomendaciones:
Come menos dulces, . . .

beber	dormir	jugar
comer	hacer ejercicio	**¡Respuesta**
correr	levantar pesas	**personal!**

Escribe un email a un(a) compañero(a), usando el modelo. Explica tu problema y pídele consejo (*advice*) a tu compañero(a).

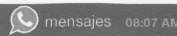
mensajes   08:07 AM

¡Hola! Tengo un problema grande. Quisiera estar mejor de salud. No estoy muy enferma pero tampoco estoy en buena forma. Siempre tengo mucho sueño y poca energía...

Si camino a la escuela, estoy muy cansada. Si hago muchos quehaceres por la casa, también estoy cansada.

¡Y no quiero estar cansada! ¿Qué debo hacer?
C. ☹

Muchos quehaceres

HABLAR EN PAREJA Tú y tu compañero(a) deben hacer muchos quehaceres en casa. Tomen turnos (*take turns*) para decir a la otra persona lo que está sucio (o lo que no está limpio). Luego digan lo que tiene que hacer la otra persona.

¿Recuerdas?
Adjectives agree in number and gender with the nouns they modify.
• **La** casa está sucia.
• **Los** platos están limpios.

Modelo
Los platos no están limpios.
Lava los platos, por favor.

¿Quién hace los quehaceres?

LEER, ESCRIBIR, HABLAR, EN PAREJA Una encuesta de la CEPAL, una comisión de las Naciones Unidas, explica quién hace la mayoría de (most of) los quehaceres de la casa.

Modelo
ir de compras
Las mujeres van de compras mucho más que los hombres.

1 Estudia la gráfica y haz comparaciones. Explica si las mujeres o los hombres ecuatorianos hacen los siguientes quehaceres mucho más, un poco más o menos que los otros.

1. comprar cosas para la familia
2. cocinar la comida y la cena
3. cuidar a los niños
4. lavar y planchar (iron) la ropa
5. arreglar los cuartos
6. limpiar la casa

2 Envía un mensaje a otro estudiante y pregunta quién en su casa hace los quehaceres de la gráfica con más frecuencia. Según su respuesta dile qué debe hacer para compartir mejor el trabajo con otros miembros de la familia.

¿Quién hace los quehaceres?

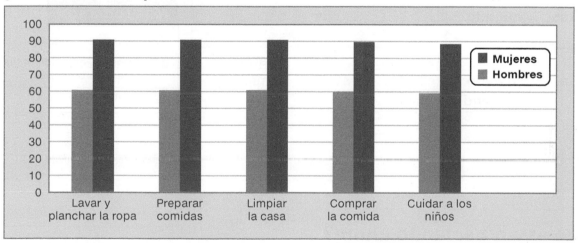

Fuente: CEPAL, Unidad de la Mujer. Tabulaciones especiales de las encuestas de hogares de los respectivos países

Exploración del lenguaje ◄ The endings *-dor* and *-dora*

Every day you use appliances and devices such as computers, calculators, and dryers. Many of these English words add the ending *-er* or *-or* to a verb, as in *toast* → *toaster*. Spanish follows a similar pattern. Identify the pattern in **despertador, computadora, calculadora,** and **aspiradora.** Can you guess what the corresponding verbs are and what they mean?

Try it out! Read each statement and decide which appliance is needed.

1. Tengo calor.
2. ¿Dónde está el pan tostado?
3. Mi ropa está sucia.
4. Necesito leche para el cereal.

a. Está en la tostadora.
b. Ponla en la lavadora.
c. Está en el refrigerador.
d. Necesitas el ventilador.

Gramática

OBJECTIVES
▶ Listen to a conversation about chores
▶ Talk and write about what people are doing
▶ Read and respond to a housing ad and a survey

The present progressive tense

When you want to emphasize that an action is happening *right now*, you use the present progressive tense.

Paco **está lavando** los platos.	*Paco is washing dishes (now).*
Estoy haciendo la cama.	*I'm making the bed (right now).*

To form the present progressive tense, use the present-tense forms of *estar* + the present participle. The present participle is formed by dropping the ending of the infinitive and adding *-ando* for *-ar* verbs or *-iendo* for *-er* and *-ir* verbs.

(yo)	**estoy**	lav**ando** com**iendo** escrib**iendo**	(nosotros) (nosotras)	**estamos**	lav**ando** com**iendo** escrib**iendo**
(tú)	**estás**	lav**ando** com**iendo** escrib**iendo**	(vosotros) (vosotras)	**estáis**	lav**ando** com**iendo** escrib**iendo**
Ud. (él) (ella)	**está**	lav**ando** com**iendo** escrib**iendo**	Uds. (ellos) (ellas)	**están**	lav**ando** com**iendo** escrib**iendo**

Leer has an irregular spelling in the present participle: *leyendo*.

¿Recuerdas?

You use the present tense to talk about an action that regularly takes place, or that is happening now.

• Paco **lava** los platos.
  Paco washes the dishes.
  OR
  Paco is washing the dishes.

Más recursos — ONLINE

▶ *GramActiva* Video
▶ **Tutorial:** Formation of the present progressive
✎ *GramActiva* Activity

16

¿Qué están haciendo ahora?

ESCRIBIR Escribe cinco frases para explicar lo que están haciendo varias personas en tu sala de clases.

Modelo
La profesora está escribiendo algo.

17

Escucha y escribe

ESCUCHAR, ESCRIBIR Estos hermanos tienen muchos quehaceres. Escucha y escribe la pregunta de la madre y las excusas de los hijos.

Go Online to practice

PearsonSchool.com/Autentico

PEARSON

realize™

AUDIO   VIDEO   WRITING   SPEAK/RECORD

Un momento, por favor

 HABLAR EN PAREJA, ESCRIBIR A veces no podemos hacer los quehaceres porque estamos haciendo otras cosas. Trabaja con otro(a) estudiante para dar un mandato y una excusa.

▶ **Videomodelo**

A —*Por favor, da de comer al perro.*

B —*No puedo. Estoy estudiando para un examen.*

Estudiante A

Estudiante B

Un momento . . .	beber
No puedo . . .	comer
Lo siento . . .	escribir
Me gustaría	escuchar
pero . . .	estudiar
	hablar
¡Respuesta	hacer
personal!	jugar
	tocar

19

Juego

ESCRIBIR, HABLAR EN GRUPO, GRAMACTIVA

1 En una hoja de papel *(sheet of paper)*, escribe una frase para explicar lo que está haciendo una persona (usa la forma *tú*). En otra hoja de papel, escribe una frase para explicar lo que están haciendo dos personas (usa la forma *Uds.*).

Modelo

Estás levantando pesas.

Uds. están esquiando.

2 Todas las frases van boca abajo *(face down)* encima de una mesa. Toma una frase. Si la frase usa la forma *tú*, haz la acción solo(a). Si la frase usa la forma *Uds.*, haz la acción con otro(a) estudiante. Los compañeros tienen que adivinar *(guess)* lo que estás (están) haciendo.

20

¿Qué están haciendo todos?

 ESCRIBIR, HABLAR, GRAMACTIVA Haz un dibujo de tres personas que están haciendo diferentes actividades. En otra hoja de papel, escribe dos preguntas sobre lo que está haciendo cada persona. Trabaja en un grupo de tres. Da tu dibujo a los otros estudiantes y lee tus preguntas. Tus compañeros tienen que contestar.

Videomodelo

A —*¿Qué está haciendo la chica?*

B/C —*Está lavando los platos sucios.*

21 ¿Qué casa están buscando?

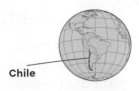

Chile

LEER, ESCRIBIR En Santiago, Chile, tres personas están buscando *(looking for)* una nueva casa y leen el anuncio a la derecha. ¿Quién crees que va a comprar *(buy)* la casa? Explica tu opinión.

José Guzmán: "Quiero vivir bastante cerca de mi trabajo. Para mi esposa es importante tener una cocina equipada. Prefiero una casa con sólo un piso porque mis padres van a vivir con nosotros y las escaleras son muy difíciles para ellos".

Alejandro Lara: "Mis padres y yo vivimos en un apartamento ahora. Quiero una casa con tres dormitorios porque mis primos vienen a nuestra casa a veces. No quiero una casa muy grande porque no me gusta ni pasar la aspiradora ni limpiar los baños".

Dora Peña: "Mi familia y yo estamos buscando una casa nueva. Tenemos dos hijas y mi mamá vive con nosotros. Quiero una casa con un dormitorio un poco separado para mi mamá. Prefiero tener alfombra en los dormitorios porque nuestras hijas juegan mucho allí".

LAS MEJORES CASAS
En la avenida La Florida

«Visite nuestra oficina y compre hoy mismo»

Planta baja: Amplia sala • Comedor separado • Cocina y baño de visitas

Primer piso: Dormitorio principal, más 2 dormitorios y otro baño

Segundo piso: Amplio dormitorio con baño completo y una gran sala de estar

- Cerámica en el primer piso
- Alfombra en dormitorios
- Cocina equipada
- Papel vinílico en paredes
- Armarios terminados
- Ventanas de aluminio
- Amplio jardín

Casa Venecia: 310 m² 3 pisos
Desde chp[1] 40.000.000

[1]Peso chileno

¡Llame hoy! 232 9980

Pronunciación The letters *n* and *ñ*

In Spanish, the letter *n* sounds like the *n* in "no." Listen to and say these words:

| anaranjado | nieva | nadar | joven | desayuno |
| necesito | encantado | número | nombre | donde |

However, the sound changes when there is a tilde (~) over the *n*. The ñ then sounds like the *-ny-* of the English word *canyon.* Listen to and say these words:

| señor | otoño | español | enseñar | año |
| montañas | niña | mañana | piñata | cumpleaños |

Try it out!
Listen to this *trabalenguas* and then try to say it.

El señor Yáñez come ñames[1] en las mañanas con el niño.

[1]yams

¿Dónde viven?

LEER, ESCRIBIR   En la capital de Venezuela, Caracas, analizaron *(they analyzed)* dónde viven algunos habitantes. Según los estudios, ¿viven más personas en casas o en apartamentos? ¿Viven en casas y apartamentos grandes o pequeños? Estudia las gráficas y luego contesta las preguntas.

Nota
Do you see the pattern in the following numbers?

100,000 = cien mil

200,000 = doscientos mil

300,000 = trescientos mil

But watch out for 500,000:

542,656 = quinientos cuarenta y dos mil seiscientos cincuenta y seis

1,000,000 = un millón

Conexiones ‹ Las matemáticas

1. ¿Cuántas personas viven en una casa con dos cuartos? ¿Cuántas viven en un apartamento con dos cuartos?

2. ¿Cuántas personas viven en una casa con ocho o más cuartos? ¿Cuántas viven en un apartamento con ocho o más cuartos?

3. Calcula el porcentaje de personas que viven en una casa con cuatro cuartos. Calcula el porcentaje de personas que viven en un apartamento con cuatro cuartos.

Personas que viven en casas: 2,151,690

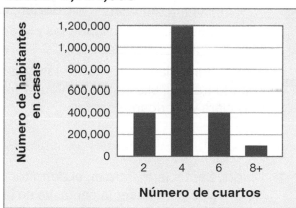

Personas que viven en apartamentos: 542,656

 Mapa global interactivo

Compare neighborhoods in Caracas, Venezuela.

El español en el mundo del trabajo

As the number of Hispanic homebuyers in the United States has grown, the demand for Spanish speakers in professions related to housing has also increased.

• Look for ads in Spanish in the real estate section of your local newspaper or at a local house and garden store. How would knowledge of Spanish be helpful for real estate agents, architects, builders, and retailers?

Lectura

OBJECTIVES

▶ Read a version of "Cinderella"
▶ Skim to find characters and dialogue to aid comprehension
▶ Analyze the "Cinderella" story across cultures

Strategy
Skimming This reading is based on the story of Cinderella. Quickly skim the story and identify key details about the characters and key words in the dialogue that remind you of Cinderella.

Cantaclara   Lee esta historia sobre una joven que se llama Cantaclara.

▶ Hay una muchacha que se llama Cantaclara. Ella vive con su madrastra y sus dos hermanastras, Griselda y Hortencia. Las cuatro viven en una casa grande y Cantaclara hace todos los quehaceres. Sus dos hermanastras y su madrastra no hacen nada.

—Cantaclara, saca la basura. Y después, pon la mesa —dice la madrastra.

—Cantaclara, haz mi cama y limpia el baño —dice Griselda.

—Haz mi cama también —dice Hortencia.

—Un momento. Estoy lavando los platos ahora mismo —dice Cantaclara.

¡Pobre[1] Cantaclara! Hace todos los quehaceres y cuando trabaja, ella canta. Tiene una voz[2] muy clara y le encanta cantar.

▶ Un día, Cantaclara entra en el dormitorio de Griselda para hacer la cama. Ve en la televisión un anuncio[3] para un programa muy popular que se llama *La estrella[4] del futuro*. En la televisión hay un señor que dice: "¡Hola, amigos! ¿Tienen talento? ¿Cantan bien? ¿Por qué no cantan para nosotros? ¡Pueden tener un futuro fantástico y recibir muchísimo dinero!"

Cantaclara está muy contenta. Ella puede cantar. Ella quiere un futuro fantástico. En este momento, ella decide cantar para el programa *La estrella del futuro*.

[1]Poor [2]voice [3]ad [4]star

Es la noche del programa. Después de hacer todos los quehaceres, Cantaclara está saliendo[5] de casa cuando su madrastra le habla.

—Cantaclara, ¿adónde vas?

—Quiero salir por unas horas, madrastra. ¿Está bien?

—Ahora no. Tienes que limpiar la cocina —contesta la madrastra. —Está muy sucia.

—Pero, madrastra, tengo que . . .

—¡No importa, Cantaclara! ¡Limpia la cocina!

Cantaclara mira su reloj. Sólo tiene una hora. Va a la cocina y limpia todo. Trabaja muy rápidamente. Después de cuarenta y cinco minutos, termina el trabajo.

Cantaclara llega[6] al programa y canta su canción favorita. ¡Por supuesto ella canta mejor que todos![7] Ella va a tener un futuro fantástico y va a recibir muchísimo dinero.

Son las ocho de la noche. La madrastra y las dos hermanastras están en la sala y ven su programa favorito. Pero, ¿qué es esto? ¡Ven a Cantaclara en la pantalla!

—Mira, mamá. ¡Es Cantaclara! —dice Hortencia.

—¡Oh, no! Si Cantaclara es la nueva estrella del futuro, ¿quién va a hacer los quehaceres? —pregunta Griselda.

[5]is leaving [6]arrives [7]anyone else

 ¿Comprendes?

Contesta estas preguntas sobre la historia.

1. ¿Dónde decide cantar Cantaclara?

2. ¿Quién canta mejor en el programa?

3. ¿Dónde ve Cantaclara el anuncio del programa?

4. ¿Quién hace todos los quehaceres de la casa?

5. ¿Con quién vive Cantaclara?

6. ¿Qué hace Cantaclara cuando trabaja?

7. ¿A quién ven en la tele la madrastra y sus dos hijas?

8. ¿Cuáles son las palabras clave o los detalles del texto que te hacen pensar en la Cenicienta?

CULTURA ▶ **El mundo hispano**

La Cenicienta La historia de la Cenicienta es popular en todo el mundo. Muchas culturas tienen su versión, y hay más de 1,500 variaciones. El cuento viene de una historia china del siglo IX[1] llamada "Yeh-Shen".

Pre-AP Integration: El lenguaje y la literatura ¿Qué detalles de la historia son diferentes en cada cultura?

[1]ninth century

Perspectivas del mundo hispano

¿Cómo son las casas en el mundo hispano?

In many Spanish-speaking countries the architectural features of houses are very different from those in the United States. Houses tend to be separated from the outside by a barrier such as a tall wall or fence. The owner would open a gate to enter the property where there may be a carport or small outside area. In many communities, the outside wall of the house is located directly on the sidewalk and the front windows may contain bars or *rejas*. The doors may be large wooden or metal doors. A plain walled exterior gives no hints about what may be a beautiful, comfortable interior.

Inside, a home will often have an open space in the middle called the *patio*. Many rooms of the house open onto the *patio*, and it is a place for the family to meet, eat meals, talk, and spend time together. Privacy is valued, and the home and family activities are shielded from view from the outside.

Homes in Spanish-speaking countries are used for the family and to entertain very close relatives and friends. It is unusual to invite non-family members such as coworkers or casual friends into the home. Parties often take place in restaurants or small reception halls.

▲ El patio de una casa en Córdoba, España

Comparación cultural Look around your neighborhood. How does the architecture of houses compare with the design of houses in the Spanish-speaking world? Complete the following sentences about the homes in your community.

Modelo
En mi comunidad, las casas son *grandes* y tienen *dos plantas*.

Las casas generalmente tienen _____.

La cocina está en _____.

Las casas a veces tienen _____ para trabajar.

En las casas grandes, los carros se guardan en _____.

Analizar If architectural features of houses in Spanish-speaking countries imply a desire for privacy, what do the architectural features of houses in the United States imply? How does the concept of a *patio* compare in these cultures?

▲ Una casa en Santo Domingo de Silos, España

OBJECTIVES
▶ Create a flyer
advertising a house or apartment
▶ Identify and answer key questions to find ideas

Go **Online** to practice
PEARSON
realize ™

PearsonSchool.com/Autentico

WRITING

Se vende casa o apartamento

TASK Design a flyer in Spanish to promote the sale of your family's house or apartment. Create an attractive flyer that will make your home (or dream house) appealing to a potential buyer.

1 Prewrite Think about the information you want to include, then jot down your answers to these questions.

- En general, ¿cómo es la casa o el apartamento?

- ¿Qué cuartos hay? ¿Cómo son? ¿De qué colores son?

- ¿Hay algo especial en la casa (piscina, cuarto especial)?

- Incluye *(Include)* otra información importante como la dirección *(address)* y el precio *(price)*.

Strategy
Using key questions Answering key questions can help you think of ideas for writing.

Una casa típica, Coclé, Panamá

2 Draft Use the ad on p. 310 and your Prewrite answers to design the flyer. Include illustrations and other features to make it attractive. Begin with *Se vende casa/apartamento.*

3 Revise Read your ad to see that you have included all the information a potential buyer might want. Check for correct spelling. Share your flyer with a partner, who will check the following:

- Is the flyer neat and attractive? Does it include a visual?

- Is the key information provided?

- Does it make you want to look at the property?

4 Publish Write a final copy, making any necessary changes. You may want to include it in a class collection called *Se vende* or in your portfolio.

5 Evaluation The following rubric will be used to grade your flyer.

Rubric	Score 1	Score 3	Score 5
Neatness and attractiveness	You use no visual and your ad contains visible error corrections and smudges.	You use a visual, but your ad contains visual error corrections and smudges.	You use a visual, have no error correction or smudges, and your ad is attractive.
Use of vocabulary expressions	You use very little variation of vocabulary and have frequent usage errors.	You use limited vocabulary, with some usage errors.	You use an extended variety of vocabulary with very few usage errors.
Amount of information provided	You only describe rooms.	You describe rooms plus special features.	You describe rooms, special features, and provide price and address.

Auténtico

Partnered with EFE:

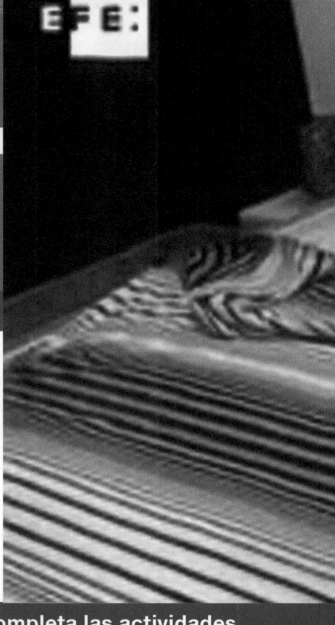

Una cama que se hace sola

Antes de ver

Usa la estrategia: Listen for Comprehension

As you watch the video, listen for what you already know about the topic, and for the ways in which ideas are organized. Use this information, along with the key details and key vocabulary, to help build your comprehension.

Read this Key Vocabulary

se hace sola = it makes itself

estira = smooth out

colcha = bedspread

sueño = dream

▶ Ve el video

This video describes a new invention in Spain, a bed that makes itself. What would you want to know about this invention before purchasing one for your own house?

Go to **PearsonSchool.com/Autentico** and watch the video *Una cama que se hace sola, un sueño hecho realidad* to learn more about this new model.

Completa las actividades

Mientras ves Identifica el orden de los detalles clave mientras ves el video. Numera los detalles según su orden en el video.

El inventor espera comercializar la cama pronto.

La invención estira la colcha.

Un inventor ha creado una cama que se hace sola.

En menos de 1 minuto, la cama está perfecta.

Deja las almohadas sobre la cama.

Hay dos modos, manual y automático.

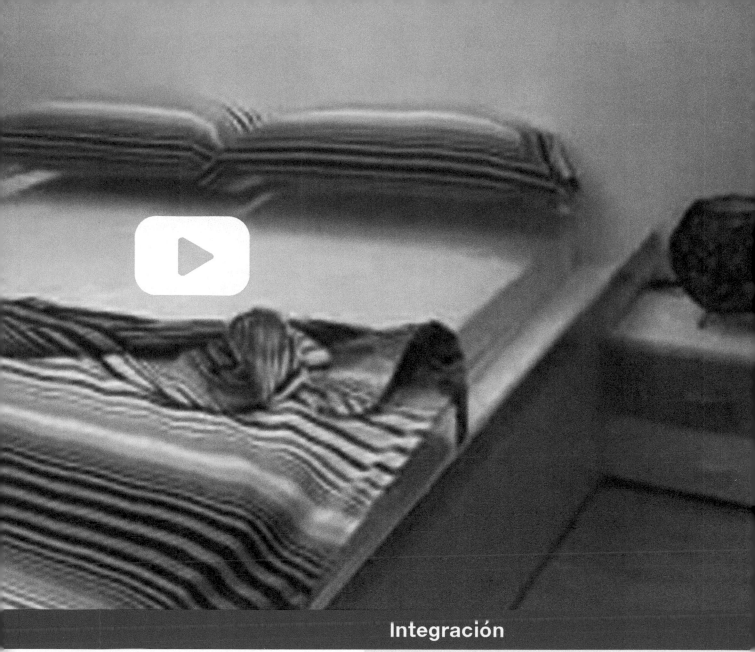

Integración

Después de ver Mira el video varias veces para identificar los detalles clave *(key details)* y contestar estas preguntas.

1. ¿Con esta nueva invención, cuál es el quehacer que ya no tienes que hacer?

2. ¿Quieres comprar esta invención para tu casa?

3. En el video, dice que la invención ayuda a "evitarse un trabajo mañanero". ¿Hay un trabajo, o un quehacer, que te gustaría evitar?

 For more activities, go to the *Authentic Resources Workbook*.

La comunidad

Expansión Busca otros recursos en *Auténtico* en línea. Después, contesta las preguntas.

 6B Auténtico

Integración de ideas Los recursos auténticos hablan sobre otros aspectos de las casas y los quehaceres. Escribe tres o cuatro oraciones sobre las casas y los quehaceres en el mundo hispanohablante según los recursos auténticos.

Comparación cultural Compara las casas y los quehaceres en la cultura hispanohablante con tu comunidad.

Repaso del capítulo

OBJECTIVES
▶ Review the vocabulary and grammar
▶ Demonstrate you can perform the tasks on p. 319

🔊 Vocabulario

to talk about where someone lives

cerca (de)	close (to), near
lejos (de)	far (from)
vivir	to live

to talk about houses or apartments

el apartamento	apartment
el baño	bathroom
la cocina	kitchen
el comedor	dining room
el cuarto	room
el despacho	home office
la escalera	stairs, stairway
el garaje	garage
el piso	story, floor
la planta baja	ground floor
el primer piso	second floor
la sala	living room
el segundo piso	third floor
el sótano	basement

to name household chores

arreglar el cuarto	to straighten up the room
ayudar	to help
cocinar	to cook
cortar el césped	to cut the lawn
dar (yo doy, tú das)	to give
dar de comer al perro	to feed the dog
hacer la cama	to make the bed
lavar (el coche, los platos, la ropa)	to wash (the car, the dishes, the clothes)
limpiar el baño	to clean the bathroom
pasar la aspiradora	to vacuum
poner (yo pongo, tú pones)	to put, place
poner la mesa	to set the table
los quehaceres	chores
quitar el polvo	to dust
sacar la basura	to take out the trash

to describe household items

limpio, -a	clean
sucio, -a	dirty

other useful words

bastante	enough; rather
¿Cuáles?	which (ones)
el dinero	money
un momento	a moment
¿Qué estás haciendo?	What are you doing?
recibir	to receive
si	if, whether

Gramática

affirmative *tú* commands
For regular verbs, use the *Ud./él/ella* form:

-ar:	habla
-er:	lee
-ir:	escribe

For *hacer* and *poner:*

hacer	haz
poner	pon

present progressive tense
Use the present-tense forms of *estar* + the present participle to say that you are doing something right now.

present participles:

-ar:	stem + **-ando** ➔ lavando
-er:	stem + **-iendo** ➔ comiendo
-ir:	stem + **-iendo** ➔ escribiendo

For *Vocabulario adicional,* see pp. 472–473.

Preparación para el examen

Más recursos   PearsonSchool.com/Autentico

🎮 Games   📇 Flashcards   ✏️ Instant check

▶ Tutorials   ▶ *Gram*Activa videos   ▶ Animated verbs

What you need to be able to do for the exam . . .	Here are practice tasks similar to those you will find on the exam . . .	For review go to your print or digital textbook . . .

Interpretive

1 ESCUCHAR I can listen to and understand teenagers' excuses for not doing a chore.

As you listen to a teenager explain to his mother why he can't do a particular chore at the moment, identify: a) what the mother wants the teenager to do; b) what the teenager says he is busy doing.

pp. 298–301 *Vocabulario en contexto*
p. 303 Actividad 7
p. 304 Actividad 8
p. 308 Actividad 17
p. 309 Actividad 18

Interpersonal

2 HABLAR I can give advice about how to be successful in school.

Your school counselors have asked you to participate in an orientation for new Spanish-speaking students. Tell each student what they should do. For example, you might say *Escucha bien en clase* or *Haz la tarea*.

p. 305 Actividad 12
p. 306 Actividad 13

Interpretive

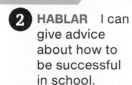

3 LEER I can read and understand ads for apartments that you might find in the classified section of a Spanish-language newspaper.

A friend is moving to Spain and asks you to help find an apartment. He wants a two-bedroom, two-bath apartment with a small kitchen. He wants to live near a gym and a library. Read this ad and answer the following: a) Is this a good apartment for him? b) How many of his requested features does it have? c) What other features mentioned might he like?

Este maravilloso apartamento tiene todo. Está cerca de un parque y un gimnasio moderno. Tiene una cocina pequeña, pero totalmente equipada. Tiene dos dormitorios con estantes y un baño muy grande. También tiene televisión por satélite y un garaje privado. No se permiten animales.

pp. 298–301 *Vocabulario en contexto*
p. 302 Actividades 4–5
p. 310 Actividad 21
p. 315 *Presentación escrita*

Presentational

4 ESCRIBIR I can write a list of household chores that I can do.

You and your classmates are offering to do chores to earn money for your Spanish club. Make a list of at least eight chores that you would be willing to do.

pp. 298–301 *Vocabulario en contexto*
p. 303 Actividades 6–7
p. 304 Actividad 8
p. 306 Actividad 14
p. 307 Actividad 15

Cultures

5 COMPARAR I can demonstrate an understanding of cultural perspectives regarding houses.

Explain how the architectural features of many homes in the Spanish-speaking world reflect the importance the owners place on privacy. How do these features compare to those in homes in the United States?

p. 303 *Cultura*
p. 314 *Perspectivas del mundo hispano*

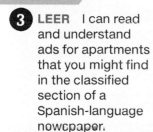

7A
¿Cuánto cuesta?

España

México
Panamá
Costa Rica
Venezuela
Colombia
Perú
Bolivia
Uruguay

CHAPTER OBJECTIVES

Communication

By the end of this chapter you will be able to:

- Listen to conversations and read about clothes and shopping.
- Talk and write about shopping plans and gifts.
- Exchange information while purchasing an item of clothing.

Culture

You will also be able to:

- **Autentico:** Identify cultural practices in an authentic video about shopping.
- Understand the role of *molas* in the Kuna culture.
- Compare the significance of crafts and clothing in Panama and the United States.

You will demonstrate what you know and can do:

- Presentación oral: ¿En qué puedo servirle?
- Repaso del capítulo: Preparación para el examen

You will use:

Vocabulary
- Shopping
- Clothing
- Prices and numbers

Grammar
- Stem-changing verbs: *pensar, querer,* and *preferir*
- Demonstrative adjectives

ARTE y CULTURA   España

Joan Miró (1893–1983) was born near Barcelona, Spain. He painted this self-portrait in 1919, when he was 26 years old. Here he portrays himself wearing a *garibaldina*, or cardigan, a collarless sweater or jacket that buttons in the front. *Garibaldinas* were popular at the time, and they were usually red, a color that makes this portrait even more intense.

▶ How do fashions change across time, or from culture to culture? Give three examples.

 Mapa global interactivo Explore Barcelona, Spain, home of the Miró Museum, and describe the streets and architecture.

"El joven de la garibaldina roja" ▶
(autorretrato) (1919), Joan Miró

Oil on canvas. © 2009 Successió Miró/Artists Rights
Society (ARS), New York / ADAGP, Paris. Photo: J.G. Berizzi.
Musée Picasso, Paris, France. Copyright Réunion
des Musées Nationaux / Art Resource, NY.

Go **Online** to practice

PearsonSchool.com/Autentico

PEARSON
realize™

 AUDIO

 VIDEO

 WRITING

 SPEAK/RECORD

 MAPA GLOBAL

AUTÉNTICO

FLASCHARDS

ETEXT 2.O

 GAMES

Mercado de artesanías,
Playa del Carmen, México

Videocultura **Los mercados**

Vocabulario en contexto

OBJECTIVES
Read, listen to, and understand information about shopping for clothes, and plans, desires, and preferences.

 "Necesito ropa **nueva** para la fiesta. Voy a **buscar** aquí en **esta tienda de ropa** en línea. **Quizás** tienen ropa bonita."

Tienda de ropa
EL ARMARIO GRANDE

Juani

Q ★

Juani Buenas tardes, soy Juani, **la dependienta**. **¿En qué puedo servirle?**

Antonio **Busco** unos **jeans** y una camisa.

Juani **¿Prefiere** usted ropa deportiva o elegante?

Antonio **Pienso comprar** ropa para una fiesta.

Juani: Entonces, ¿no **quiere** unos pantalones? Son más elegantes.

Antonio Sí, me encantan los pantalones. Pero también necesito jeans. ¡Mejor compro **los dos**! ¿Cuánto cuestan?

el traje

la camisa

la chaqueta

los pantalones

los calcetines

los zapatos

los pantalones cortos

la gorra

la camiseta

la blusa

la falda

el abrigo

los jeans

el traje de baño

el suéter

la sudadera

Fran: ¿Cómo me queda esta camisa?

Edu: Te queda bien. Me gusta.

Fran: Pues, no cuesta mucho dinero. Solo cuesta doscientos pesos.

Edu: ¡Tienes razón! Y puedes llevar la camisa con tus zapatos marrones.

Más vocabulario
entrar = to enter
este, esta = this
Perdón. = Excuse me.

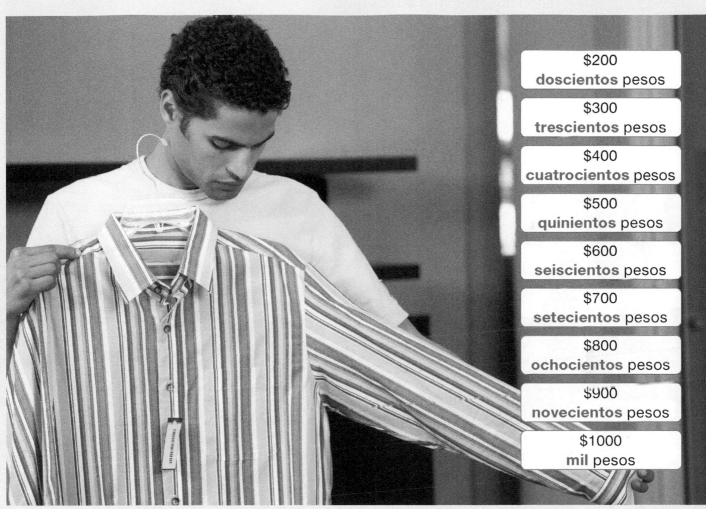

$200 **doscientos** pesos	
$300 **trescientos** pesos	
$400 **cuatrocientos** pesos	
$500 **quinientos** pesos	
$600 **seiscientos** pesos	
$700 **setecientos** pesos	
$800 **ochocientos** pesos	
$900 **novecientos** pesos	
$1000 **mil** pesos	

1

¿Qué ropa llevan hoy?

🔊 ESCUCHAR   Escucha qué ropa llevan hoy diferentes personas. Señala la foto de cada artículo de ropa que escuchas.

2

¿Cuánto cuesta?

🔊 ESCUCHAR   Escucha el precio de cada artículo de ropa. ¿Cuánto cuesta? Indica con los dedos cuántas veces 100 cuesta el artículo.

Lisa y Marcela hablan sobre las cosas que quieren comprar.

Lisa: Marcela, ¿quieres ir de compras?

Marcela: Sí, hace frío y necesito un abrigo o una chaqueta.

Lisa: En *Abrigos Mil* tienen abrigos a buen **precio** y de todos los colores.

Lisa   Marcela

Marcela: **Esa** tienda es muy cara. También quiero un vestido nuevo. Tengo uno, pero **me queda mal**.

Lisa: ¡No, te queda perfecto! ¿**Quieres** comprar unas botas? ¿Te gustan **estas** botas negras aquí, o **esos** zapatos rojos allí?

Marcela: Me gustan las botas y los zapatos... ¡pero cuestan mucho dinero!

Lisa: Al lado de mi casa hay una tienda donde los zapatos no cuestan **tanto**.

Marcela: ¡Genial! ¿Cuándo **vamos**?

las botas

el vestido

el abrigo

3

¿Vamos de compras?

ESCRIBIR Lee las oraciones. Escribe *C (cierto)* si la oración es correcta o *F (falso)* si la oración es incorrecta. Corrige *(correct)* las oraciones falsas.

1. Lisa piensa comprar una chaqueta.

2. Hace frío y Marcela necesita un abrigo o una chaqueta.

3. El vestido le queda bien a Marcela.

4. *Abrigos Mil* es una tienda cara.

5. Marcela también quiere unas botas.

6. Lisa quiere comprar un vestido.

7. A Marcela no le gustan esos zapatos rojos.

Videohistoria

De compras

Before You Watch

Recognize comparison and contrast Some people love to shop and others don't. How would each type of person act during a day spent together shopping?

Complete the Activity

¿Qué prefieres? Mira las fotos de dos tiendas. ¿Prefieres entrar en la tienda de ropa o la tienda de zapatos? ¿Por qué?

▶ Watch the Video

¿Cuántas cosas compra Emma cuando va de compras con su prima Valentina?

Go to **PearsonSchool.com/Autentico** to watch the video *De compras* and to view the script.

Valentina

After You Watch

 ¿COMPRENDES? Contesta las preguntas según el video.

1. ¿Qué color de blusa le gusta a Emma?
2. ¿De dónde son la dependienta y Emma?
3. ¿A quién le gusta más comprar ropa?
4. ¿Quién no está contenta? ¿Por qué?
5. ¿Qué quiere comprar Emma para llevar en San Juan, botas o zapatos?

Pregunta personal ¿Te gusta ir de compras? ¿En las tiendas, eres como (*like*) Emma o Valentina? ¿Por qué?

Vocabulario en uso

OBJECTIVES
▶ Listen to shoppers and clerks comment on clothes and prices
▶ Write and talk about the clothes you wear and buy
▶ Describe the clothes in a painting
▶ Discuss how clothes fit and how much they cost

4

¿Qué piensas llevar?

 ESCRIBIR   ¡Es importante llevar ropa diferente en diferentes ocasiones! ¿Qué ropa piensas llevar a estos lugares o actividades? Escribe las frases.

Modelo
la casa de un amigo
Pienso llevar unos jeans y una camiseta.

1. la playa
2. un baile elegante
3. un concierto
4. las montañas
5. un partido de básquetbol

5

Escucha y escribe

 ESCUCHAR, ESCRIBIR   Trabajas en una tienda de ropa y escuchas los comentarios de diferentes personas que buscan ropa. Escribe los números del 1 al 6 en una hoja de papel y escribe las frases que escuchas. Después indica con (+) o (-) si piensas que las personas van a comprar la ropa.

También se dice . . .

la camiseta = la playera *(México)*; la polera *(Chile)*; la remera *(Argentina)*

la chaqueta = la chamarra *(México, Bolivia)*; la campera *(Argentina, Chile, Paraguay, Uruguay)*

los jeans = los mahones *(el Caribe)*; las mezclillas *(México)*; los vaqueros *(Argentina, España)*; el pantalón vaquero *(España)*

el suéter = el jersey *(España)*; la chompa *(Bolivia, Ecuador, Paraguay, Perú, Uruguay)*

¿En qué puedo servirle?

HABLAR EN PAREJA   Tú y tu compañero(a) van de compras. Pregunta y contesta según el modelo. Recuerda usar el pronombre *usted* en la conversación. Escoge cinco cosas.

Videomodelo

A —*¿En qué puedo servirle, señor (señorita)?*
B —*Me gustaría comprar **una camisa nueva**.*

A—*¿De qué color?*
B—*Estoy buscando **una camisa blanca**.*

7

Juego

ESCRIBIR, HABLAR EN PAREJA

1 Escribe una descripción de la ropa de una persona en tu clase. Incluye dos o más cosas que lleva y los colores de la ropa.

2 Juega con otro(a) estudiante. Lee tu descripción. Tu compañero(a) tiene que identificar a la persona que describes. Antes de decir *(Before saying)* su nombre, él o ella tiene que hacer tres preguntas para saber más cosas. Por ejemplo: *¿Lleva una sudadera azul? ¿Tiene zapatos negros? ¿Sus calcetines son blancos? ¿Es Mateo?*

8

¿Qué ropa llevan en el cuadro?

ESCRIBIR   Escribe cuatro o más frases para describir la ropa que lleva la familia en este cuadro de Oscar Ortiz.

Modelo
El padre lleva . . .

CULTURA Puerto Rico

Oscar Ortiz (1964–) es un pintor y un ilustrador de Nueva York. Cuando él tenía[1] cinco años, su familia se mudó[2] a Puerto Rico. Muchas de sus pinturas representan escenas de la vida en Puerto Rico. Sus cuadros muestran un estilo muy diverso y colores tropicales.

Pre-AP® Integration: Las artes visuales ¿Qué puede expresar un artista con los colores?

"Mi Futuro y mi Tierra" (2003), Oscar Ortiz ▶
Coloured pencil on paper. Private Collection/Bridgeman Images

¹was ²moved

En la tienda

LEER, HABLAR EN PAREJA Con otro(a) estudiante lee la conversación entre un(a) dependiente(a) y un(a) joven. Empareja lo que dice el (la) dependiente(a) con lo que contesta el (la) joven.

el (la) dependiente(a)

1. Buenas tardes. ¿En qué puedo servirle?
2. ¿Qué color prefiere Ud.?
3. Pues, estos pantalones son muy populares.
4. Sólo 50 dólares.
5. Pues, hay otros pantalones que no cuestan tanto.
6. Creo que le quedan muy bien.

el (la) joven

a. Perdón . . . ese precio es demasiado para mí.
b. Entonces voy a comprar estos pantalones.
c. Quiero comprar unos pantalones nuevos.
d. Son bonitos. A ver si me quedan bien.
e. No sé—quizás negro.
f. Me gustan. ¿Cuánto cuestan?

¿Cuánto cuesta en Montevideo?

ESCUCHAR, ESCRIBIR Estás comprando ropa en Montevideo, Uruguay. Escucha los precios en pesos uruguayos. Escribe en tu hoja de papel el precio que escuchas.

1. la camiseta
2. la blusa
3. el traje de baño
4. el suéter
5. el vestido
6. la chaqueta

Modelo
los zapatos
Escuchas: *Los zapatos cuestan mil ochocientos veinte pesos.*
Escribes: *1820 pesos*

CULTURA ⟩ Bolivia • Costa Rica • Perú

El dinero de Bolivia, Perú y Costa Rica es muy diferente. Los países latinoamericanos tienen nombres especiales para su moneda[1] nacional y usan símbolos diferentes. En Bolivia, la moneda oficial es el *boliviano* (BOB). El *nuevo sol* (s/) es la moneda oficial de Perú. La moneda de Costa Rica se llama *colón* y su símbolo es ¢ delante de la cantidad[2]. Por ejemplo, ¢100 significa "100 colones". En Latinoamérica, se usan las palabras céntimo o centavo. Las imágenes de sus billetes representan la cultura e historia de los países.

• Compara estos billetes con los de los Estados Unidos. ¿Son similares, o diferentes?

---

[1]currency [2]amount

11

¿Cómo me queda?

HABLAR EN PAREJA Estás en una tienda de ropa. Te pruebas
(*You're trying on*) la ropa y necesitas la opinión honesta
de tu amigo(a) sobre qué debes comprar. Escoge dos
artículos de ropa.

Nota
Me / te queda(n) follows the same
pattern as *me / te gusta(n)*.
• La camisa **me** queda bien pero
los jeans **me** quedan mal.

Videomodelo
A —*¿Me queda bien el traje? ¿Debo comprarlo?*
B —*Te queda bien. Creo que debes comprar el traje.*

Estudiante A

Estudiante B

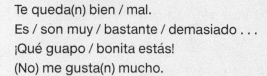

Te queda(n) bien / mal.
Es / son muy / bastante / demasiado . . .
¡Qué guapo / bonita estás!
(No) me gusta(n) mucho.

Pronunciación ▸ The letter *z*

In most Spanish-speaking countries, the letter *z* sounds like the *s* in
see. Listen to and say these words:

zapato   zanahoria   haz   almuerzo   quizás   nariz

izquierda   arroz   azul   razón   cabeza   perezoso

In many parts of Spain, however, the letter *z* is pronounced like the *th* in
think. Listen to the words as a Spaniard says them and practice saying
them as if you were in Spain.

Try it out! Listen to *"En la puerta del cielo"* ("At Heaven's Gate"), a
traditional poem from Puerto Rico. Then say the poem aloud.

**En la puerta del cielo,
venden zapatos
para los angelitos
que andan descalzos.**

12

Y tú, ¿qué dices?

ESCRIBIR, HABLAR

1. ¿Qué ropa llevas en el verano? ¿Y en el invierno? Incluye
   tres artículos de ropa para cada estación.

2. ¿Cuáles son tres artículos de ropa que te gustaría comprar?
   ¿Cuánto cuesta cada uno? ¿Cuál es el total?

3. Describe alguna ropa nueva que tienes.

Gramática

OBJECTIVES
▶ Listen to clothing choices and write about shopping plans
▶ Exchange information while discussing what you and others plan and want to do

¿Recuerdas?
You have used *quiero* /*quieres* and *prefiero* / *prefieres* to say what you want or prefer.

Stem-changing verbs: *pensar, querer,* and *preferir*

Verbs like *pensar* ("to think," "to plan"), *querer* ("to want"), and *preferir* ("to prefer") are *e* → *ie* stem-changing verbs. The *-e-* of the stem changes to *-ie-* in all forms except *nosotros* and *vosotros.* Here are the forms:

Use the infinitive for any verb that follows *pensar, querer,* or *preferir.*

¿Piensas comprar esa blusa?
Do you plan to buy *that blouse?*

(yo)	pienso quiero prefiero	(nosotros) (nosotras)	pensamos queremos preferimos
(tú)	piensas quieres prefieres	(vosotros) (vosotras)	pensáis queréis preferís
Ud. (él) (ella)	piensa quiere prefiere	Uds. (ellos) (ellas)	piensan quieren prefieren

Más recursos ONLINE
▶ *GramActiva* video
▶ **Tutorial:** *-Querer*
▶ **Animated verbs**
◀)) *Canción de hip hop:* ¿Quieres ir de compras?
✎ *GramActiva* Activity

13

¿Qué prefieren llevar?

ESCUCHAR, ESCRIBIR

1 En una hoja de papel escribe los números del 1 al 6. Escucha lo que quieren o piensan hacer diferentes personas y escribe las frases.

2 Escribe otra frase para decir qué piensan llevar las personas para sus actividades.

Modelo
Mis primas quieren ir a un baile el viernes.
Piensan llevar una falda y una blusa.

14

¿Qué piensas hacer?

HABLAR EN PAREJA Habla con otro(a) estudiante sobre qué piensas hacer tú y qué piensan hacer otras personas.

Estudiante A

1. tus amigos(as) / mañana
2. tu familia / este fin de semana
3. tus amigos y tú / esta tarde
4. tú / el domingo
5. tu amigo(a) / esta noche

Videomodelo
tu amigo(a) / después de las clases
A —¿Qué *piensa* hacer tu amigo después de las clases?
B —*Mi amigo David piensa montar en monopatín.*

Estudiante B

¡Respuesta personal!

15

¿Qué quieren comprar?

 ESCRIBIR Estos jóvenes tienen dinero y quieren ir de compras. Escribe frases para decir qué prefieren comprar y cuándo piensan ir de compras.

Modelo
Catalina / el sábado
Catalina quiere ir de compras. Prefiere comprar unos pantalones cortos talla pequeña. Piensa ir a la tienda de ropa el sábado.

Para decir más . . .
la talla = size (*clothing*)
el número = size (*shoes*)
mediano(a) = medium
Here is how you talk about sizes:
• una camisa talla grande
• unos zapatos número nueve

1. Isidoro y Lorenzo / esta tarde

3. Javier / este fin de semana

2. Julia y yo / mañana

¡Respuesta personal!

4. yo / ¿ ?

16

¿Qué piensan hacer Uds.?

ESCRIBIR, HABLAR EN PAREJA

1 Copia la tabla en una hoja de papel y escribe los nombres de tres personas con quienes vas a salir. ¿Adónde quieren ir Uds. y qué piensan hacer?

¿Con quién?	¿Adónde?	¿Qué?
Pepe	el gimnasio	levantar pesas

2 Dile *(Tell)* a otro(a) estudiante adónde quieren ir tú y la otra persona. Tu compañero(a) va a adivinar *(guess)* qué piensan hacer Uds. Puede continuar adivinando hasta *(until)* decir la actividad correcta.

Videomodelo
A —*Pepe y yo queremos ir al gimnasio.*
B —*¿Uds. piensan **jugar al básquetbol**?*
A —*No, no pensamos **jugar al básquetbol**.*
B —*¿Uds. piensan **levantar pesas**?*
A —*Sí, tienes razón. Pensamos levantar pesas.*

Pensamos comprar algo en el mercado.

 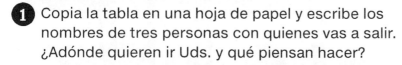

Gramática

OBJECTIVES
▶ Point out items of clothing
▶ Read and discuss a clothing ad
▶ Exchange information while discussing prices and planning a fashion show

Demonstrative adjectives

You use demonstrative adjectives to point out nouns: **this** cap, **these** socks, **that** shirt, **those** shoes. Notice that "this" and "these" refer to things that are close to you, while "that" and "those" refer to things that are at some distance from you.

Here are the corresponding demonstrative adjectives in Spanish. Like other adjectives, demonstrative adjectives agree in gender and number with the nouns that follow them.

	"this," "these"	"that," "those"
SINGULAR	**este** suéter **esta** falda	**ese** vestido **esa** chaqueta
PLURAL	**estos** suéteres **estas** faldas	**esos** vestidos **esas** chaquetas

Strategy

Using rhymes to remember meaning To remember the difference between these demonstrative adjectives that are spelled very similarly, memorize this rhyme:
"This" and "these" both have t's, "that" and "those" don't.

17

En la tienda de ropa

LEER, ESCRIBIR Carmen está en una tienda y habla con su amiga sobre la ropa que se están probando (*trying on*). Escribe la forma correcta de *este(a)* o *estos(as)* para cada número.

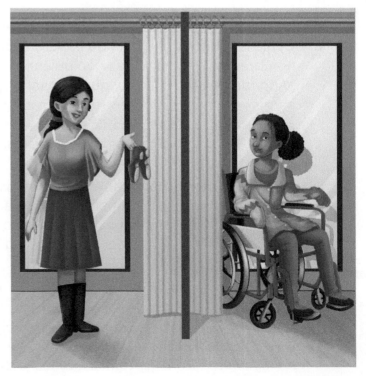

Carmen:	__1.__ botas son bonitas, ¿no?
Mariel:	Sí, pero creo que __2.__ zapatos son bastante feos.
Carmen:	¿Qué piensas de __3.__ blusa? A mí me gusta mucho.
Mariel:	A mí también. __4.__ suéter es demasiado grande, ¿no?
Carmen:	Tienes razón. Y pienso que __5.__ falda es muy larga también.
Mariel:	Quizás. __6.__ jeans no cuestan mucho. ¡Qué bueno!

¡Un día con tu hermanito!

HABLAR EN PAREJA Tienes que cuidar *(take care of)* a tu hermanito. Tus padres tienen toda la ropa para él encima de la cama, ¡pero tu hermanito tiene sus propias ideas!

Videomodelo

A —(tú)—*Tienes que llevar **esta ropa.***

B —(tu hermanito)—*¡No! No quiero llevar **esa ropa.** Prefiero **esta ropa** que está en el armario.*

19

Juego

 ESCRIBIR, HABLAR EN GRUPO ¿Quién en tu clase sabe mejor cuánto cuestan diferentes cosas?

1 Trabaja con otro(a) estudiante. Escojan un objeto o una foto de un objeto. Puede ser ropa, algo de la casa, algo de la escuela, etc. Escriban una descripción de ese objeto y determinen cuánto cuesta.

Modelo
Este suéter azul y amarillo es . . . . Puedes llevar este suéter a . . . .
Puedes comprar este suéter en . . . . ¿Cuánto cuesta este suéter?
(Cuesta 55 dólares).

2 Ahora, trabajen en grupos de cuatro parejas (ocho estudiantes). Lean la descripción de su objeto sin decir cuánto cuesta. La pareja que da el precio más aproximado *(closest)* sin exceder *(without exceeding)* el precio, gana.

Modelo
—*Pensamos que el suéter cuesta 50 dólares.*
—*Daniel y Eva, Uds. ganan. El suéter cuesta 55 dólares.*

Exploración del lenguaje Nonverbal language

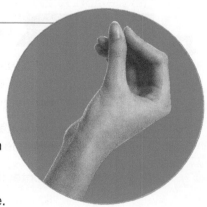

You've learned about the gesture *¡Ojo!,* which means "be careful." Another common gesture used by Spanish speakers conveys the meaning of "a lot of money." This gesture is made by holding the hand palm-up and rubbing the fingertips together. It is often accompanied by expressions such as *¡Cuesta muchísimo!* or *Es mucho dinero.* It can even be used when you're describing someone who is rich.

• Review a clothing website together with a classmate. Discuss whether the items you like are expensive or not, and indicate that with a gesture.

20

¡Muchos regalos!

LEER, HABLAR EN PAREJA Muchas personas en tu familia y unos amigos tienen cumpleaños este mes y tienes que comprar regalos. Tú y un(a) compañero(a) miran la página en Internet de una tienda de ropa. Habla con tu compañero(a) sobre qué necesitas comprar.

1. tu hermano o amigo
2. tu hermana o amiga
3. tu abuelo o abuela
4. tu mamá o papá

Videomodelo
tu tía o tío

A —*Necesito un regalo para **mi tía**. Voy a buscar **un suéter** para **ella**.*

B —*Buena idea. ¿Te gusta **este suéter rosado**? Sólo cuesta 32 dólares.*

A —*Sí. Vamos a la tienda a buscar **este suéter**.*

🏠 ✉ 🔖 ↪   ✕

La tienda de ropa Perfección *¡Sólo 1 día!*

$35 orig. $50

$25 orig. $38

$18 orig. $30

$19 orig. $28

$18 orig. $30

$8 orig. $14

$11 orig. $18

$32 orig. $45

En la tienda

HABLAR EN PAREJA

Conexiones **Las matemáticas**

Estás ahora en la tienda de ropa Perfección de la Actividad 20. Hablas con un(a) dependiente(a) sobre los descuentos que hay en la ropa hoy.

1 Calcula el porcentaje de descuento de la ropa en el anuncio.

2 Pregunta y contesta según el modelo.

Videomodelo
tu tía o tío

A —*Perdón, señor (señorita). ¿Cuánto cuesta **ese suéter rosado**?*

B —*Hoy **este suéter cuesta** sólo **32** dólares. Es un descuento del **29** por ciento.*

A —*¡Genial! Quiero comprar **el suéter**. ¡Qué buen precio!*

Un desfile de modas

ESCRIBIR, HABLAR EN GRUPO   Trabajen en grupos de tres. Una persona de los tres va a ser el (la) modelo en un desfile de modas *(fashion show).* Decidan qué va a llevar el (la) modelo. En una hoja de papel, describan tres o más cosas que lleva el (la) modelo. Pueden incluir los colores, cuánto cuesta, dónde pueden comprar la ropa y en qué ocasión o estación pueden llevar la ropa.

Su modelo va a participar con los otros modelos de la clase en el desfile de modas. Los otros dos leen la descripción de la ropa.

Para decir más . . .
cómodo, -a = comfortable
elegante = elegant
de algodón = cotton
de lana = wool
de seda = silk

Modelo
El (La) modelo que entra en este momento lleva . . .

CULTURA   **Venezuela**

Carolina Herrera es una diseñadora[1] famosa venezolana. Diseña ropa, perfume y accesorios para mujeres y colonia para hombres. En el mundo hispano hay muchos diseñadores creativos y talentosos que dejan su marca[2] en el mundo de la moda.

Pre-AP® Integration: La moda y el diseño Piensa en nombres de diseñadores famosos de los Estados Unidos. ¿ Crees que influyen[3] en la cultura? ¿Por qué?

[1]designer   [2]make their mark   [3]influence

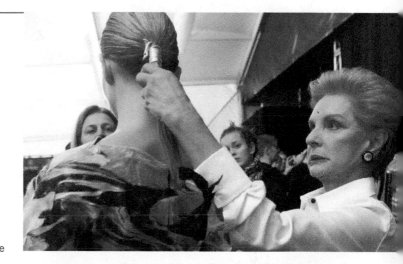

El español en la comunidad
Locate a store in your community or on the Internet that sells products from Spanish-speaking countries. Visit the store or Web site and list the types of items you find there. Are they similar to the items listed in the ad? Bring your list to class and compare it with other students' lists. What are the most common types of items found in these stores?

Lectura

OBJECTIVES

▶ Read about traditional clothing in Panama
▶ Use maps and photos to predict content
▶ Compare and contrast *carnaval* celebrations to those in your community

Strategy
Predicting Look at the maps and photos on these pages and read the title to predict what the reading will be about. This will help you anticipate the types of words and expressions you will encounter as you read.

Tradiciones de la ropa panameña

Una tradición panameña de mucho orgullo[1] es llevar el vestido típico de las mujeres, "la pollera". Hay dos tipos de pollera, la pollera montuna[2] y la pollera de gala, que se lleva en los festivales. La pollera de gala se hace a mano y cuesta muchísimo por la cantidad de joyas[3] que adornan el vestido. ¿Cuánto cuesta una pollera de gala? Puede costar unos 1.850 dólares americanos, y requiere aproximadamente siete meses de trabajo. La pollera es tan importante que en la ciudad de Las Tablas celebran el Día Nacional de La Pollera el 22 de julio.

Si quieres celebrar con los panameños, puedes visitar la ciudad de Las Tablas en la provincia de Los Santos. Las Tablas es famosa por ser el mejor lugar para celebrar los carnavales. Durante el carnaval y en otros festivales, puedes admirar los vestidos y los bailes tradicionales.

El canal de Panamá conecta el océano Pacífico con el mar Caribe y el océano Atlántico. El istmo de Panamá es la conexión entre dos continentes, y tiene costas sobre el oceáno Pacífico y el mar Caribe. Es famoso por el canal en el que navegan barcos[4] de todo el mundo. El folklore panameño es muy variado. La música, los bailes y los vestidos son importantes en la vida[5] social, especialmente en las provincias del centro del país.

[1]pride   [2]from the mountains   [3]jewels   [4]ships   [5]life

Otro tipo de ropa auténtica de Panamá viene de los indios Kuna, un grupo de indígenas que viven en las islas de San Blas. Las mujeres llevan una blusa hecha[6] de molas. Las molas son paneles decorativos que forman la parte de adelante y de atrás de las blusas. Las mujeres demuestran[7] su talento y expresión personal con los diseños[8] originales de las molas. Los diseños representan formas humanas y animales. Hoy día, puedes ver y admirar molas como objetos de arte en muchos museos y colecciones.

Molas de colores brillantes ▶ con formas de animales

[6]made   [7]demonstrate   [8]designs

 ¿Comprendes?

1. ¿Por qué es importante Panamá en el comercio global?

2. ¿Cuáles son las dos formas de ropa auténtica de Panamá en el artículo?

3. ¿Qué puedes celebrar si visitas Las Tablas?

4. ¿Cuánto puede costar una pollera de gala? En tu opinión, ¿es mucho o poco dinero?

5. ¿Cómo se llama el grupo de indígenas que viven en las islas de San Blas?

6. ¿Quiénes llevan las molas, los hombres o las mujeres?

7. ¿Por qué es diferente cada mola?

8. ¿Cuáles son las palabras clave de este texto?

Mapa global interactivo Visit Panamá's Islas de San Blas and the Canal and analyze distances using online tools.

CULTURA ❭ **El mundo hispano**

El carnaval es una celebración tradicional en muchos países latinoamericanos. Es durante las semanas antes de Cuaresma[1]. En el carnaval eligen[2] una reina de la belleza, hay desfiles[3], trajes de muchos colores y baile. El Carnaval de la Tablas, un pueblo[4] cerca de la costa del Pacífico de Panamá, es muy popular. Van miles[5] de visitantes cada año.

Pre-AP® Integration: El entretenimiento y la diversión ¿Qué celebraciones tradicionales hay en tu comunidad? Compara estas tradiciones con la celebración del carnaval. ¿Son similares, o diferentes? ¿Por qué?

[1]Lent   [2]choose   [3]parades   [4]town   [5]thousands

El Carnaval en Panamá

La cultura en vivo

Las molas

Las *molas* son telas[1] de colores brillantes que hacen los indios kuna. Los kuna viven en las Islas San Blas, en la costa de Panamá. *Mola* es una palabra kuna que significa "blusa". Este arte empezó[2] con el proceso de la fabricación de ropa, pero hoy la palabra *mola* describe cualquier tela hecha[3] con este método.

Las mujeres kuna recortan[4] la tela y la cosen[5]. Los colores de la tela son visibles y crean diseños. Luego las mujeres cosen más detalles. Muchos diseños de *molas* representan la naturaleza o los animales.

Comparación cultural ¿Hay una persona de tu familia que hace arte? ¿Tienes ropa que usas para expresar tus intereses o tu personalidad?

[1]fabrics [2]started [3]made [4]cut out [5]sew

Online Cultural Reading

Go to Auténtico ONLINE to view an online shopping site for a Mexican department store.

Strategy: Use context to get meaning. Pay attention to how unknown words are used on the site to get at their meaning.

Aplicación: ¿Comprendiste el sitio web? ¿Qué articulo de ropa te gustaría comprar? ¿Cuánto cuesta?

MATERIALS
- 2 pencils
- rubber bands
- construction paper
- paste or glue
- scissors

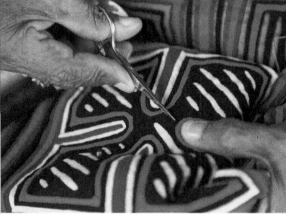

DIRECTIONS

1. Your teacher will provide a pattern to trace on a piece of construction paper. You may prefer to trace around a cookie cutter or draw a simple design found in nature (for example, a leaf, flower, or fir tree). *(Fig. 1)*

2. Double all the lines by drawing with two pencils fastened together with rubber bands. *(Fig. 2)*

3. Cut out all spaces that do NOT fall between the double lines. *(Fig. 3)*

4. Paste or glue the cutout figure onto construction paper of a contrasting color.

5. Cut around the pasted or glued figure, leaving a border of the second color. *(Fig. 4)*

6. Paste or glue this cutout figure onto another piece of construction paper and cut around it, leaving a border of the new color. Paste the entire piece on a contrasting background.

Presentación oral

OBJECTIVES
▸ Demonstrate how to buy and sell clothing in a store
▸ Use feedback from your partner to improve your performance

Go **Online** to practice
PEARSON
realize ™

PearsonSchool.com/Autentico

SPEAK/RECORD

¿En qué puedo servirle?

TASK You and a partner will play the roles of a customer and a salesclerk in a clothing store. You will ask and answer questions about the articles of clothing sold in the store. The customer will then decide whether or not to buy the articles.

1 Prepare Work with a partner to prepare the skit. One of you will play the role of the salesperson, and the other will be the shopper. Be prepared to play both roles and remember to use the appropriate register, including the formal *usted*, since this is a conversation between adults. Decide the type of clothing the store will sell and bring to class articles of clothing or pictures from a magazine. Give the store a name.

Cliente: Make a list of expressions and questions you can use to ask about, describe, and say whether you will buy an article of clothing.

Dependiente(a): Make a list of expressions and questions you can use to help your client, answer his or her questions, and show him or her the clothing.

2 Practice Work with your partner and practice both roles. You might want to review *Vocabulario en contexto,* the *Videohistoria*, and Actividad 9 for ideas. You can use your written notes when you practice, but not during the actual role play.

3 Present Your teacher will assign the roles. The clerk will begin the conversation. Keep talking until the customer has made a decision to buy or not to buy the article of clothing.

4 Evaluation The following rubric will be used to grade your presentation.

Strategy

Seeking feedback As you practice with a partner, seek his or her feedback to correct errors you have made and to improve your overall performance.

Rubric	Score 1	Score 3	Score 5
How well you sustain a conversation	You provide no conversational response or follow-up to what your partner says.	You provide frequent responses or follow-up to what your partner says.	You always respond to your partner, listen and ask follow-up questions, or volunteer additional information.
Completeness of presentation	You only describe the clothing.	You describe the clothing and price.	You describe the clothing, price, and the decision to purchase.
Use of new and previously learned vocabulary	You use very limited and repetitive vocabulary.	You use only recently acquired vocabulary.	You use recently acquired and previously learned vocabulary.

Auténtico

Partnered with EFE:

Un probador virtual

Antes de ver

Usa la estrategia: Listen for Key Details

As you watch the video, identify the key details. Use your background knowledge about shopping and vocabulary from this chapter to determine which information is essential.

Read this Key Vocabulary

prendas = garment

has elegido = you have chosen

terminas malhumorado = finish grumpy

probador = fitting room

quitarse = take off

se prueba = try on oneself

renovar = renew

vestuario = wardrobe

realmente = actually

▶ Ve el video

Do you like to shop for clothes? Do you wish you could know if an outfit will fit or look good without having to try it on?

Go to **PearsonSchool.com/Autentico** and watch the video *Un probador virtual que permite probarse las prendas sin quitarse la ropa* to learn more about a new shopping experience.

Completa las actividades

Mientras ves Escucha lo que dicen sobre las ventajas del probador. Lee la lista aquí y escribe C (*Cierto*) si la frase es correcta y F (*Falso*) si es incorrecta según las ideas clave del video.

1. **La ropa cuesta menos con el probador virtual.**
2. **No tienes que quitarte la ropa que llevas.**
3. **Tienes que escribir tus características físicas en un papel.**
4. **El probador virtual hace una selección rápida de diferentes tipos de ropa.**
5. **Puedes usar la pantalla táctil para ver cómo te queda la ropa.**
6. **Lo que más le gusta se prueba después realmente.**

Integración

Después de ver Mira el video otra vez para contestar estas preguntas.

1. ¿Para qué es la pantalla táctil?

2. ¿Prefieres probarte la ropa realmente o usar un probador virtual?

3. En el video, dice que "terminas malhumorado" después de probar ropa. En tu experiencia, ¿terminas malhumorado" cuando vas de compras? ¿Por qué?

 For more activities, go to the *Authentic Resources Workbook.*

En las tiendas

Expansión Busca otros recursos en *Auténtico* en línea. Después, contesta las preguntas.

 7A Auténtico

Integración de ideas Los recursos de este capítulo informan sobre la ropa y las tiendas. Describe un plan de compras de ropa nueva usando información de los recursos auténticos. ¿Adónde vas? ¿Qué compras? ¿Por qué?

Comparación cultural Compara la experiencia de comprar ropa en los recursos auténticos con tu experiencia típica en las tiendas en tu comunidad.

Repaso del capítulo

OBJECTIVES
▶ Review the vocabulary and grammar
▶ Demonstrate you can perform the tasks on p. 343

🔊 Vocabulario

to talk about shopping

buscar	to look for
comprar	to buy
el dependiente, la dependienta	salesperson
¿En qué puedo servirle?	How can I help you?
entrar	to enter
la tienda	store
la tienda de ropa	clothing store

to talk about clothing

el abrigo	coat
la blusa	blouse
las botas	boots
los calcetines	socks
la camisa	shirt
la camiseta	T-shirt
la chaqueta	jacket
la falda	skirt
la gorra	cap
los jeans	jeans
los pantalones	pants
los pantalones cortos	shorts
la sudadera	sweatshirt
el suéter	sweater
el traje	suit
el traje de baño	swimsuit
el vestido	dress
los zapatos	shoes
¿Cómo me / te queda(n)?	How does it (do they) fit (me / you)?
Me / te queda(n) bien / mal.	It fits (They fit) me / you well / poorly.
llevar	to wear
nuevo, -a	new

other useful words

quizás	maybe
Perdón.	Excuse me.
¡Vamos!	Let's go!

to talk about prices

¿Cuánto cuesta(n) . . . ?	How much does (do) . . . cost?
costar (o → ue)	to cost
el precio	price
tanto	so much
doscientos, -as	two hundred
trescientos, -as	three hundred
cuatrocientos, -as	four hundred
quinientos, -as	five hundred
seiscientos, -as	six hundred
setecientos, -as	seven hundred
ochocientos, -as	eight hundred
novecientos, -as	nine hundred
mil	a thousand

to indicate if someone is correct

| tener razón | to be correct |

to indicate specific items

los / las dos	both
este, esta	this
estos, estas	these
ese, esa	that
esos, esas	those

Gramática

pensar *to think, to plan*

pienso	pensamos
piensas	pensáis
piensa	piensan

preferir *to prefer*

prefiero	preferimos
prefieres	preferís
prefiere	prefieren

querer *to want*

quiero	queremos
quieres	queréis
quiere	quieren

For *Vocabulario adicional,* see pp. 472–473.

Preparación para el examen

What you need to be able to do for the exam . . .	Here are practice tasks similar to those you will find on the exam . . .	For review go to your print or digital textbook . . .

Interpretive

1 ESCUCHAR I can listen to and understand reasons why people are returning clothing items.

Listen as people explain to the clerk in a department store why they are returning or exchanging clothing they received as gifts. Try to decide if the reason is: a) it doesn't fit well; b) it's the wrong color or style; c) it's too expensive; d) they just didn't like it.

pp. 322–325 *Vocabulario en contexto*
p. 326 *Actividad 5*
p. 328 *Actividad 10*
p. 329 *Actividad 11*
p. 332 *Actividad 17*

Interpersonal

2 HABLAR I can describe what I will buy with gift certificates from my favorite clothing store.

You got gift certificates from your favorite clothing store for your birthday. Describe at least four items you would like to buy.
You could say something like: *Me gustaría comprar un suéter rojo. Prefiero esos suéteres que me quedan grandes.*

pp. 322–325 *Vocabulario en contexto*
p. 327 *Actividad 6*
p. 328 *Actividad 9*
p. 329 *Actividad 12*
p. 330 *Actividades 13*
p. 331 *Actividades 15*
p. 334 *Actividades 20*
p. 339 *Presentación oral*

Interpretive

3 LEER I can read and understand an online order form for a department store.

You want to apply for a job at a department store. They need someone who understands Spanish to interpret online orders. Read the entries to see if you can tell them: a) the item ordered; b) the color; c) the price.

pp. 322–325 *Vocabulario en contexto*
p. 328 *Actividad 10*
p. 334 *Actividad 20*

	Artículo	Color	Precio
A	sudadera	rojo / azul	355 pesos
B	abrigo	negro	801 pesos
C	falda	blanco / marrón / verde	506 pesos

Presentational

4 ESCRIBIR I can fill in an order form for specific clothing items I might purchase as gifts.

Order the following items using the online order form: a) black boots for your sister, who is very little; b) a blue-and-white baseball cap for your brother, who would need a small size; c) three pairs of gray socks for your dad, who has VERY big feet!

pp. 322–325 *Vocabulario en contexto*
p. 327 *Actividad 7-8*
p. 329 *Actividad 12*
p. 331 *Actividad 15*

Artículo	Color	Talla

Cultures

5 Comparación cultural I can demonstrate an understanding of cultural perspectives on crafts and clothing.

Think about something you would consider to be American folk art that has been passed on from one generation to another. How would it be similar to or different from the *molas* made by the Kuna Indians?

pp. 336–337 *Lectura*
p. 338 *La cultura en vivo*

¡Qué regalo!

Country Connections Explorar el mundo hispano

Illinois
California
Texas
México
El Salvador
Panamá
Colombia
Chile
Argentina
Paraguay
Nueva York
Florida
Cuba
República
Dominicana
Puerto
Rico
España

CHAPTER OBJECTIVES

Communication

By the end of this chapter you will be able to:

- Listen to and read descriptions of gifts and gift stores.
- Talk and write about items you've bought and their price.
- Exchange information while comparing gifts and price.

Culture

You will also be able to:

- **Auténtico:** Identify cultural practices in an authentic video about shopping and stores.
- Compare cultural perspectives about shopping malls in Chile and the United States.
- Explain the role of markets and specialty stores in Spanish-speaking countries.
- Compare the significance of gifts in a Mexican festival and in holidays in the United States.

You will demonstrate what you know and can do:

- Presentación escrita: Un regalo para mi...
- Repaso del capítulo: Preparación para el examen

You will use:

Vocabulary

- Stores and online shopping
- Gifts and clothing accessories
- Expressions to describe past events

Grammar

- The preterite of -ar verbs
- The preterite of verbs ending in -car and -gar
- Direct object pronouns

ARTE y CULTURA ‹ Paraguay

Ñandutí, which means "spider web" in the Guaraní language, refers to the fine lace weavings from the small South American country of Paraguay. Wall hangings and table linens are just a few of the intricately woven and multicolored items made from this fabric. *Ñandutí* looms are routinely found outside the doorways of houses in Itauguá, a small town where much of the country's *ñandutí* is made.

▶ Handmade items are usually more expensive than mass-produced ones. Why do you think some people are willing to pay more for these items?

Mantel *(Tablecloth)* de ñandutí, Itauguá, Paraguay ▶

▶ Videocultura **Los mercados**

El centro comercial
Galerías Pacífico,
Buenos Aires, Argentina

Vocabulario en contexto

OBJECTIVES

Read, listen to, and understand information about stores, shopping for gifts and accessories, and things done in the past.

Nelson va de compras y llama a Jaime.

Jaime: ¡Hola amigo! ¿Dónde estás?

Nelson: Estoy en la joyería. Quiero comprar un regalo para mi **novia**, Marisol. **El año pasado compré** unos aretes para ella.

Jaime: Entonces, este año necesitas algo diferente. Tal vez, ¿un collar?

Nelson: ¡Uf! ¡Los collares son **caros**!

Jaime: Debes ir al mercado[1]. **La semana pasada** compré una cadena para mi mamá allí y **pagué** menos que en la joyería.

Nelson: Buena idea. Ahorita voy.

Jaime   Nelson

[1]market

la joyería

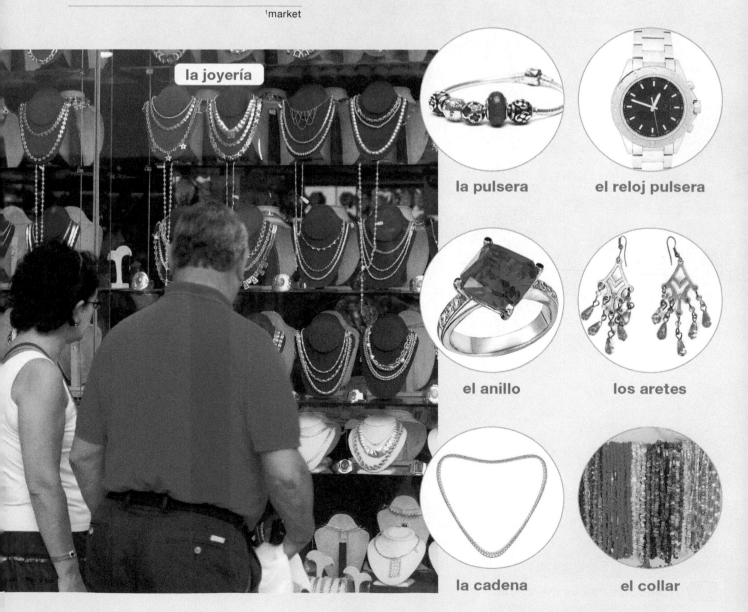

la pulsera

el reloj pulsera

el anillo

los aretes

la cadena

el collar

Nelson y Jaime van al mercado y tienen esta conversación:

Nelson: Aquí estoy, en el mercado. Los collares son **baratos**, pero no me gustan mucho.

Jaime: ¿Hay perfumes?

Nelson: No **los** veo…

Jaime: ¿Hay pulseras?

Nelson: A ver… ¡Sí! **¡Mira!**

Jaime: Es bonita. ¿Por qué no **la** compras?

Nelson: Tampoco es cara. La voy a comprar. Gracias por tu ayuda, amigo.

el llavero

la cartera

el bolso

la corbata

el perfume

los guantes

los anteojos de sol

1

¿Qué compro?

ESCUCHAR Nelson y Jaime están en el mercado. Escucha su conversación y señala con el dedo cada artículo que deben comprar.

2

¿Dónde lo pones?

ESCUCHAR Escucha cada una de estas oraciones. Señala la parte del cuerpo en la que una persona lleva cada artículo que se menciona.

Fernanda, Angélica y Lucía hablan de sus planes para la tarde.

Fernanda: ¡Hola chicas! ¿Quieren ir al cine?

Angélica: No, no puedo. Voy con mi mamá al almacén y luego a unas tiendas en el centro comercial.

Lucía: Yo tampoco puedo. Voy a **la tienda de descuentos**.

Fernanda: ¿Qué van a comprar?

Lucía: Yo necesito comprar **software**.

Angélica: ¡Nosotras necesitamos de todo! En la **tienda de electrodomésticos** vamos a comprar un lavaplatos. En la **librería** vamos a comprar un libro y en **la zapatería** unos zapatos nuevos. Voy a estar allí toda la tarde.

Fernanda: ¡Ay chicas, qué aburridas! ¿Por qué no buscan **en la Red**? **Venden** de todo y así pueden comprar desde la casa. **Hace una semana**, mi mamá compró un televisor en la Red. **Ayer** yo compré un anillo. Y **anoche** compré unos zapatos.

Angélica: ¡Buena idea! Voy a hablar con mi mamá.

Lucía: ¡Uf, no! Yo prefiero ir a la tienda.

el almacén

la tienda de descuentos

3

¿Dónde lo compras?

 ESCRIBIR Contesta las preguntas sobre la tienda donde vas a comprar cada una de estas cosas.

1. ¿Dónde compras zapatos?

2. ¿Adónde vas para comprar un libro?

3. ¿Dónde compras un lavaplatos?

4. ¿Adónde vas a comprar algo barato?

Videohistoria

En el Rastro

Before You Watch

Using visuals Have you ever been to a flea market? El *Rastro* in Madrid is an outdoor flea market open on Sundays. Look at the photos to get an idea of the market size and items for sale.

Complete the Activity

¿Qué hay en el Rastro? Mira las fotos. ¿Cómo es el Rastro? ¿Qué puedes comprar allí?

▶ Watch the Video

¿Qué hace Armando cuando llama a Teo? ¿Por qué quiere ayuda?

Go to **PearsonSchool.com/Autentico** to watch the video *En el Rastro* and to view the script.

Mateo

After You Watch

 ¿COMPRENDES? Contesta las preguntas.

1. ¿Por qué Armando llama a Teo por teléfono?
2. ¿Está Armando mucho tiempo o poco tiempo en el Rastro?
3. ¿A Teo le gusta el collar? ¿Por qué?
4. ¿Son baratas todas las cosas en el Rastro?
5. ¿Qué dos cosas en el mercado Armando muestra *(shows)* a Teo?
6. Los dos hablan de un buen regalo para su mamá. ¿Qué es?

Comparación cultural ¿Dónde puedes ir a comprar cosas usadas o viejas en tu comunidad? Compara el lugar *(place)* con el Rastro.

OBJECTIVES
- ▶ Listen to comments about stores and talk about where you shop
- ▶ Write about and discuss stores, gifts, and shopping trips
- ▶ Read and analyze an ad for a jewelry store
- ▶ Exchange information about shopping malls and gifts

4

Escucha y escribe

ESCUCHAR, ESCRIBIR

1 Vas a escuchar lo que unos jóvenes dicen de algunas tiendas. En una hoja de papel escribe los números del 1 al 6. Escribe lo que escuchas.

2 Escribe frases para describir lo que crees que van a comprar los jóvenes en cada tienda.

Modelo
Creo que él (ella) va a comprar . . .

5

En tu comunidad

ESCRIBIR, HABLAR EN PAREJA

1 Para cada tienda de la lista, piensa en una que está en tu comunidad. Escribe una frase para describir dos o más cosas que venden allí.

Modelo
una tienda de ropa
En la tienda de ropa Moda, venden camisas, pantalones y corbatas.

2 Trabaja con otro(a) estudiante. Lee lo que venden en cada tienda sin decir qué tipo de tienda es. Tu compañero(a) debe identificar qué tipo de tienda es.

1. una librería
2. una tienda de descuentos
3. una tienda de electrodomésticos
4. una joyería
5. un almacén
6. una zapatería

Videomodelo
A —*Venden camisas, pantalones y corbatas allí.*
B —*¿Es una tienda de ropa?*

Los centros comerciales y los grandes almacenes son populares en los países hispanos, pero muchas personas compran en tiendas tradicionales. Estas tiendas son de familias y la lealtad[1] de los clientes es muy importante.

- ¿Por qué crees que muchas personas van a las tiendas pequeñas si los centros comerciales y grandes almacenes también son muy populares? ¿Dónde prefieres comprar? ¿Por qué?

 Mapa global interactivo Visita unas tiendas en San Luis Potosí, México y compara estas tiendas a las de tu comunidad.

¿Qué venden en esta sombrería de Barcelona, España?

[1]loyalty

6

¿Dónde está el almacén La Galería?

🎤 **DIBUJAR, ESCRIBIR, HABLAR EN PAREJA** Haz preguntas sobre la vida de cada día. Pregunta a otro(a) estudiante dónde están las tiendas en un centro comercial.

1 Haz un dibujo de un centro comercial. En el dibujo incluye (include):

una zapatería	una tienda de regalos
un almacén	una tienda de ropa
un restaurante	una tienda de
una librería	electrodomésticos
una tienda de descuentos	**¡Respuesta personal!**

2 Inventa un nombre para cada tienda y el restaurante. Escribe los nombres en tu dibujo.

3 Muestra (Show) tu dibujo a otro(a) estudiante Haz seis preguntas sobre el centro comercial. Tu compañero(a) debe contestar.

▶ **Videomodelo**

A —¿*Dónde está **el restaurante La Mariposa**?*

B —*Está **detrás de la zapatería y la librería**.*

A —¿*Por qué quieres ir allí?*

B —***Quiero comer con mi amigo***.

> ### ¿Recuerdas?
> To tell the location of something, use *está . . .* :
>
> | | |
> |---|---|
> | **a la derecha de** | **delante de** |
> | **a la izquierda de** | **detrás de** |
> | **al lado de** | **lejos de** |
> | **cerca de** | |
>
> ### Para decir más...
> **entre** = between
> **enfrente de** = across from

> vas / voy a . . .
> quieres / quiero . . .
> necesitas / necesito . . .
> te / me gustaría . . .
> piensas / pienso . . .
> comer . . .
> buscar . . .
> comprar . . .
> mirar . . .
> piensas / pienso . . .

7

Un buen regalo

🎤 **HABLAR EN PAREJA** Habla con otro(a) estudiante para intercambiar (exchange) opiniones sobre los buenos regalos para diferentes personas.

Videomodelo

un señor que trabaja en una oficina

A —¿*Cuál es un buen* regalo para **un señor que trabaja en una oficina**?*

B —*Creo que **una corbata** es el mejor regalo para él.*

A —¿*Sabes dónde venden **corbatas**?*

B —*Por supuesto. En **la tienda de ropa**.*

Estudiante A

1. un(a) joven que no es puntual
2. un(a) joven que trabaja en un almacén
3. tu hermano(a) mayor (menor)
4. tu mejor amigo(a)
5. tu novio(a)
6. tu abuelo(a)

Estudiante B

¡Respuesta personal!

*Buen is used in front of a masculine singular noun.

8

¡Qué barato! ¡Qué caro!

 HABLAR EN PAREJA El fin de semana pasado compraste muchas cosas. Ahora un(a) amigo(a) quiere saber dónde compraste todas las cosas y cuánto pagaste.

Estudiante A

1 2 3
4 5 6

Videomodelo

A —¿Dónde compraste tu **suéter** nuevo?
B —Lo compré en **la tienda de ropa**.
A —¿Cuánto pagaste?
B —Pagué **25** dólares.
A —¡Qué barato!
o: —¡Uf! ¡Qué caro!

Estudiante B

¡Respuesta personal!

9

Vamos a la joyería

 LEER, ESCRIBIR, HABLAR EN PAREJA Lee el anuncio de una joyería en Tegucigalpa, Honduras, y luego contesta las preguntas.

1. ¿Qué venden en la tienda?

2. Según el anuncio, ¿las cosas que venden en la tienda cuestan mucho o poco?

3. Además de (In addition to) vender, ¿qué otros servicios hay en la joyería?

4. Pregunta a dos personas diferentes:
   • ¿Qué te gustaría comprar en una joyería?
   • ¿Qué joyas tienes?

Strategy

Using cognates and context clues Try to figure out the meanings of unknown words by looking for cognates or by seeing how other words are used in the sentence.

• Can you guess the meanings of *bajos, diamantes, piedras preciosas, baterías,* and *arreglos* in this ad?

Joyería Hermanos Silva ¡Precios bajos todos los días!

Vendemos relojes variados y todo tipo de joyas para toda ocasión

• Anillos y collares de diamantes y otras piedras preciosas
• Baterías de reloj, incluyendo instalación
• Hacemos reparaciones y joyas nuevas de su oro* viejo
• Reparación de cadenas y arreglos de pulseras

MENCIONE ESTE ANUNCIO Y RECIBA UN DESCUENTO DEL 10%

Abierto de lunes a sábado de 10:00 hs. a 18:00 hs.

*gold

Exploración del lenguaje ‹ Nouns that end in -ería

The Spanish word ending, or suffix, -ería usually indicates a place where something is sold, made, or repaired. This suffix is added to a form of the word that names the specialty item. For example, if you know that *una joya* is a piece of jewelry, you understand that you can buy jewelry at *la joyería*.

Try it out! You will often see these signs over stores. Tell what each one sells.

Modelo
joyería
En la joyería venden joyas como anillos, pulseras y collares.

heladería   librería   pastelería   papelería   panadería   zapatería

Venden flores para todas las ocasiones en esta florería en España.

Esta joyería vende pulseras, anillos y collares.

Muchos españoles compran su pan cada día en una panadería.

Muchos mexicanos compran tortillas frescas en una tortillería cerca de su casa.

10

Y tú, ¿qué dices?

ESCRIBIR, HABLAR   Haz preguntas a tu compañero(a) sobre las compras que hace.

1. ¿A qué tiendas vas de compras? ¿Qué te gusta comprar?

2. ¿Para quiénes compras regalos? ¿Qué tipo de regalos compras?

3. ¿Qué regalo compraste recientemente? ¿Cuándo y dónde compraste el regalo? ¿Pagaste mucho o poco dinero?

Gramática

> **OBJECTIVES**
> ▶ Listen to a description of family activities
> ▶ Write and talk about what you and others did
> ▶ Interview a classmate about activities last week

The preterite of -ar verbs

To talk about actions that were completed in the past, you use the preterite tense. To form the preterite tense of a regular -ar verb, add the preterite endings to the stem of the verb. Here are the preterite forms of *comprar*:

(yo)	compr**é**	(nosotros) (nosotras)	compr**amos**
(tú)	compr**aste**	(vosotros) (vosotras)	compr**asteis**
Ud. (él) (ella)	compr**ó**	Uds. (ellos) (ellas)	compr**aron**

¿Recuerdas?
In Spanish, the endings of verbs identify both who is performing the action (the subject) and when it is being performed (the tense).

Notice the accent marks on the endings -é and -ó.

The *nosotros* form is the same in the present and preterite tenses. You will need to look for other context clues to tell which tense is intended.

Más recursos ONLINE

▶ *GramActiva* Video

▶ **Tutorials:** Past tense, Tense, *Hacer* in time expressions, Preterite

◀)) *Canción de hip hop:* ¿Qué compraste ayer?

✎ *GramActiva* Activity

11

¿El presente o el pasado?

ESCUCHAR En una hoja de papel escribe los números del 1 al 8. Vas a escuchar ocho frases que describen los quehaceres de una familia. ¿Ocurren los quehaceres en el presente o el pasado *(past)*? Escribe *presente* o *pasado*.

12

El dinero es un buen regalo

ESCRIBIR, HABLAR Tus abuelos les regalaron *(gave)* a todos dinero y cada uno compró algo. Explica lo que compraron todos y cuándo compraron las cosas.

Modelo
Mi hermano _____ hace una semana.
Mi hermano **compró un reloj pulsera** *hace una semana.*

1. Mi madre _____ ayer.

4. Tú _____ hace tres días.

2. Mis primos _____ anoche.

5. Mis tíos _____ hace un mes.

3. Mi papá _____ el año pasado.

6. Mi hermana y yo _____ ayer.

Juego

HABLAR EN GRUPO, GRAMACTIVA

1 Tu profesor(a) va a enseñar a todos cómo deben señalar *(point to)* a diferentes personas *ella, nosotros, tú, ellos,* etc. Practica con tu profesor(a).

2 Trabaja en un grupo de cuatro. Una persona es líder y dice un infinitivo de la lista y un sujeto *(subject)*. Por ejemplo: *cantar/ella.* Los otros tienen que señalar a la persona, o a las personas, y decir el verbo en el pretérito: *ella cantó.* Continúa así con tres sujetos más y el mismo verbo. Después, cambia de *(change)* líderes.

¿Recuerdas?

arreglar	escuchar	montar
bailar	esquiar	nadar
caminar	estudiar	pasar
cantar	hablar	patinar
cocinar	lavar	trabajar
cortar	levantar	usar
dibujar	limpiar	

14

Hace una semana

ESCRIBIR, HABLAR EN PAREJA   Usa el pretérito para escribir y hablar de tus actividades.

1 Copia la tabla en una hoja de papel. Usa los verbos de la lista de la Actividad 13 para escribir seis actividades que hiciste *(you did)* en el pasado. Indica cuándo hiciste cada actividad.

Nota

To say when something happened, use *hace* + a time expression. It's like saying "ago."

• Compré la pulsera **hace un año.**
  *I bought the bracelet **a year ago.***

¿Qué?	¿Cuándo?
patiné	*la semana pasada*

2 Usa la información de la tabla para escribir frases sobre tus actividades. Incluye información para contestar *¿dónde?* y *¿con quién?* Después, lee tus frases a otro(a) estudiante y pregunta: *¿Y tú?* Tu compañero(a) debe contestar. Escribe la respuesta de tu compañero(a).

3 Escribe tres frases con la información del paso 2.

Modelo
Patiné en el parque con mis amigos la semana pasada, pero Luisa montó en monopatín con su hermana.

Videomodelo
A —*Patiné en el parque con mis amigos la semana pasada. ¿Y tú?*

B —*Monté en monopatín con mi hermana la semana pasada.*

Gramática

OBJECTIVES
▶ Write and talk about what you and others did
▶ Discuss gifts you bought
▶ Read a timeline to write and talk about historical events

The preterite of verbs ending in *-car* and *-gar*

Verbs that end in *-car* and *-gar* have a spelling change in the *yo* form of the preterite.

buscar: c → qu   yo bus**qué**

Silvia y Rosa bus**caron** aretes pero yo bus**qué** un collar.

pagar: g → gu   yo pa**gué**

¿Cuánto pa**gaste** por tu cadena? Pa**gué** 13 dólares.

Verbs such as *jugar* that have a stem change in the present tense do not have a stem change in the preterite.

El sábado pasado **jugué** al tenis.
Mis hermanos **jugaron** al básquetbol.

¿Recuerdas?
You know these verbs that end in *-car* and *-gar*:

buscar	**practicar**
jugar	**sacar**
pagar	**tocar**

Más recursos ONLINE

▶ *GramActiva* Video
▶ Tutorial: Preterite
✎ *GramActiva* Activity

15

El viernes pasado

ESCRIBIR, LEER El viernes pasado Juan invitó a unos amigos a su casa. Completa la descripción de sus actividades con la forma apropiada del pretérito de los verbos *jugar, pagar, sacar* y *tocar*.

El viernes pasado mis amigos pasaron tiempo conmigo en mi casa. Tomás y Fernando __1.__ videojuegos en mi dormitorio pero yo no __2.__ con ellos. Yo __3.__ la guitarra en la sala y todos cantamos. Jorge __4.__ el piano un poco también. Después de cantar, nosotros __5.__ al vóleibol. Mi amiga Ana __6.__ fotos de nosotros. ¡Qué graciosas son las fotos! A las nueve fuimos por pizza y ¡mis padres __7.__ la cuenta! ¡Qué bueno porque nunca tengo mucho dinero! Yo __8.__ fotos de todos mis amigos en la pizzería. ¡Qué bien lo pasamos nosotros!

CULTURA Colombia

El Museo del Oro en Bogotá, Colombia, tiene más de 33,000 objetos de oro[1] y piedras preciosas[2] de las culturas pre-colombinas[3]: las culturas que había[4] antes de llegar Colón a las Américas. Estas civilizaciones antiguas pensaban[5] que el oro da la energía del Sol.

• ¿Qué museos visitas en tu comunidad o en otros lugares? ¿Qué aprendes de los objetos que hay allí?

El Museo del Oro en Bogotá, Colombia

---

[1]gold [2]precious stones [3]pre-Columbian [4]were [5]thought

Pronunciación ⟨ The letter combinations *gue, gui, que,* and *qui*

You know that when the letter *g* appears before the letters *a, o,* or *u,* it is pronounced like the *g* in "go," and that *g* before *e* and *i* is pronounced like the *h* in "he."

To keep the sound of the *g* in "go" before *e* and *i,* add the letter *u*: *gue, gui.* Don't pronounce the *u*. Listen to and say these words:

Guillermo   guitarra   espaguetis

guisantes   hamburguesa   Miguel

You also know that the letter *c* before *a, o,* or *u* is pronounced like the *c* in "cat," while the *c* before *e* and *i* is usually pronounced like the *s* in "Sally."

To keep the sound of the *c* in "cat" before *e* and *i,* words are spelled with *qu: que, qui.* The *u* is not pronounced. Listen to and say these words:

queso   quehacer   quince

quinientos   quieres   quisiera

riquísimo   querer

Try it out! Listen to the first verse of this traditional song from Puerto Rico entitled *"El coquí." El coquí* is a little tree frog found in Puerto Rico, named for the *coquí* sound it makes at night.

El coquí, el coquí siempre canta.
Es muy suave el cantar del coquí.
Por las noches a veces me duermo
con el dulce cantar del coquí.
Coquí, coquí, coquí, quí, quí, quí,
coquí, coquí, coquí, quí, quí, quí.

Cultura "El coquí" is sung as a lullaby in Puerto Rico. Identify words in the lyrics that suggest this cultural practice.

16

Juego

ESCRIBIR, ESCUCHAR, HABLAR EN GRUPO, GRAMACTIVA

1 Escribe en una hoja de papel una o dos frases para indicar qué regalo compraste, para quién es, dónde lo compraste y cuánto pagaste.

Modelo
Compré un collar para mi novia en la Red. Pagué 45 dólares.

2 Trabaja con un grupo de cuatro. Pon tu hoja de papel en una bolsa *(bag)* con las otras hojas del grupo. Cada uno toma una hoja, que debe ser de otro(a) estudiante del grupo. Cambia una parte de la frase y lee la nueva frase al grupo. ¿Quién puede identificar el cambio?

Videomodelo
A —*Esta persona compró un collar **para su madre** en la Red. Pagó 45 dólares.*
B —*No es cierto. Compré un collar **para mi novia.***

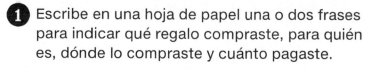

Una lección de historia

 LEER, ESCRIBIR, HABLAR Estudia la línea cronológica *(timeline)*, los eventos y el mapa. Luego usa el pretérito para emparejar estos eventos históricos con las personas en la línea cronológica.

Nota

Here is how you say dates:
- 1500 mil quinientos
- 1898 mil ochocientos noventa y ocho
- 2005 dos mil cinco

Modelo

1 —*En 1492, Cristóbal Colón llegó (arrived) a la República Dominicana.*

Conexiones ‹ **La historia**

Los eventos

a. fundar la misión de San Diego de Alcalá
b. pagar 15 millones de dólares a México según el Tratado de Guadalupe Hidalgo
c. empezar la construcción del canal de Panamá
d. explorar la Florida
e. ayudar a Cuba y Puerto Rico a declarar su independencia de España
f. buscar las siete ciudades de Cíbola en el suroeste de los Estados Unidos
g. llegar a la República Dominicana

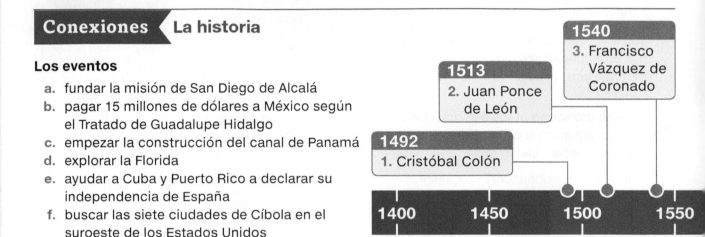

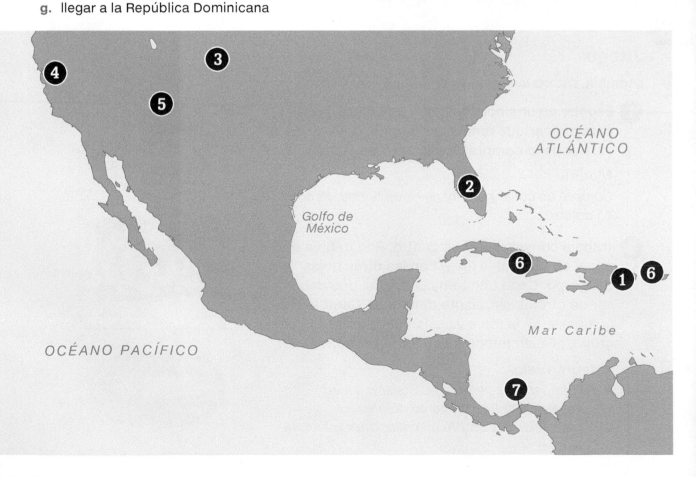

La misión de San Diego de Alcalá, en California, fue fundada en 1769.

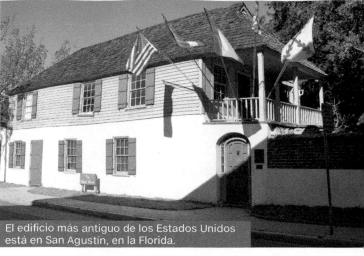

El edificio más antiguo de los Estados Unidos está en San Agustín, en la Florida.

1848
5. El presidente James K. Polk y los Estados Unidos

| 1600 | 1650 | 1700 | 1750 | 1800 | 1850 | 1900 | 1950 |

1769
4. Fray Junípero Serra

1898
6. El presidente William McKinley y los Estados Unidos

1904
7. El presidente Theodore Roosevelt y los Estados Unidos

18

Y tú, ¿qué dices?

ESCRIBIR, HABLAR

1. ¿Qué deportes practicaste el año pasado?

2. ¿Jugaste algún partido de tenis o de fútbol el mes pasado? ¿Cómo jugaste?

3. ¿Tocaste un instrumento musical ayer? ¿Cuál? Si no, ¿te gustaría saber tocar algún instrumento? ¿Cuál?

4. ¿Sacaste fotos durante tus vacaciones? Si no, ¿quién las sacó? ¿De qué?

5. Para el cumpleaños de tu mejor amigo(a), ¿qué compraste? ¿Cuánto pagaste?

Gramática

OBJECTIVES
▶ Write and talk about what people bought, where, and when
▶ Exchange information to guess who has different items
▶ Role-play conversations about shopping

Direct object pronouns

A direct object tells who or what receives the action of the verb.

>Busco **una cadena.**

>Compré **unos guantes.**

To avoid repeating a direct object noun, you can replace it with a direct object pronoun.

>¿Dónde compraste **tus aretes?**
>*Where did you buy your earrings?*

>**Los** compré en la joyería Sánchez.
>*I bought them at Sánchez Jewelry.*

Direct object pronouns agree in gender and number with the nouns they replace.

>¿Tienes **mi pulsera?**
>No, no **la** tengo.
>¿Tienes **mis anillos?**
>No, no **los** tengo.

A direct object noun *follows* the conjugated verb. A direct object pronoun comes *before* the conjugated verb.

When an infinitive follows a conjugated verb, the direct object pronoun can either be placed before the conjugated verb or be attached to the infinitive.

>¿Quieres comprar **el llavero?**

>Sí, **lo** quiero comprar.

>o: Sí, quiero comprar**lo.**

	singular		plural	
M.	lo	*it*	los	*them*
F.	la	*it*	las	*them*

Más recursos ONLINE

▶ *GramActiva* Video

▶ **Tutorial:** Direct object pronouns

✎ *GramActiva* Activity

19

¡No compraron nada!

✎ **ESCRIBIR** Ayer muchas personas fueron *(went)* al centro comercial y miraron muchas cosas pero ¡no compraron nada! Escribe lo que no compraron.

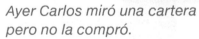

Modelo
Carlos
Ayer Carlos miró una cartera pero no la compró.

1. Juanita

4. nosotros

2. los novios

5. el señor Miró

3. tú

6. yo

También se dice . . .
el anillo = la sortija *(muchos países)*
los aretes = los pendientes *(España)*; los aros *(Argentina, Uruguay)*
la pulsera = el brazalete *(muchos países)*
el bolso = la cartera *(Argentina, Bolivia)*; la bolsa *(Chile, México)*
los anteojos de sol = las gafas de sol *(Argentina, España)*
la cartera = la billetera *(Argentina, Uruguay, Bolivia)*

20

¿Quién compró qué?

LEER, ESCRIBIR ¿Te gusta ser detective? ¡Vamos a ver si puedes descubrir lo que compraron las personas, dónde compraron las cosas y cuánto costó cada cosa!

1 Lee las pistas *(clues)*. Luego copia la tabla en una hoja de papel y completa la tabla.

Las pistas

1. José gastó *(spent)* $35 en la joyería.
2. El software costó $45.
3. Paco no compró la novela.
4. Isabel fue *(went)* de compras a la tienda de electrodomésticos.
5. Luisa gastó $20 en la librería.
6. Los guantes costaron $25.
7. Paco fue de compras al almacén, pero no compró el collar.

Nombre	¿Qué compró?	¿Dónde lo compró?	¿Cuánto costó?

2 Usa la información de la tabla y escribe tus frases completas.

Modelo
José compró . . . . Los (Las/Lo/La) compró en . . . . Costaron (Costó) . . . .

21

¡Demasiadas preguntas!

HABLAR EN PAREJA, ESCRIBIR

1 Tu hermanito te hace muchas preguntas. Trabaja con otro(a) estudiante y contesta todas sus preguntas con mucha paciencia.

1. ¿Vas a comprar perritos calientes?
2. ¿Quieres leer este libro?
3. ¿Tienes que hacer la tarea?
4. ¿Quieres jugar videojuegos conmigo?
5. ¿Puedo comer este pastel?
6. ¿Debo hacer mi cama?

 Videomodelo

A —*¿Necesito llevar mis botas en el invierno?*
B —*Sí, necesitas llevarlas.*
o:—*No, no necesitas llevarlas.*

2 Trabaja con otro(a) estudiante y usa el modelo de arriba para enviarle mensajes de texto. Pide consejo *(advice)* sobre lo que debes y no debes hacer. Usa expresiones apropiadas como ¡Claro que sí! o ¡Claro que no! si estás de acuerdo, o no, con el consejo.

¿Cuándo los compró?

ESCRIBIR, HABLAR EN PAREJA

1 Escribe cuatro frases para indicar lo que compró una persona y cuándo lo compró.

Modelo
Mi padre compró unos guantes la semana pasada.

2 Lee tus frases a otro(a) estudiante sin decir cuándo la persona compró el artículo. Tu compañero(a) va a preguntar cuándo lo compró.

Videomodelo
A —*Mi padre compró unos guantes.*
B —*¿Cuándo los compró?*
A —*Los compró la semana pasada.*

Juego

HABLAR EN GRUPO, GRAMACTIVA Play this game in groups of five.

1 Each student in a group of five puts an object in the center of the group. The objects must be items for which you have learned the name in Spanish. One student turns around while another hides one of the objects.

2 The student who turned around now guesses who has the object. Correct first guesses are worth five points; correct second guesses are worth three. If the second guess is wrong, the student who has the object must say that he or she has it. All take turns being the "guesser."

Videomodelo
A —*Marta, ¿tienes el llavero?*
B —*No, no lo tengo.*
A —*Carlos, ¿tienes el llavero?*
C —*No, no lo tengo.*
A —*¿Quién tiene el llavero?*
D —*¡Yo lo tengo!*

CULTURA México

Los zapotecas y otros grupos indígenas del estado mexicano de Oaxaca tienen sus propias lenguas y culturas. Se juntan[1] cada julio para celebrar *Guelaguetza*, una palabra zapoteca que significa "regalo". El primer *Guelaguetza* se celebró hace más[2] de 3,000 años con música, baile y comida. Hoy las festividades duran[3] dos semanas y celebran bailes regionales, música, trajes[4] y comida.

Pre-AP® Integration: Las tradiciones y los valores ¿Qué celebración es similar en tu cultura? ¿Por qué?

Mapa global interactivo Explora el estado de Oaxaca, México y describe la geografía y el lugar del festival.

---
[1]get together [2]more than…ago [3]last [4]costumes

La fiesta de la Guelaguetza en Oaxaca, México

Pero mamá, necesito . . .

HABLAR EN PAREJA   Quieres ir de compras, pero primero debes hablar con tu madre o padre. Explica lo que necesitas y ¡pide *(ask for)* dinero! Tu madre o padre va a explicar por qué no necesitas comprar nada. Tu profesor(a) te dará el papel *(will assign the role)* que vas a hacer.

1 **Hijo(a):** Piensa en lo que quieres comprar y cómo vas a convencer *(convince)* a tu padre o madre.

Padre (Madre): Tienes que decir a tu hijo(a) que no necesita lo que pide. Piensa en razones *(reasons)* para convencerle de esto.

2 Practica el drama con otro(a) estudiante.

3 Presenta el drama a tus compañeros. Ellos van a decidir quién tiene las mejores razones: los padres o los hijos.

CULTURA ⟨ **España**

El Rastro de Madrid es quizá el mercado de pulgas[1] más grande del mundo. Está en una de las partes más viejas de la ciudad[2] y llegan miles de visitantes los domingos. Los vendedores ponen sus puestos[3] en la calle y ofrecen desde jeans a pinturas. Los cazadores de gangas[4] y los coleccionistas de antigüedades buscan los mejores precios.

- ¿Vas a mercados de tu comunidad o estado? ¿Qué tipo de cosas hay? ¿Cómo crees que son diferentes de las cosas que hay en El Rastro de Madrid?

🌐 **Mapa global interactivo** Explora El Rastro en Madrid, España y analiza las conexiones entre el mercado y la ciudad.

_____
[1]flea market [2]city [3]stalls [4]bargain hunters

El Rastro, en Madrid, España ▶

El español en el mundo del trabajo

Large stores and mail-order companies employ buyers who search the world over for goods to offer their customers. Buyers often need to rely on their language skills when looking for products in places where English may not be spoken, and when negotiating prices.

- What stores in your community might employ buyers who travel the world (or the Internet) in search of products from Spanish-speaking countries?

Lectura

OBJECTIVES
▶ Read about shopping in four Hispanic communities in the United States
▶ Use prior experience to understand what you read
▶ Consider the relationship between handicrafts and artwork

Strategy
Using prior experience Think about a trip that you took to another city. Did you go shopping? What items did you find that were unique to that city?

¡De compras!

Lee este artículo de una revista. A Luisa le encanta ir de compras. ¿Qué puede comprar en cada ciudad?

De compras con Luisa, la compradora

¡Me encanta ir de compras! Hay muchos lugares donde me gusta ir de compras en los vecindarios¹ hispanos. Siempre es una experiencia divertida. Hay cosas que uno puede comprar que son muy baratas y que no hay en otros lugares. Voy a hablar de mis aventuras por las comunidades hispanas de Nueva York, Miami, Los Ángeles y San Antonio.

Tienda en la Pequeña Habana, Miami

En el Barrio de Nueva York, en la calle² 116, venden ropa, comida típica del Caribe, discos compactos, libros y mucho más. Allí compré una camiseta con la bandera de Puerto Rico. En junio siempre hay una celebración grande que se llama el Festival de la calle 116. ¡Me encanta Nueva York!

La calle 116, en Nueva York

La Pequeña Habana y la calle Ocho son el corazón³ de la comunidad cubana en Miami. Hay bodegas⁴ que venden productos típicos cubanos: frijoles⁵ negros y frutas tropicales como el maguey y la papaya. Allí compré pasta de guayaba, un dulce delicioso que los cubanos comen con queso blanco. ¡Qué rico!

Pasta de guayaba

¹neighborhoods ²street ³heart ⁴grocery stores ⁵beans

Go **Online** to practice

PEARSON
realize™

PearsonSchool.com/Autentico

WRITING

MAPA GLOBAL

La calle Olvera es la calle más antigua[6] de la ciudad de Los Ángeles y allí uno puede ver la cultura mexicana. Hay muchos restaurantes y muchos lugares para comprar artesanías.[7] Me encanta ir de compras en las joyerías porque las joyas me fascinan. En las joyerías de la calle Olvera, venden joyas de plata:[8] aretes, collares, anillos y mucho más. En una joyería de allí compré una pulsera muy bonita a un precio muy bajo.

La calle Olvera, Los Ángeles

¡Ahora vamos a hablar de San Antonio! ¡Qué compras! En esta ciudad bonita de Texas, hay tiendas de artesanías mexicanas que son fabulosas. Mis favoritas están en el Mercado o como dicen en inglés, *Market Square.* Allí compré una piñata para mi hermano, una blusa bordada[9] para mi madre, una cartera para mi padre y un sarape[10] para decorar mi dormitorio...¡y no pagué mucho!

El Mercado en San Antonio, Texas

[6]oldest [7]handicrafts [8]silver [9]embroidered [10]shawl; blanket

 ¿Comprendes?

1. De los cuatro lugares en *¡De compras!,*¿adónde debe ir cada persona? Fíjate en las palabras clave del texto.

    Ana: Me gustaría comprar algo de Puerto Rico.

    Lorenzo: A mí me fascinan las artesanías mexicanas.

    Miguel: ¿Mi almuerzo favorito? El sándwich cubano.

2. ¿Qué compró Luisa en cada lugar?

Mapa global interactivo Visita zonas de compras en Nueva York, Miami, Los Ángeles y San Antonio.

CULTURA **El mundo hispano**

Las artesanías[1] de Puerto Rico, México y otros países hispanos son muy populares entre los turistas que buscan regalos. Estas artesanías tienen la calidad[2] del arte de un museo. En el Mexican Fine Arts Center Museum del barrio de Pilsen en Chicago, los visitantes pueden ver colecciones permanentes de pinturas, tejidos[3], esculturas, cerámica y joyería de plata[4] de todo México. La tienda del museo vende otros tipos de artículos hechos a mano[5] también.

Pre-AP® Integration: Definiciones de la creatividad ¿Crees que las artesanías hechas a mano deben estar en museos con el arte? ¿Por qué?

Una pintura en el Mexican Fine Arts Center en Chicago, Illinois

[1]crafts [2]quality [3]weavings [4]silver jewelry [5]handmade

Perspectivas del mundo hispano

¿Por qué vas al centro comercial?

Why do people go to the mall? Note the differences between consumers in Chile and the United States.

In the United States many people go to the mall to see what merchandise is available and to spend time. In Chile, many people go to the mall because they want to make a specific purchase. They decide where to go according to the merchandise they need to buy.

For many in the United States, going to the mall is more than going shopping. The mall offers an opportunity to eat and to spend time with friends. For 50% of United States consumers the atmosphere of a mall is very important. Only 13% of Chilean consumers think that atmosphere is important.

Although their motivation for going to the mall is different, 80% of both Chilean and United States consumers make a purchase once they are in the stores.

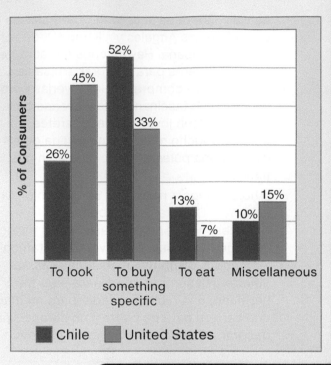

Online Cultural Reading

Go to Auténtico ONLINE to read and understand an online shopping site in Peru.

Investigar Interview at least three people your age and at least three adults that you know and find out what their main reasons for going to a mall are, how they decide which mall to go to, and if they usually make a purchase while at the mall. Compare what you find out with the results above for shoppers in the United States and Chile and write a brief summary for your friends and adults you interview. Follow the model.

Modelo

Según los resultados de mi encuesta (survey):
*Dos de mis amigos (o dos adultos) **van al centro comercial** para **ver ropa**.*
Van al centro comercial (nombre) porque les gustan las tiendas.
*Ellos siempre **compran comida** y a veces **compran ropa** cuando van al centro comercial.*

Comparación cultural Why might shoppers in the United States consider the mall atmosphere an important factor in their decision about where to shop? Given what you have read about the reasons Chileans go shopping, what do you think a store clerk in a mall in Chile might expect you to do if you entered his or her store? How might a Chilean exchange student feel if he or she went to the mall with you and your friends?

En el centro comercial Galerías Pacífico, e Buenos Aires, Argentina

Presentación escrita

OBJECTIVES
▶ Write a letter about a gift for a relative
▶ Decide on a format and organize information before writing

Go Online to practice
PEARSON
realize™

PearsonSchool.com/Autentico

WRITING

Strategy

Organizing information Before writing a message, decide on the appropriate style and greetings and closings expressions in Spanish based on who you are communicaitng with. Also decide if you should use *tú* or usted.

Un regalo para mi . . .

TASK You recently bought a gift for a family member. Write a letter to a relative about the gift so that he or she will not buy the same item.

1 Prewrite A family member is celebrating a birthday. Think about the gift you bought. Answer the questions to organize your thoughts.

- ¿Para quién es el regalo?
- ¿Qué compraste y por qué?
- ¿Dónde lo compraste? ¿Cuánto pagaste?
- ¿Cuándo es la fiesta de cumpleaños?

2 Draft Use your Prewrite answers to write a first draft. Begin your letter with expressions such as *Querido(a)... or Hola...,* and close it with *Tu primo(a)...* or *Saludos,* or *Hasta pronto.*

3 Revise Read the letter and check spelling, vocabulary choice, verb forms, and agreement. Share the letter with your partner, who will check the following:

- Is the letter easy to read and understand?
- Does it provide all the necessary information?
- Did you use appropriate letter style, expressions and format?
- Are there any errors?

4 Publish Rewrite the letter, making any necessary changes or additions. Share your letter with your teacher. Send your letter to a classmate who can answer as if they are your relative.

5 Evaluation The following rubric will be used to grade your letter.

Querido Mauricio:
Compré un reloj pulsera para la abuelita. Lo compré en el almacén Génova que está en el centro comercial Plaza del Río. No pagué mucho por él. Creo que a la abuelita le va a gustar. Voy a ver a toda la familia el dos de octubre para la fiesta de cumpleaños de la abuelita.
Tu primo,
Luis

Rubric	Score 1	Score 3	Score 5
How easily the letter is understood	Only a little of what you have written is comprehensible to others.	Most of what you have written is comprehensible.	All of what you have written is comprehensible to others.
Amount of information provided	You only give information about the gift and where it was purchased.	You give information about the gift, where you bought it, and why.	You provide all gift information and information about the party.
Appropriate greeting and closing are used	You use only a greeting or closing.	You use both a greeting and closing, but there are errors.	You use both a greeting and closing accurately.
Accurate use of the preterite	You use many incorrect verb forms.	You use incorrect verb forms.	You use very few incorrect verb forms.

Auténtico

Partnered with EFE:

Madrid de compras

Antes de ver

Usa la estrategia: Use Visual Clues to Infer Meaning

As you watch the video, watch the images that appear on the screen. What is the focus on each shot? Think about how the images can help you identify key ideas and infer meaning from the video.

Read the Key Vocabulary

el ocio = free time

la moda = fashion

las tendencias = the trends

escaparates = store windows

diseñadores = designers

 **Ve el video**

Madrid is a fashion capital, and in this video we visit the stores of some well-known designers located in a mall where runway fashion hits the streets.

Go to **PearsonSchool.com/Autentico** and watch the video *Madrid de compras* to learn more about fashion in Madrid.

Completa las actividades

Mientras lees Marca el vocabulario que ves en las imágenes. Vas a ver tres tiendas. Indica la(s) tienda(s) en el video que vende cada producto.

el anillo	**los aretes**
el bolso	**la cadena**
la cartera	**el collar**
la corbata	**los guantes**
el llavero	**el perfume**
el reloj pulsera	
los anteojos de sol	

PROBADORES

Integración

Después de ver Mira el video otra vez para contestar estas preguntas.

1. ¿Quién es uno de los diseñadores más importantes de España? ¿De dónde viene su apellido?

2. ¿Cuál es una de las tiendas 'del momento'?

3. La mujer dice que van a terminar en una tienda dedicada al *mundo de cacao*. Usa las imágenes para identificar qué tipo de tienda es. ¿Qué productos venden?

 For more activities, go to the *Authentic Resources Workbook*.

De compras

Expansión Busca otros recursos en *Auténtico* en línea. Después, contesta las preguntas.

 7B Auténtico

Integración de ideas Los recursos auténticos de este capítulo informan sobre las tiendas y los centros comerciales en el mundo hispanohablante. Usa información de los recursos auténticos y decide cuál es el mejor lugar y cuál es el peor lugar para comprar un regalo. Explica tu decisión.

Comparación cultural Compara la moda de ropa de tu comunidad con la ropa en países hispanohablantes. ¿Hay diferencias?

Repaso del capítulo

OBJECTIVES
▶ Review the vocabulary and grammar
▶ Demonstrate you can perform the tasks on p. 371

🔊 Vocabulario

to talk about places where you shop

el almacén	department store
pl. los almacenes	
en la Red	online
la joyería	jewelry store
la librería	bookstore
la tienda de descuentos	discount store
la tienda de electrodomésticos	household appliance store
la zapatería	shoe store

to talk about gifts you might buy

el anillo	ring
los anteojos de sol	sunglasses
los aretes	earrings
el bolso	purse
la cadena	chain
la cartera	wallet
el collar	necklace
la corbata	tie
los guantes	gloves
el llavero	key chain
el perfume	perfume
la pulsera	bracelet
el reloj pulsera	watch
el software	software

to talk about who might receive a gift

el novio	boyfriend
la novia	girlfriend

to talk about buying or selling

barato, -a	inexpensive, cheap
caro, -a	expensive
mirar	to look (at)
pagar (por)	to pay (for)
vender	to sell

to talk about time in the past

anoche	last night
el año pasado	last year
ayer	yesterday
hace + *time expression*	ago
la semana pasada	last week

other useful expressions

¡Uf!	Ugh! Yuck!

Gramática

preterite of regular -ar verbs

compré	compramos
compraste	comprasteis
compró	compraron

preterite of *-car* and *-gar* verbs

These verbs have a spelling change in the *yo* form of the preterite.

buscar c → qu	yo busqué
pagar g → gu	yo pagué
jugar g → gu	yo jugué

direct object pronouns

	SINGULAR	PLURAL
M.	lo *it*	los *them*
F.	la *it*	las *them*

For *Vocabulario adicional,* see pp. 472–473.

Preparación para el examen

What you need to be able to do for the exam . . .	Here are practice tasks similar to those you will find on the exam . . .	For review go to your print or digital textbook . . .
Interpretive		
1 ESCUCHAR I can listen to and understand someone describing a gift she bought and where she bought it.	As a teenager tells what she bought for her friend's *quinceañera,* see if you can tell: a) what she bought; b) where she bought it; c) how much she paid for it.	**pp. 346–349** *Vocabulario en contexto* **p. 347 Actividad 1** **p. 350 Actividad 4**
Interpersonal		
2 HABLAR I can exchange opinions about whether certain items are expensive or inexpensive.	Think about a gift you've bought. Tell your partner what you bought, for whom you bought it, and how much you paid. Then ask your partner whether he or she thinks the gift was expensive or inexpensive. Your partner will then share the same information and ask the same questions about a gift that he or she bought.	**p. 350 Actividad 5** **p. 351 Actividades 6–7** **p. 352 Actividad 8** **p. 354 Actividad 12**
Interpretive		
3 LEER I can read and understand an online advertisement for a store I might find on the Internet.	While shopping online, you find a Web site for a discount store in Mexico City. Can you list at least two advantages for customers who shop here? **Tienda virtual de descuentos** Todos nuestros clientes reciben un descuento del 10%. Tenemos de todo —perfume para su novia, bolsos para su mamá, videojuegos para su hermano y software para Ud. Tenemos los mejores precios y descuentos de la Red. Si paga por algo en la Tienda virtual, va a recibir "ePesos". Puede usarlos en su próxima visita.	**pp. 346–349** *Vocabulario en contexto* **p. 352 Actividad 9**
Presentational		
4 ESCRIBIR I can write a short explanation about items that I bought this school year with my own money.	As an entry for your class journal, explain how you spent your money last month. Describe: a) at least two new clothing items or accessories you bought; b) where you bought the items; c) how much you paid for them.	**p. 354 Actividad 12** **p. 357 Actividad 16** **p. 360 Actividad 19** **p. 361 Actividad 20** **p. 362 Actividad 22** **p. 367 Presentación escrita**
Cultures		
5 Comparación cultural I can demonstrate an understanding of cultural perspectives regarding shopping.	Think about what you do when you go to a shopping mall. Based on what you've learned in this chapter, would these be the same things that Chileans do? What similarities and differences would you expect to see in shopping malls and in attitudes of shoppers in both countries?	**p. 366** *Perspectivas del mundo hispano*

8A
De vacaciones

España

México
Nicaragua
Costa Rica
Ecuador
Perú
Chile
Colombia
República Dominicana
Puerto Rico
Argentina

CHAPTER OBJECTIVES

Communication

By the end of this chapter you will be able to:

- Listen to and read descriptions of trips and vacations.
- Talk and write about favorite and imaginary trips.
- Exchange information while describing your best vacation.

Culture

You will also be able to:

- **Auténtico:** Identify cultural practices in an authentic video about vacations and tourism.
- Explain the tradition of the *ojo de Dios* and compare it to crafts in the United States.
- Identify places of geographical and historical importance in Spanish-speaking countries and compare them to places in the United States.

You will demonstrate what you know and can do:

- Presentación oral: Mi viaje
- Repaso del capítulo: Preparación para el examen

You will use:

Vocabulary

- Vacation destinations and activities
- Modes of transportation
- Attractions, parks, and animals
- Expressions to talk about a trip or vacation

Grammar

- The preterite of *-er* and *-ir* verbs
- The preterite of *ir*
- The personal *a*

ARTE y CULTURA   España

Spanish artist **Joaquín Sorolla y Bastida** (1863–1923) was famous for his paintings of the sea and coastline. Known as *el pintor de la luz* (the painter of light), Sorolla was a master at capturing the movement and reflection of light and water in sea and sky. He did many portraits of beachgoers along the coast of his native Valencia. The city of Valencia continues to be a destination for Spaniards and international tourists, who visit the beautiful towns and beaches of the Costa Blanca.

▶ What would you highlight if you were painting your town or city?

 Mapa global interactivo Visit Valencia, Spain, home of the artist Joaquín Sorolla, and compare the beach area of the city to other beach communities.

"La hora del baño, Valencia" (1909), ▶
Joaquín de Sorolla y Bastida

La hora del baño, Valencia (1909). O/L-1,50x1,505. Sorolla, Joaquín.

Go Online to practice
PEARSON
realize™

PearsonSchool.com/Autentico

 AUDIO
 VIDEO
WRITING
 SPEAK/RECORD
MAPA GLOBAL
AUTÉNTICO
FLASCHARDS
ETEXT 2.0
GAMES

Una excursión a las cataratas
del río Iguazú, Argentina

Videocultura Las vacaciones

Vocabulario en contexto

Jesús: Hola, Verónica. Hace muchos días que no hablamos. ¿Adónde **fuiste?**

Verónica: Hola, Jesús. **Fui de vacaciones** con mis papás.

Jesús: ¿Qué **lugar visitaste?**

Verónica: Fui a la ciudad de Santo Domingo, en la República Dominicana.

Jesús: Y, ¿**cómo lo pasaste?**

Verónica: ¡Pues, **fue tremendo, fantástico!**

Jesús: ¿Sí? **Dime, ¿qué hiciste?**

Verónica: Llegamos **tarde** a la ciudad y **descansamos** en **el hotel.** Por la noche, **vi** una obra muy divertida en el teatro al lado del hotel. Otro día vi monumentos, **como** el Obelisco, y también fui al museo. ¡Fue genial!

Jesús: Así que, ¿**te gustó** la República Dominicana?

Verónica: Sí, ¡**me gustó** mucho! Es un **país** muy bonito. ¡Quiero **regresar** pronto! ¡Me encanta **viajar!** Y tú, ¿qué hiciste?

Jesús

Verónica

el monumento

el zoológico

el museo

el parque de diversiones

la ciudad

el estadio

el boleto

el teatro

la obra de teatro

Jesús: Pues, **durante** las vacaciones fui **en barco** a Puerto Rico. Allí, fui con mis tíos en **autobús** a un **parque nacional** precioso y **vi** pájaros exóticos y monos en los árboles. **Temprano** por la mañana fui a la playa. También **aprendí** a montar a caballo y ¡**salí** a bucear en **el mar**! Fue **impresionante**.

Más vocabulario
el avión = plane
el tren = train

el mar

el árbol

el parque nacional

bucear

el pájaro

montar a caballo

tomar el sol

el mono

el lago

1

¿Cómo viajan?

 ESCUCHAR Vas a escuchar a unos jóvenes describir su viaje. Señala con el dedo cada lugar que mencionan.

2

¿En la playa o en la ciudad?

ESCUCHAR La familia Vargas habla de sus vacaciones. Si hablan de una actividad que hacen en la playa, haz el gesto del pulgar hacia arriba *(thumbs up)*. Si hablan de una actividad que hacen en la ciudad, haz el gesto del pulgar hacia abajo *(thumbs down)*.

Julio habla con su mamá de su viaje a Costa Rica.

Julio: Mamá, **¡el viaje** con los abuelos **no fue un desastre!** Costa Rica es un país muy bonito.

Mamá: Dime, ¿qué hiciste en Costa Rica?

Julio: El primer día, salimos temprano del hotel a pasear en bote por el Parque Nacional. Vi muchos **animales** interesantes como pájaros en los árboles, monos y flores de todos los colores. También vi muchas otras **atracciones**.

Mamá: **¿Viste** osos también?

Julio: ¡No, mamá, no vi osos!

Julio   Mamá

pasear en bote

el oso

Mamá: ¿Y **qué te pasó** después?

Julio: Después visitamos la ciudad de San José. Me gustó mucho. Vi monumentos y aprendí muchas cosas de la historia de ese país. También compré algunos **recuerdos**.

Mamá: ¡Qué bien, Julio! Veo que te gusta viajar.

Julio: ¡Sí mamá! Fue fantástico. ¡Ahora quiero viajar con los abuelos por todos los países!

3

Viajes

ESCRIBIR Contesta las preguntas con la información correcta.

1. ¿Quién fue de viaje a Costa Rica?

2. ¿Dónde ve Julio muchos animales interesantes?

3. ¿Adónde quiere ir Julio ahora?

4. ¿Qué compró Julio en San José?

Videohistoria

En el Ecuador

Go **Online** to practice

PEARSON
realize™

PearsonSchool.com/Autentico

 AUDIO   VIDEO   WRITING   SCRIPT

Before You Watch

Identify cultural practices How do you think geography influences the activities in a country? What activities do you do that are related to where you live?

Complete the Activity

Las vacaciones ¿Qué te gustaría hacer durante las vacaciones en estos lugares? Mira las fotos y escribe una actividad para cada lugar.

▶ Watch the Video

¿Cuáles son las atracciones de un país que está en la línea ecuatorial?

Go to **PearsonSchool.com/Autentico** to watch the video *En el Ecuador* and to view the script.

Ximena

After You Watch

 ¿COMPRENDES? Contesta las preguntas.

1. ¿Quién va a ir a Ecuador con su familia?
2. ¿Quién tiene fotos de Ecuador?
3. ¿Qué atracciones turísticas de Ecuador en el video dependen de la geografía?
4. ¿Qué tour le gustó mucho a Lucía?
5. ¿Qué le pasó a Pablo, el hermano de Lucía, en cada lugar?

Comparación cultural Compara las atracciones donde vives con las de Ecuador. ¿Son importantes en la cultura de tu comunidad o región?

Vocabulario en uso

OBJECTIVES
▶ Write and talk about trips and vacation activities
▶ Listen to a description of a trip
▶ Read and write about boating and scuba-diving vacations
▶ Exchange information while comparing favorite trips

4

Una lista de actividades

 ESCRIBIR, HABLAR EN PAREJA

1 ¿Qué actividades te gusta hacer cuando vas de vacaciones? ¿Qué actividades no te gusta hacer? En una hoja de papel, haz tres columnas y escribe *me gusta mucho, me gusta* y *no me gusta nada.* Debajo de cada expresión, escribe estas actividades en la columna apropiada.

ver . . .   visitar . . .   sacar fotos de . . .   ir a . . .   ir a . . .

comprar . . .   bucear . . .   ir a . . .   ir a . . .   visitar . . .

2 Usa tu lista de actividades y habla con otro(a) estudiante. Pregunta y contesta según el modelo. Haz por lo menos *(at least)* cuatro preguntas.

 Videomodelo

A —*Cuando vas de vacaciones, ¿qué te gusta más:*
   ver una obra de teatro o ir al zoológico?
B —*Me gusta más* ***ir al zoológico.***

5

Escucha y escribe

 ESCUCHAR, ESCRIBIR   Vas a escuchar a una persona describir su viaje a Puerto Rico. Uno de los lugares que visitó es El Yunque. En una hoja de papel escribe los números del 1 al 6 y escribe las frases que escuchas.

El Yunque, un parque nacional de Puerto Rico ▶

6

¿Qué te gustaría hacer?

HABLAR EN PAREJA   Habla con otro(a) estudiante sobre adónde les gustaría ir de vacaciones.

Videomodelo

A —*Dime, ¿te gustaría ir de vacaciones a una ciudad?*

B —*Sí, porque en una ciudad puedes ir de compras y comer en restaurantes fantásticos.*

o:—*No. Me gustaría más ir a un parque nacional porque puedes ir de camping.*

Estudiante A

1. una ciudad
3. un lago
2. un parque nacional
4. el mar

Estudiante B

¡Respuesta personal!

7

El delta del río¹ Paraná

LEER, ESCRIBIR   Lee la descripción del delta del río Paraná, a 30 kilómetros de Buenos Aires, y completa las frases con las palabras correctas de los recuadros. Después contesta las preguntas.

| tren | ciudad | país | lugar |

Al norte de la __1.__ de Buenos Aires, Argentina, está el delta del río Paraná, un laberinto de islas y canales con más de 2.500 kilómetros navegables. Es un __2.__ favorito de los habitantes de Buenos Aires para ir de excursión. Para ir de Buenos Aires al delta, muchas personas viajan en __3.__ hasta² el Tigre, un pueblo³ pequeño.

▲ El delta del río Paraná, Tigre

| descansar | regresar | pasear | montar |

Aquí las personas pueden __4.__ en bote por los canales, __5.__ y tomar el sol en la orilla⁴, __6.__ a caballo o practicar el esquí acuático.

| recuerdos | lagos | pájaros | árboles |

También pueden comprar comida y __7.__ turísticos en los mercados⁵. Las personas siempre tienen sus cámaras en las excursiones al delta porque hay muchos tipos de animales y __8.__ que viven en los __9.__ muy altos.

• Para ti, ¿es el delta del río Paraná un buen lugar para ir de vacaciones? ¿Por qué?

• ¿Qué actividades te gustaría hacer en este lugar?

¹river ²as far as ³town ⁴riverbank ⁵markets

Mapa global interactivo Identifica el río Paraná en Argentina y compáralo con un río de los Estados Unidos.

Cómo puedes viajar

ESCRIBIR EN PAREJA Mira los mapas al principio del libro. Escribe un mensaje y dile a tu compañero(a) que te gustaría planear un viaje de un lugar o país a otro. Tu compañero(a) debe ofrecer dos alternativas para viajar entre los dos lugares. Luego, escribe un email a una agencia de viajes para explicar tu plan.

También se dice . . .

el autobús =
el camión *(México);*
el colectivo, el ómnibus *(Argentina, Bolivia);* la guagua *(Puerto Rico, Cuba);* el micro *(Perú, Chile)*

Modelo

A —*Me gustaría viajar* **de la República Dominicana** a **Puerto Rico.** *¿Cómo puedo viajar?*
B —*Puedes viajar en* **barco** o en **avión.**

Estudiante B

Estudiante A

¡Respuesta personal!

Pronunciación — Diphthongs

In Spanish, there are two groups of vowels: "strong" *(a, e* and *o)* and "weak" *(i* and *u).*

When a weak vowel is combined with any other vowel, the individual vowel sounds become blended to form a single sound called a diphthong *(un diptongo).* Listen to and say these words:

limpiar baile   siete   seis estadio ciudad
fuimos cuarto juego aire piensas autobús

When two strong vowels are together, each vowel is pronounced as a separate sound. Listen to and say these words:

teatro	*museo*	*pasear*	*bucear*
cereal	*video*	*leer*	*zoológico*
traer	*idea*	*tarea*	*cumpleaños*

If there is an accent mark over a weak vowel, it causes that letter to be pronounced as though it were a strong vowel. Listen to and say these words:

día	*frío*	*tíos*	*zapatería*
joyería	*país*	*esquío*	*gustaría*

Try it out! Listen to some of the lines of *"Cielito lindo,"* a song from Mexico that is very popular with mariachi bands. Can you identify the diphthongs in the lyrics? Try saying the words and then singing the song.

De la sierra morena,
cielito lindo, vienen bajando
un par de ojitos negros,
cielito lindo, de contrabando.
¡Ay, ay, ay, ay!
Canta y no llores,
porque cantando se alegran,
cielito lindo, los corazones.

9

¿Quieres aprender a bucear?

 LEER, ESCRIBIR, HABLAR EN PAREJA Lee el anuncio y contesta las preguntas.

1. ¿Por qué debes estudiar cursos de buceo en la escuela "Flor del mar"?
2. Practica las señales con otro(a) estudiante. ¿Qué puedes comunicar?

Escuela de buceo > Cursos

Escuela de buceo
"Flor del mar"

Cursos de buceo "Flor del mar"
¡Aprende a bucear en sólo tres cursos! Ve peces impresionantes y otros animales del mar. Practica un deporte interesante y divertido. Pasa tiempo con amigos en un lugar fantástico.

Si quieres información sobre un curso de buceo en la República Dominicana, comunícate al 555-19-19 con la Dra. María Elena Santos o al 555-02-28 con Marcos Morelos.

Señales de buceo

Hay un lenguaje especial que permite a los buzos comunicarse en el agua con señales. En los cursos de buceo, puedes aprender estas señales. Así no vas a tener ningún problema practicando este deporte. Algunas de las señales más importantes son:

Alto | Ir hacia arriba | Ir hacia abajo | Preguntar si estás bien | Contestar OK o sí | Hay un problema | ¡Peligro!

 Mapa global interactivo Explora la costa de Puerto Plata en la República Dominicana e investiga los lugares históricos.

¿Dónde aprendiste a bucear?

 HABLAR EN PAREJA Habla con otro(a) estudiante sobre dónde aprendió a hacer las actividades de la lista.

1. bucear
2. montar a caballo
3. esquiar
4. montar en bicicleta
5. patinar
6. tocar la guitarra

Videomodelo
nadar
A —¿Dónde aprendiste a **nadar?**
B —Aprendí a **nadar** en **California.**
o: —No aprendí a **nadar** nunca pero me gustaría aprender.
o: —No aprendí a **nadar** nunca y no quiero aprender.

¿Adónde fuiste?

HABLAR EN PAREJA La primavera pasada fuiste de vacaciones a la Ciudad de México. Ahora tienes tus fotos y hablas con otro(a) estudiante. En la Ciudad de México viste las cosas y los eventos de la lista.

Videomodelo

A —¿Adónde fuiste?

B —Fui *al Paseo de la Reforma.*

A —¿Qué viste?

B —Vi *el monumento del Ángel de la Independencia.*

A —¿Cómo lo pasaste allí? ¿Te gustó?

B —Fue *impresionante.* Me gustó mucho.

un partido de fútbol
muchas atracciones
una obra de teatro
el monumento del Ángel de la Independencia
animales como osos y monos
muchos cuadros interesantes

El Paseo de la Reforma con el monumento del Ángel de la Independencia **¡Impresionante!**

Museo de arte de Frida Kahlo
¡Fantástico!

El Zoológico del Parque Chapultepec **¡Tremendo!**

El parque de diversiones en el Parque Chapultepec
¡Muy divertido!

El Teatro del Auditorio
¡Fenomenal!

El Estadio Azteca
¡Genial!

Y tú, ¿qué dices?

ESCRIBIR, HABLAR

1. ¿Adónde te gustaría ir de vacaciones en los Estados Unidos? ¿Cómo quieres viajar? ¿Qué te gustaría hacer?

2. ¿Qué ciudades te gustaría visitar? ¿Qué lugares en esas ciudades quieres ver?

3. Cuando viajas, ¿prefieres salir temprano o tarde?

4. Durante un viaje, ¿descansas mucho o regresas a casa muy cansado(a)?

Gramática

OBJECTIVES
▶ Read and complete a fairy tale
▶ Write about and discuss what you and others did on vacation

Go Online to practice
PEARSON **realize**™
PearsonSchool.com/Autentico

VIDEO WRITING SPEAK/RECORD MAPA GLOBAL

The preterite of -er and -ir verbs

Regular *-er* and *-ir* verbs are similar to one another in the preterite. Here are the preterite forms of *aprender* and *salir*. Notice the accent marks on the endings *-í* and *-ió*:

¿Recuerdas?
You have already learned to talk about completed past actions using regular *-ar* verbs.

(yo)	**aprendí**	(nosotros) (nosotras)	**aprendimos**
(tú)	**aprendiste**	(vosotros) (vosotras)	**aprendisteis**
Ud. (él) (ella)	**aprendió**	Uds. (ellos) (ellas)	**aprendieron**

(yo)	**salí**	(nosotros) (nosotras)	**salimos**
(tú)	**saliste**	(vosotros) (vosotras)	**salisteis**
Ud. (él) (ella)	**salió**	Uds. (ellos) (ellas)	**salieron**

The verb *ver* is regular in the preterite but does not have accent marks in any of its forms:

vi   viste   vio   vimos   visteis   vieron

Más recursos ONLINE

▶ *GramActiva* video
▶ **Animated verbs**
▶ **Tutorials:** Preterite, Preterite of regular verbs
✎ *GramActiva* Activity

13

Ricitos de Oro y los tres osos

 LEER, ESCRIBIR Escribe los verbos apropiados en el pretérito para completar cada frase del cuento *Ricitos de Oro y los tres osos*.

Un día los tres osos __1.__ *(salir / beber)* temprano de su casa para caminar. Ricitos de Oro, una chica muy bonita, __2.__ *(comer / ver)* la casa de los tres osos y __3.__ *(recibir / abrir)* la puerta. Ella no __4.__ *(ver / comprender)* que era¹ la casa de los tres osos y __5.__ *(comer / aprender)* toda la comida del oso chiquito. Luego ella __6.__ *(beber / decidir)* dormir un poco. Poco después, los tres osos regresaron a su casa, __7.__ *(abrir / salir)* la puerta y __8.__ *(deber / ver)* a Ricitos de Oro en la cama del osito. Cuando Ricitos de Oro __9.__ *(viajar / ver)* a los osos, __10.__ *(abrir / salir)* de la casa rápidamente. __11.__ *(Comer / Correr)* hasta llegar² a su propia casa. _____

¹it was ²until she arrived

CULTURA ▸ México

El metro de la Ciudad de México es uno de los mejores sistemas de metro del mundo. Es rápido, moderno y muy barato. Además, un extenso sistema extenso de autobuses cruza¹ toda la ciudad. Los autobuses más pequeños de color verde y gris, llamados peseros, también llevan² pasajeros por las rutas principales.

Pre-AP® Integration: La población y la demografía ¿Por qué crees que la Ciudad de México tiene un sistema de transporte público tan avanzado y variado?

 Mapa global interactivo Visita lugares cerca del metro de la Ciudad de México y compara el servicio del metro con los sistemas de transporte de tu comunidad.

¹crosses ²carry

Durante las vacaciones

ESCRIBIR, HABLAR

1 Escribe seis frases para decir qué hicieron *(did)* estas personas durante sus vacaciones. Usa las palabras de la lista.

1. mi familia y yo
2. mis amigos
3. yo
4. mis padres
5. mi hermano(a)
6. mi amigo(a) *(nombre)*

comer en . . .
compartir una casa en . . .
escribir . . .
correr en . . .
aprender a . . .
ver . . .
salir de casa temprano para . . .
salir con . . .

Modelo
Durante las vacaciones, mi hermana y yo corrimos en la playa de Santa Mónica.

2 Luego, usa el mismo modelo para describir oralmente las situaciones en las que te encontraste durante tus últimas vacaciones.

15

Tú y yo

ESCRIBIR, HABLAR EN PAREJA

1 Trabaja con otro(a) estudiante. Lee una frase de la Actividad 14. Tu compañero(a) va a contestar si tiene una idea similar en su hoja de papel.

▶ Videomodelo

A —*Mi hermana y yo corrimos en la playa de Santa Mónica.*
B —*Mi amigo y yo también corrimos, pero nosotros corrimos en un estadio.*
o:—*Yo no corrí en las vacaciones. Escribí cuentos todos los días.*

2 Escribe seis frases para comparar lo que hicieron tú y tu compañero(a) durante las vacaciones.

Modelo
Adela y yo corrimos durante las vacaciones. Ella corrió en un estadio con su amigo. Yo corrí en la playa con mi hermana.

CULTURA ◀ **Argentina, Chile**

La Patagonia es una región grande y con mucho viento en la parte sur de América del Sur. Tiene climas y terrenos¹ diversos. Patagonia está al este de los Andes, entre Chile y Argentina. Es un área con poca población², pero hay muchas especies de animales. Hay una gran colonia de pingüinos³ magallánicos, que visitan las costas este y oeste de Chile y Argentina, y también las islas de la región.

• ¿Qué regiones de los Estados Unidos pueden compararse con la Patagonia? ¿Qué tipo de animales viven en esas regiones?

Pingüinos de la Patagonia

¹lands ²population ³penguins

Gramática

OBJECTIVES
▶ Write about and discuss where you and others went on vacation and what you did
▶ Exchange information about past trips while playing a game

Go **Online** to practice
PearsonSchool.com/Autentico
PEARSON realize™
 VIDEO   WRITING   SPEAK/RECORD

The preterite of *ir*

Ir is irregular in the preterite. Notice that the preterite forms of *ir* do not have accent marks:

(yo) **fui**	(nosotros) (nosotras) **fuimos**
(tú) **fuiste**	(vosotros) (vosotras) **fuisteis**
Ud. (él) (ella) **fue**	Uds. (ellos) (ellas) **fueron**

The preterite of *ir* is the same as the preterite of *ser*. The context makes the meaning clear.

José **fue** a Barcelona.   *José went to Barcelona.*
El viaje **fue** un desastre.   *The trip was a disaster.*

Strategy

Using memory devices Here's a memory tip to help you remember the subjects of *fui* and *fue*:
The "I" form ends in *-i (fui).*
The "he" and "she" form ends in *-e (fue).*

Más recursos   ONLINE

▶ *GramActiva* video
▶ **Animated verbs**
◀)) *Canción de hip hop:* ¿Adónde fuiste?
✎ *GramActiva* Activity

16

¿Adónde fueron?

 HABLAR EN PAREJA   Con otro(a) estudiante, di adónde y cómo fueron estas personas a estos lugares.

 Videomodelo

A —¿Adónde fueron Óscar y Lourdes?
B —Fueron al teatro.
A —¿Cómo fueron?
B —Fueron en coche.

Óscar y Lourdes

los Sánchez

tus amigos y tú

Liliana

Uds.

Gregorio

¡Respuesta personal!
tú

17

Juego

ESCRIBIR, HABLAR EN GRUPO, GRAMACTIVA

1 Play in groups of four. Each person cuts a sheet of paper to form a perfect square. Fold that square into four smaller squares. Unfold the paper and label the squares *a, b, c,* and *d.* Follow Step a below for the *a* square. Fold the corner of that little square so it covers what you have written. Pass the paper to the person on your left. Follow Step b for the *b* square on the paper you receive from the person on your right, fold down the corner, and pass it to your left. Continue until all the squares have been filled. Do not look at what is written on the paper you receive. Write all of your answers in Spanish.

a.	b.
Mis amigos fueron	al estadio
en barco	para ver una obra de teatro
c.	d.

a. Write a subject plus the correct preterite form of *ir.*

b. Write a destination or place *(a / al / a la . . .).*

c. Write a mode of transportation.

d. Write a reason *(para* + infinitive) for going somewhere.

2 When you get your original paper back, unfold each square and read the complete sentence to your group. Let the group decide, *¿Cuál es la frase más tonta* (silly)? Read your silliest sentence to the class. Then make changes to the sentence so it makes sense.

18

Tus vacaciones pasadas

ESCRIBIR, HABLAR EN GRUPO

1 Piensa en un lugar donde fuiste de vacaciones. Copia la tabla y escribe el lugar, dos o más actividades que hiciste y una descripción del viaje.

2 Habla con dos estudiantes sobre sus vacaciones.

Videomodelo

A —*¿Adónde fuiste de vacaciones?*
B —*Fui a San Diego.*
A —*¿Qué hiciste allí?*
B —*Visité el zoológico y vi muchos animales. Compré recuerdos también.*
A —*¿Cómo lo pasaste? ¿Te gustó?*
B —*Fue fantástico.*

¿Adónde fuiste?	¿Qué hiciste?	¿Cómo fue?
San Diego	Visité el zoológico, vi muchos animales, compré recuerdos	fantástico

3 Escribe una descripción de los viajes de los dos estudiantes con quienes hablaste.

Modelo

Pedro fue a San Diego. Visitó el zoológico. Vio muchos animales y compró recuerdos. Su viaje fue fantástico. Miguel fue a . . .

Gramática

OBJECTIVES
▸ Read and represent a traditional children's rhyme
▸ Identify geographical features of some Spanish-speaking countries
▸ Write about and discuss whom you saw and what you visited on a trip

Go Online to practice   PearsonSchool.com/Autentico
PEARSON
realize™
 VIDEO   WRITING   SPEAK/RECORD

The personal *a*

You know that the direct object is the person or thing that receives the action of a verb. When the direct object is a person or group of people, you usually use the word *a* before the object. This is called the "personal *a*."

Visité **a mi abuela**.	*I visited **my grandmother**.*
Vimos a **Juan y Gloria**.	*We saw **Juan and Gloria**.*

You can also use the personal *a* when the direct object is a pet.

Busco **a mi perro,** Capitán.

To ask who receives the action of *a* verb, use *¿A quién?*

¿A quién visitaron Uds.?

Más recursos   ONLINE

▸ *GramActiva* video
▸ Tutorial: Personal *a*

19

Don Pepito y don José

LEER, ESCRIBIR, HABLAR EN PAREJA

1 Lee esta rima tradicional.

—**Hola, don Pepito.**
—**Hola, don José.**
—**¿Pasó* Ud. por mi casa?**
—**Por su casa no pasé.**
—**¿Vio Ud. a mi abuela?**
—**A** *su abuela* **no** *la* **vi.**
—**Adiós, don Pepito.**
—**Adiós, don José.**

* Did you stop by

2 Ahora escribe las líneas *¿Vio Ud. a mi abuela?* y *A su abuela no la vi* y sustituye estos miembros de la familia por "abuela". Usa el pronombre (pronoun) apropiado.

1. tíos
2. hermano
3. primas
4. hermanita

3 Con otro(a) estudiante, lee la rima. Un(a) estudiante va a ser don Pepito y el (la) otro(a), don José. Lean la rima cuatro veces, cada vez con un miembro diferente de la familia.

Nota

You have learned the direct object pronouns *lo, la, los,* and *las.* These direct object pronouns can refer to people as well as to things. Note that the direct object pronouns do not take the personal *a*.

—¿Viste **a tus primos** durante tus vacaciones?
—Sí, **los** vi.

En Barcelona, España

20

De visita

HABLAR EN PAREJA Pregunta a otro(a) estudiante si visitó a diferentes personas o diferentes lugares durante las vacaciones.

Estudiante A

1. tus abuelos
2. un(a) amigo(a) que no vive aquí
3. un parque de diversiones
4. tus primos
5. otra ciudad
6. el museo de arte

Estudiante B

¡Respuesta personal!

Videomodelo

tus tíos

A —¿Visitaste a tus tíos durante las vacaciones?

B —Sí, los visité.

o: —No, no los visité.

21

Juego de geografía: Las Américas

LEER, ESCRIBIR ¿Conoces¹ bien los países de las Américas? Empareja las descripciones con los países apropiados. Escribe el número de la descripción con el nombre del país.

Conexiones La geografía

1. Este país es el más grande de América Central. En el suroeste hay un lago muy grande que tiene el mismo nombre que el país. El lago está muy cerca de la frontera² con Costa Rica. En el este del país está el mar Caribe, donde el clima es tropical y llueve mucho.

2. Este país pequeño tiene dos regiones tropicales, en el este y en el oeste, con montañas en el centro. Un cuarto de las personas del país son de origen indígena y hablan quechua, el idioma³ de los incas. Su nombre viene de la línea imaginaria que cruza el país.

3. Las ciudades más grandes de este país, como la capital, están en el centro del país, donde hay montañas y volcanes. En el norte hay desiertos extensos y en el sur hay selvas⁴ tropicales. Este país comparte una frontera con los Estados Unidos.

4. Este país es el más grande de América del Sur, con el río más grande del mundo⁵. Una gran parte del país es selva tropical con miles de especies de plantas, árboles y animales como monos, jaguares y tucanes. Aquí no hablan español; hablan portugués.

5. Es el único⁶ país de América del Sur que tiene playas en el mar Caribe y en el océano Pacífico. Es un país famoso por su café, que viene de los valles fértiles.

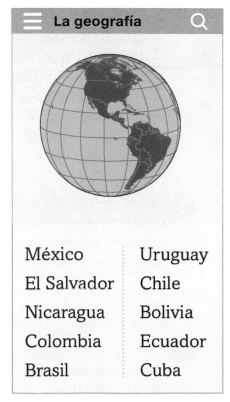

La geografía

México	Uruguay
El Salvador	Chile
Nicaragua	Bolivia
Colombia	Ecuador
Brasil	Cuba

¹Do you know ²border
³language ⁴forests ⁵world ⁶only

Exploración del lenguaje   Nouns that end in -io and -eo

Latin words for buildings and places have carried into many modern languages, including Spanish. In many place names, the Latin ending *-um* (which remains in a number of words in English today) changed to an *-io* or *-eo* in Spanish. You know some of these words: *el estadio, el museo, el gimnasio*.

Try it out! Based on your knowledge of English and what you have learned about Spanish place names from Latin, match the definitions with the Spanish words in the list.

El acuario de Valencia, España

1. where you stand to deliver a speech
2. usually found in a cemetery
3. where you can see all kinds of sea life
4. where you sit when you see school plays or concerts
5. where you go to learn about stars and planets
6. where the ancient Romans went to see sporting events

a. el auditorio
b. el podio
c. el acuario
d. el planetario
e. el coliseo
f. el mausoleo

22

Y tú, ¿qué dices?

ESCRIBIR EN PAREJA   Contesta las siguientes preguntas. Luego, usa la información y escribe mensajes de texto a otro(a) estudiante para planear un fin de semana.

1. ¿Qué puedes visitar en tu comunidad? ¿Hay museos, parques de diversiones o monumentos? ¿Cuál prefieres visitar?

2. El año pasado, ¿fuiste a ver una obra de teatro en tu comunidad o en tu escuela? ¿Te gustó? ¿Por qué? ¿Cuestan mucho los boletos de teatro?

3. El año pasado, ¿visitaste un museo o un zoológico en tu comunidad? ¿Cómo lo pasaste?

4. ¿Prefieres viajar a otras ciudades, o prefieres visitar lugares en tu comunidad?

El español en la comunidad

Your community may have some of the tourist destinations you learned about in this chapter, such as *un museo, un teatro, un zoológico,* or *un parque de diversiones.* Think of different opportunities to use your Spanish at each of the locations. As you learn more Spanish, perhaps you could provide tours to visitors who speak Spanish. You could help write brochures and maps in Spanish to assist Spanish-speaking visitors. Can you think of other opportunities?

• Visit one of these locations in person or online and see what written resources are available in Spanish. Bring these materials to class to share with other students.

Lectura

OBJECTIVES
▶ Read journal entries about a trip to Peru
▶ Use context clues to understand new words

Strategy
Using context clues If you don't recognize a word, use the other words in the sentence to infer, or guess its meaning. Can you infer the meaning of *antigua, altura, construyeron,* and *nivel?*

Álbum de mi viaje al Perú
Por Sofía Porrúa

domingo, 25 de julio

Estoy en el Perú con mis amigos Beto y Carmen. Vamos en autobús a Cuzco, antigua capital del imperio inca. Hoy día es una ciudad pequeña y una atracción turística. Beto está sacando muchas fotos con su cámara digital. Carmen está dibujando todo lo que ve. Las montañas son fantásticas

miércoles, 28 de julio

Hoy es el Día de la Independencia peruana. En esta fecha en 1821, José de San Martín proclamó la independencia del Perú. En Lima, gran ciudad moderna y capital del país, hay grandes celebraciones.

jueves, 29 de julio

Hoy estamos en Machu Picchu, ruinas impresionantes de una ciudad antigua de los incas. A más de 2.000 metros de altura en los Andes, los incas construyeron calles, casas, acueductos, palacios, templos y terrazas para cultivar. Hiram Bingham, un arqueólogo de la Universidad de Yale, descubrió[1] Machu Picchu en 1911.

[1]discovered

sábado, 31 de julio

Estamos paseando en bote por el lago Titicaca, en la frontera del Perú y Bolivia. Es el lago más grande de estos países y el más alto del mundo.[2] ¡Estamos a más de 3.800 metros sobre el nivel del mar!

miércoles, 4 de agosto

Ahora estamos en un avión pequeño. Sobre la tierra[3] podemos ver algo muy misterioso: hay un desierto donde vemos enormes dibujos de animales y figuras geométricas. Estos dibujos se llaman las Líneas de Nazca. Miden[4] más de 300 metros y tienen más de dos mil años. ¿Quiénes los dibujaron, y por qué? Es necesario estar en un avión para verlos. ¿Cómo dibujaron los artistas algo tan[5] grande sin poder verlo? Mañana regresamos al Cuzco y el domingo salimos de Perú. ¡Un viaje muy interesante! Beto tiene sus fotos y Carmen, sus dibujos. Yo no soy ni fotógrafa ni artista, por eso voy a comprar tarjetas postales como recuerdos.

[2]world [3]ground [4]They measure [5]so

 Mapa global interactivo Explora las ruinas de Machu Picchu y las líneas de Nazca y analiza los efectos del clima y el turismo.

¿Comprendes?

1. ¿Cómo va a recordar Sofía su viaje al Perú? ¿Y Beto y Carmen?

2. Pizarro y los españoles descubrieron muchas de las ciudades de los incas. ¿Por qué piensas que no descubrieron Machu Picchu? ¿Quién la descubrió?

3. Para muchos turistas que visitan el lago Titicaca es difícil caminar y respirar (breathe). ¿Puedes inferir por qué tienen estos problemas?

4. ¿Cuáles son los misterios de las Líneas de Nazca?

5. Copia la tabla en una hoja de papel. Usa la información de la lectura para comparar Perú con los Estados Unidos.

	Perú	Estados Unidos
a. Dos lugares históricos y turísticos		
b. Día de la Independencia		
c. Año de la proclamación de la independencia		
d. Capital del país hoy		
e. Héroe nacional		

La cultura en vivo

El ojo de Dios

Si viajas por el mundo hispano vas a ver una variedad maravillosa de arte y artesanías[1]. Muchas de estas artesanías ya existían[2] antes de la llegada de los españoles a las Américas. Una forma de arte popular entre los visitantes a México es el ojo de Dios.

El ojo de Dios es un tejido[3] con forma de diamante. Como regalo, simboliza los buenos deseos que una persona le da a otra. Los ojos de Dios pueden tener su origen en las culturas de Perú del año 300 A.C. Los indios indígenas de la región de Sierra Madre en México son conocidos por hacer esta artesanía. Los coras, los huicholes, los tarahumara y los tepehuane hacen esta artesanía y usan estos tejidos en su vida diaria[4].

Comparación cultural ¿Cuáles son algunas de las artesanías tradicionales de los Estados Unidos? ¿Cuál es la historia de estas artesanías?

[1]crafts [2]already existed [3]weaving [4]daily life

Mujer tarahumara en San Rafael, México

How to make an *ojo de Dios*

Materials

- yarn   • scissors
- two sticks of the same size
- optional: feathers, beads, or tassels for finishing touches

Directions

1. Tie the sticks together to form a cross. *(Fig. 1)*

2. Tie the end of the yarn to the center of the cross.

3. Weave the yarn over and around each stick, keeping the yarn pulled tight. *(Fig. 2)* To change color, knot together two ends of different-colored yarn. The knot should fall on the back side. Continue wrapping until the sticks are covered with yarn. Tie a small knot at the back and leave enough yarn to make a loop for hanging.

4. You may want to add feathers, beads, or tassels to the ends of the sticks. Hang your decorative piece for everyone to enjoy.

Figure 1

Figure 2

Figure 3

OBJECTIVES
▶ Describe a trip you took
▶ Use a word web to organize your ideas

Go **Online** to practice
PEARSON **realize**™

PearsonSchool.com/Autentico

SPEAK/RECORD

Mi viaje

TASK Tell a friend about a trip you took. It could be a vacation, a visit to family, or an imaginary trip. Use photos or drawings to make your talk more interesting.

1 Prepare Use the word web to think about what you did on your trip. Include situations and events in each circle. Use photos or pictures to illustrate each part of the trip noted on the word web. Design an appealing illustration of your trip.

2 Practice Use the information in your word web to describe your trip. Go through your story several times using the photographs or illustrations. Use your notes in practice, but not when you present. End by saying how you felt about the trip.

Strategy
Using graphic organizers Using a graphic organizer such as a word web will help you think through what you want to say in your presentation.

¿Qué lugares visitaste? ¿A quiénes viste?
Mi viaje a . . .
¿Qué hiciste? ¿Qué compraste?

Modelo
En marzo, fui a la Florida para visitar a mis primos. Tomamos el sol en la playa y nadamos mucho. Aprendí a bucear y vi animales muy interesantes en el mar. La Florida es un lugar fantástico. El viaje fue muy divertido.

3 Present Talk about your trip to a small group or the whole class. Use your photos or drawings to help you.

4 Evaluation The following rubric will be used to grade your presentation.

Rubric	Score 1	Score 3	Score 5
Amount of information provided	You include two categories from the word web.	You include three categories from the word web.	You include all four categories from the word web.
Use of photographs or visuals	You include only two visuals that clearly connect to trip.	You include three visuals that clearly connect to trip.	You include four visuals that clearly connect to trip.
How easily you are understood	You are extremely difficult to understand. Your teacher could only recognize isolated words and phrases.	You are understandable, but have frequent errors in vocabulary and/or grammar that hinder your comprehensibility.	You are easily understood. Your teacher does not have to "decode" what you are trying to say.

Auténtico

Partnered with **EFE:**

La monumental Cartagena de Indias

Antes de ver

Usa la estrategia: Listen for Essential Information

As you watch the video, listen for key details. Use these details to identify the important cultural and historic highlights of Cartagena de Indias, Colombia.

Read this Key Vocabulary

resguardada = protected

murallas = walls

engalanada = decked out

puerto = port

empedradas = cobbled

nivel mundial = worldwide

cruceros = cruise ships

▶ Ve el video

Cartegena is a city rich in culture and history. Both a modern port city and an important UNESCO World Heritage site, with a tropical climate: Which of these features attracts you most as a tourist?

Go to **PearsonSchool.com/Autentico** and watch the video *La monumental Cartagena de Indias abre sus puertas* to learn about the tourist attractions in the coastal Carribean city.

Completa las actividades

Mientras ves Identifica los detalles clave sobre las atracciones turísticas de Cartagena de Indias. Indica cuál de estas actividades puedes hacer en la ciudad.

1. **Ver una estatua del fundador de la ciudad, Pedro de Heredia.**
2. **Pasar por las murallas grandes de la ciudad antigua.**
3. **Visitar una fortaleza militar de la época colonial.**
4. **Pasear por el centro histórico en coche de caballo.**
5. **Llegar al puerto de Cartagena en crucero en vez de avión.**
6. **Sacar fotos de un espectáculo de bailes tradicionales.**

Integración

Después de ver Mira el video otra vez para contestar estas preguntas.

1. ¿Cuáles son tres atracciones turísticas de Cartagena?

2. En el video, dice que los cruceros vienen para "dar a conocer lo mejor del país a los turistas". ¿Qué quiere decir esta frase?

3. ¿Te interesa más visitar los lugares modernos de Cartagena o los lugares históricos mencionados en el video? ¿Por qué?

 For more activities, go to the _Authentic Resources Workbook._

Las vacaciones

Expansión Busca otros recursos en _Auténtico_ en línea. Después, contesta las preguntas.

 8A Auténtico

Integración de ideas Los recursos auténticos de este capítulo informan sobre varios aspectos de las vacaciones. Escribe un párrafo con detalles de una vacación en el mundo hispanohablante.

Comparación cultural Piensa en los lugares populares para las vacaciones en tu país y cómo te preparas para viajar, y compara esos lugares con lo que aprendiste sobre las vacaciones en los países hispanohablantes.

Repaso del capítulo

OBJECTIVES
▶ Review the vocabulary and grammar
▶ Demonstrate you can perform the tasks on p. 397

🔊 Vocabulario

to talk about places to visit on vacation

la ciudad	city
el estadio	stadium
el lago	lake
el lugar	place
el mar	sea
el monumento	monument
el museo	museum
el país	country
el parque de diversiones	amusement park
el parque nacional	national park
el teatro	theater
la obra de teatro	play
el zoológico	zoo

to talk about things to see on vacation

el animal	animal
el árbol	tree
la atracción pl. las atracciones	attraction(s)
el mono	monkey
el oso	bear
el pájaro	bird

to talk about things to do on vacation

aprender (a)	to learn
bucear	to scuba dive / snorkel
(comprar) recuerdos	(to buy) souvenirs
descansar	to rest, to relax
montar a caballo	to ride horseback
pasear en bote	to go boating
tomar el sol	to sunbathe
visitar	to visit

to talk about ways to travel

en	by
el autobús	bus
el avión	airplane
el barco	boat, ship
el tren	train

to talk about your vacation

el boleto	ticket
como	like, such as
¿Cómo lo pasaste?	How was it (for you)?
dime	tell me
fantástico, -a	fantastic
Fue un desastre.	It was a disaster.
el hotel	hotel
impresionante	impressive
ir de vacaciones	to go on vacation
Me gustó.	I liked it.
¿Qué hiciste?	What did you do?
¿Qué te pasó?	What happened to you?
regresar	to return
salir	to leave, to go out
¿Te gustó?	Did you like it?
tremendo, -a	tremendous
vi	I saw
¿viste . . . ?	Did you see . . . ?
viajar	to travel
el viaje	trip

to express time

durante	during
tarde	late
temprano	early

Gramática

preterite of -er and -ir verbs

aprendí salí	aprendimos salimos
aprendiste saliste	aprendisteis salisteis
aprendió salió	aprendieron salieron

preterite of ir

fui	fuimos
fuiste	fuisteis
fue	fueron

For *Vocabulario adicional,* see pp. 472–473.

Preparación para el examen

Más recursos PearsonSchool.com/Autentico

 Games   Flashcards   Instant check

Tutorials   *Gram*Activa videos   Animated verbs

What you need to be able to do for the exam . . .	Here are practice tasks similar to those you will find on the exam . . .	For review go to your print or digital textbook . . .
Interpretive		
❶ ESCUCHAR I can listen to and understand someone describing what he did and where he went during his last vacation.	As part of a presentation in Spanish class, a student talked about his last vacation. As you listen, see if you can determine: a) where he went; b) one thing he did; c) one thing he saw.	pp. 374–377 *Vocabulario en contexto* p. 375 **Actividad 1** p. 378 **Actividades 4–5**
Interpersonal		
❷ HABLAR I can tell about my best trip or vacation.	Find out where your partner went on his or her best vacation, and what he or she did and saw. As you listen, make a drawing that includes details of the trip. Then your partner will ask you to describe your best vacation. Do your drawings match the descriptions?	p. 379 **Actividad 6** p. 380 **Actividad 8** p. 382 **Actividad 11** p. 385 **Actividad 16** p. 386 **Actividad 18** p. 393 *Presentación oral*
Interpretive		
❸ LEER I can read and understand a vacation postcard.	Read the postcard Javier sent to his friend last summer during his family vacation. Which things does he say he liked? Was there anything he didn't like? ¡Hola! Salí de vacaciones la semana pasada y ahora estamos aquí en Puerto Rico. Visitamos a nuestra tía en San Juan. Ayer fuimos al Viejo San Juan, donde vi muchos monumentos. También vi El Morro, un lugar muy famoso. ¡Fue fabuloso! Hoy fui a la playa de Luquillo y tomé el sol. Los otros bucearon por tres horas, pero a mí no me gusta el mar. Después, comimos arroz con pollo en un restaurante. ¡Uf! ¡Siempre arroz con pollo aquí! Regreso el sábado. ¡Hasta luego! Javier	p. 379 **Actividad 7** p. 381 **Actividad 9** p. 388 **Actividad 21** pp. 390–391 *Lectura*
Presentational		
❹ ESCRIBIR I can write a brief narrative describing an imaginary character's trip.	You have been asked by a first-grade teacher to write a story in Spanish for her students. She has a stuffed bear in her room, *el Oso Teo,* so you decide to write the story about him and his trip. Tell where he went, what he did, what he saw, and what he ate. Begin with something like, *"El Oso Teo fue de viaje a su parque favorito . . ."*	p. 378 **Actividad 4** p. 384 **Actividades 14–15** p. 386 **Actividad 18** p. 389 **Actividad 22** pp. 390–391 *Lectura*
Cultures • Comparisons		
❺ COMPARAR I can demonstrate an understanding of cultural perspectives regarding artwork and crafts.	Think about a gift you might give someone to symbolize good luck and good fortune in our culture. Compare it to a traditional craft from Mexico that is given for the same reason. Describe its significance and history in the Spanish-speaking world.	p. 392 *La cultura en vivo*

Ayudando en la comunidad

España
Florida
Honduras
México
República
Guatemala
Dominicana
El Salvador
Puerto
Nicaragua
Rico
Costa Rica
Ecuador
Perú

CHAPTER OBJECTIVES

Communication

By the end of this chapter you will be able to:

- Listen to and read about community service.
- Talk and write about volunteer activities and recycling.
- Exchange information about volunteering.

Culture

You will also be able to:

- **Auténtico:** Identify key details in an authentic video about volunteer work.
- Compare perspectives about volunteer activities in Spanish-speaking countries to your community.
- Compare environmental efforts in Spain, Costa Rica, and other Spanish-speaking countries to programs in your community.

You will demonstrate what you know and can do:

- Presentación escrita: ¿Puedes ayudarnos?
- Repaso del capítulo: Preparación para el examen

You will use:

Vocabulary

- Recycling
- Places in a community
- Volunteer work

Grammar

- The present tense of *decir*
- Indirect object pronouns
- The preterite of *hacer* and *dar*

ARTE y CULTURA ⟩ El mundo hispano

¿Te gustaría ayudar? This young woman volunteers with a community-service program in Miami. Have you considered combining your knowledge of Spanish with community service? The United States Peace Corps offers many opportunities for public service abroad. Volunteers help communities, families, and individuals, working in areas that include education, health care, business development, environment, and agriculture. Currently 28% of Peace Corps volunteers serve in Latin America and the Caribbean, and are trained and work in Spanish.

▶ How could your language skills help you serve other people? What projects might you want to work on as Peace Corps volunteer?

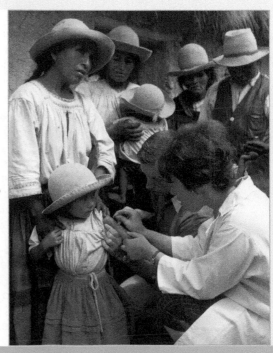

 Mapa global interactivo Explore Peace Corps Projects in Latin America and analyze the role of volunteers.

Go **Online** to practice

PearsonSchool.com/Autentico

PEARSON
realize.™

AUDIO

VIDEO

WRITING

SPEAK/RECORD

MAPA GLOBAL

AUTÉNTICO

FLASCHARDS

ETEXT 2.0

GAMES

Una joven ayuda con un proyecto de voluntarios en Miami, Florida.

▶ Videocultura **Las vacaciones**

Vocabulario en contexto

OBJECTIVES

Read, listen to, and understand information about volunteer work, community-service tasks, and what people did to help others.

"Ahora mi **barrio** tiene un centro de reciclaje donde puedes **llevar** el vidrio, los periódicos y el plástico. Con mis amigos del barrio vamos a **recoger** la basura del río y la calle y después, vamos a **separar** las cosas **usadas** para **reciclar**las. **Es necesario.** ¡Para tener un barrio mejor **hay que** reciclar! "

Más vocabulario

la calle = street
el río = river
la vez, las veces = time(s)

las botellas

los periódicos

el vidrio

las latas

las cajas

el cartón

las bolsas

el plástico

el centro de reciclaje

Mercedes: Gabi, ¿quieres ser **voluntaria** en algún grupo de la escuela? Hay que **decidir** esta semana.

Gabi: ¡Sí! Pero no sé cuál. Hay tantas opciones buenas... Con el grupo "Jardines Verdes" puedo ayudar en un jardín para **la comunidad.** Y los jóvenes del grupo "Nuestra Comunidad" **les** llevan comida a los ancianos. **¿Qué más** puedo hacer?

Mercedes

Gabi

Carlos

Carlos: En "Casas para Todos" puedes ayudar en **proyectos de construcción** para las personas **pobres** de la comunidad que no tienen casa. Es un proyecto **increíble.**

Mercedes: A mí me gusta trabajar como voluntaria en **el Hospital** de los niños. **A menudo** les traemos **juguetes** y jugamos con ellos.

Carlos: Ser voluntario en la escuela ayuda con **los problemas** de la comunidad y es **una experiencia inolvidable.**

los voluntarios

el campamento

los niños

la anciana

la escuela primaria

el jardín

1

¿Qué hago?

ESCUCHAR María explica qué quiere hacer para ayudar como voluntaria. Señala con el dedo dónde es cada actividad que menciona.

2

Hay que separar la basura.

ESCUCHAR Juan Carlos habla de las tareas de reciclaje que tiene que hacer. ¿Puedes inferir si lo que dice es lógico? Señala con el dedo pulgar hacia arriba si la oración es lógica y con el dedo pulgar hacia abajo si la oración es ilógica.

Ana y Pedro hablan de sus experiencias como voluntarios en el verano.

mensajes 10:14 AM   **Ana / Pedro**

Pedro Ana. Dime, ¿qué hiciste durante el verano?

Ana Trabajé como voluntaria en un campamento para niños **otra vez**, como el año pasado.
Les enseñé a usar objetos usados para hacer arte. Me encantó ayudarles.

Pedro ¡Qué dices! Yo también trabajé en un campamento de la escuela primaria. Fue una experiencia increíble. ¡Los niños tienen tanta energía!

Ana ¡Sí! Me encanta **el trabajo voluntario**. Ayudar a **los demás** nos da mucha satisfacción.

Pedro El mes pasado trabajé en un centro para **ancianos**. Pasé mucho tiempo con ellos y hablamos de todo. Te **digo** que es increíble escuchar sus experiencias.

Ana ¡Es verdad! Pedro, este fin de semana voy a participar en un proyecto de construcción que ayuda a **la gente** pobre del barrio. ¿Vienes conmigo?

Pedro Me gustaría mucho, ¡sí!

3

Jóvenes voluntarios

 ESCRIBIR   Escribe la respuesta correcta a las preguntas.

1. ¿Qué hizo Ana durante las vacaciones?
   a. trabajó como voluntaria
   b. trabajó en un restaurante

2. ¿Por qué Ana quiere ayudar a los demás?
   a. porque quiere dinero
   b. porque siente satisfacción
   c. porque quiere aprender arte

3. ¿Adónde van a trabajar Ana y Pedro este fin de semana?
   a. en un centro para ancianos
   b. en un proyecto de construcción

Videohistoria

Mi trabajo voluntario

Before You Watch

Focus on key words Identify each teen's volunteer experience by listening for the word *trabajo* or different forms of the verb *trabajar.* How many experiences can you identify?

Complete the Activity

Trabajo voluntario Describe el trabajo voluntario que ves en las fotos. ¿Qué hacen los jóvenes?

▶ Watch the Video

¿Qué aprendió Mateo en su experiencia como voluntario?

Go to **PearsonSchool.com/Autentico** to watch the video *Mi trabajo voluntario* and to view the script.

Ximena Camila Valentina Mateo Sebastián

After You Watch

 ¿COMPRENDES? Usa palabras clave del video para identificar quién de los jóvenes hizo el trabajo voluntario.

1. Estuvo de voluntario en un hospital, pero no le gustó.
2. Ayudó en su comunidad. Leyó libros a los niños.
3. Enseñó a niños en un campamento.
4. Ayudó en su comunidad en el centro de reciclaje.
5. Vendió flores en una tienda de un hospital y le gustó mucho.

Vocabulario en uso

OBJECTIVES
▶ Listen and write about a recycling program
▶ Talk and write about community service
▶ Discuss recycling in your community
▶ Read about Costa Rican and Spanish conservation efforts and compare them to programs in the United States

4

Escucha y escribe

ESCUCHAR, ESCRIBIR En la región de Cataluña en España, hay un sistema para reciclar que usan muchas personas.

1 En una hoja de papel, escribe los números del 1 al 6. Escucha la descripción de este sistema y escribe las frases.

2 Escribe tres frases para describir el sistema de reciclaje que usan, o que deben usar, en tu comunidad o barrio. Si quieres, usa las frases sobre Cataluña como modelo.

También se dice . . .
la lata = el bote *(España, Puerto Rico)*

En la Costa del Sol, España

5

El reciclaje

ESCRIBIR EN PAREJA Escribe mensajes y pregunta a otro(a) estudiante sobre lo que tiene que reciclar y cómo hacerlo en casa.

Modelo
A —*En tu casa, tienes que reciclar **el papel**?*
B —*¡Por supuesto! **Lo** separamos y **lo** ponemos en **la caja azul**.*
o:—*No sé. Nosotros no **lo** reciclamos.*

Luego, escribe un email a otro amigo y pregúntale qué debe hacer en su comunidad con los materiales de reciclaje.

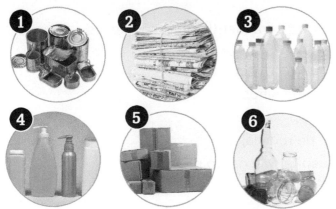

¿Recuerdas?
The direct object pronouns *lo, la, los,* and *las* replace nouns. They have the same gender and number as the nouns they replace.

404 cuatrocientos cuatro • Tema 8 • Experiencias

El trabajo voluntario

LEER, ESCRIBIR, HABLAR   Según las preferencias de los jóvenes de las fotos, explica dónde debe trabajar cada uno de ellos.

Modelo
Samuel debe trabajar en un hospital.

 **Teresa:** Prefiero los trabajos al aire libre* como un proyecto de construcción. Me encanta trabajar con las manos.
*outdoors

 **Samuel:** Me gusta mucho ayudar a la gente pobre o a las víctimas de los desastres. Sus problemas son muy importantes para mí.

 **Rafael:** Mi trabajo voluntario favorito es estar con niños en un campamento o una escuela primaria. Para mí es una experiencia inolvidable ver cómo aprenden tanto.

 **Bárbara:** Me gusta mucho pasar tiempo con los ancianos. Son muy interesantes y simpáticos y me enseñan muchas cosas.

1  **2**  **3**  **4**  **5**  **6**

CULTURA ❯ España

El reciclaje España es un país líder en Europa en el reciclaje. El programa de reciclaje de vidrio en España se llama Ecovidrio, de las palabras ecología y vidrio. Ecovidrio comenzó en la década de 1990 y tiene mucho éxito[1]. El reciclaje de vidrio es una manera excelente de reducir desechos[2] y proteger el medio ambiente[3].

Pre-AP® Integration: Los temas del medio ambiente ¿Cómo son los programas de reciclaje de tu comunidad comparados con el reciclaje de vidrio en España? ¿Qué otros programas hace tu comunidad?

[1]success [2]waste [3]environment

Reciclaje de vidrio en Andalucía, España

You know that *actividad* means "activity" and that *comunidad* means "community." In Spanish, nouns that end in *-dad* or *-tad* usually correspond to nouns in English that end in *-ty.* Nouns that end in *-dad* or *-tad* are feminine.

In a similar way, nouns in Spanish that end in *-ción* or *-sión* frequently correspond to nouns in English that end in *-tion* or *-sion.* These nouns are also feminine. You know that *construcción* means "construction" and that *posesión* means "possession."

Try it out! Figure out the meanings of these Spanish words.

la generosidad	la comunicación
la responsabilidad	la comisión
la variedad	la vegetación
la tranquilidad	la información
la libertad	la organización
la universidad	la presentación

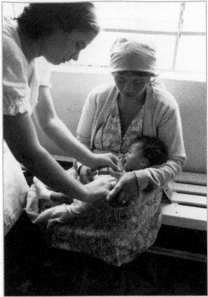

Una enfermera asiste a un bebé en una clínica de salud en Honduras.

CULTURA ⟨ México

El arte de vidrio México es conocido por su producción de hermosos[1] objetos de vidrio. Muchas de estas obras de arte (como vasos y jarrones[2]) son de botellas recicladas y otras cosas de vidrio. Al derretir[3] el vidrio, los artistas le dan forma. Los artesanos también decoran ventanas con pedazos[4] de vidrio de colores. Cada objeto de vidrio es único.

• En tu casa, ¿qué objetos comunes o artísticos son de materiales reciclados?

[1]beautiful [2]vases [3]melt [4]pieces

Arte de vidrio de México

7

Y tú, ¿qué dices?

🎤 **ESCRIBIR, HABLAR**

1. ¿Qué cosas reciclas en casa? ¿Y en la escuela? ¿Qué más podemos reciclar?

2. ¿Qué puede hacer la gente para tener un barrio más limpio?

3. ¿Qué tipo de trabajo voluntario te gustaría hacer?

4. Escribe dos recomendaciones sobre cómo debemos ayudar a los demás.

5. ¿Qué organizaciones en tu comunidad reciben ropa usada o juguetes como donación? ¿Qué más podemos darles a las personas que necesitan ayuda?

La protección de las áreas naturales

LEER, HABLAR EN PAREJA, ESCRIBIR   Costa Rica es un país increíble con mucha vegetación y una gran variedad de animales. La conservación de estas áreas naturales del país es muy importante. Por eso hay muchas áreas protegidas[1] en el país.

Conexiones   Las matemáticas

1 Mira el mapa de Costa Rica. Las áreas protegidas (como parques nacionales y reservas) están indicadas en verde. Estima qué porcentaje del área total del país es el área protegida.

2 Mira la tabla que compara las áreas protegidas con el área total del país. Trabaja con otro(a) estudiante para:
- calcular qué porcentaje del área total es el área protegida.
- comparar la respuesta con las estimaciones que hicieron Uds.

3 Averigua[2] cuántas millas cuadradas tienen los Estados Unidos y cuántas de estas millas son parques nacionales o estatales y, por lo tanto[3], áreas protegidas. Busca la información en una enciclopedia o en el Internet.

4 Calcula qué porcentaje del área total de los Estados Unidos son estos parques. Preparen un informe sobre los resultados.

[1]protected [2]Figure out [3]therefore

Áreas protegidas
5.035 millas cuadradas

Área total
19.730 millas cuadradas

Modelo

El área total de los Estados Unidos es de ___ millas cuadradas. ___ millas cuadradas son parques nacionales o estatales. Estos parques representan el ___ por ciento del país.

CULTURA   Costa Rica

La Asociación Conservacionista de Monteverde en Costa Rica ayuda a proteger[1] el bosque lluvioso en la Reserva Bosque Nuboso Monteverde. La gente joven de todo el mundo ayuda a preservar el bosque. Los voluntarios mantienen los senderos[2] y ayudan en los proyectos de conservación.

Pre-AP® Integration: Los temas del medio ambiente ¿Qué programas de tu comunidad o estado son similares al programa de Costa Rica? ¿Cómo ayudan a la protección de áreas naturales?

Mapa global interactivo Visita el Bosque Nuboso de Costa Rica. Escribe una lista de las ideas clave para su conservación.

[1]protect [2]trails

Entrada a la Reserva Bosque Nuboso, Monteverde, Costa Rica

Gramática

OBJECTIVES
▶ Summarize what people say about volunteering
▶ Read and write about recycling in Puerto Rico
▶ Exchange information while comparing opinions about environmentalism

The present tense of *decir*

The verb *decir* means "to say" or "to tell." Here are all its present-tense forms:

(yo)	**digo**	(nosotros) (nosotras)	**decimos**
(tú)	**dices**	(vosotros) (vosotras)	**decís**
Ud. (él) (ella)	**dice**	Uds. (ellos) (ellas)	**dicen**

The *yo* form is irregular: *digo.*

Notice that the *e* of *decir* changes to *i* in all forms except *nosotros* and *vosotros.*

¿Recuerdas?
You have used forms of *decir* in the questions ¿Cómo se dice? and Y tú, ¿qué dices?

Más recursos | ONLINE

▶ *GramActiva* Video
▶ Tutorials: *Decir*
▶ Animated verbs
✎ *GramActiva* Activity

9

Hay que reciclar

ESCRIBIR Escribe las formas apropiadas del verbo *decir* para completar las opiniones de diferentes personas sobre cómo tener una comunidad limpia.

1. Mis padres ＿＿ que es necesario recoger la basura en las calles.

2. La gente ＿＿ que es importante llevar los periódicos a un centro de reciclaje.

3. Las personas en mi comunidad ＿＿ que tenemos que separar la basura.

4. Mi profesor de biología ＿＿ que es necesario reciclar el vidrio y el plástico.

5. Nosotros ＿＿ que debemos limpiar nuestro barrio y comunidad.

6. Yo ＿＿ que el reciclaje es muy importante.

7. ¿Qué ＿＿ tú?

Nota
Use the *él / ella* form of the verb with *la gente.*
To tell *what* people say, use *que* after *decir.*
• La gente dice que . . .

10

¿Qué dices tú?

LEER, ESCRIBIR Lee las frases del 1 al 5 de la Actividad 9. Escribe otras para decir si haces estas mismas actividades a menudo, a veces o nunca.

11

¿Cómo debemos participar más?

ESCRIBIR, HABLAR EN GRUPO

1 Forma un grupo con cuatro estudiantes. Comparen las frases que escribieron para la Actividad 10 y digan con qué frecuencia *(how often)* todos hacen las cosas. Cada grupo va a presentar sus frases a la clase.

2 Cada estudiante debe anotar las respuestas de todos los grupos.

3 Después de escuchar y anotar las frases de todos los grupos, calcula el porcentaje de estudiantes que hacen estas actividades a menudo, a veces o nunca. Escribe frases sobre los resultados.

Modelo

En nuestro grupo, una persona dice que recoge la basura en las calles a menudo. Tres personas dicen que no la recogen nunca.

Modelo

En esta clase, el 10 por ciento de las personas dicen que recogen la basura en las calles a menudo; el 70 por ciento dicen que la recogen a veces; y el 20 por ciento dicen que no la recogen nunca.

12

Las 3 Rs

LEER, HABLAR, ESCRIBIR   Lee el anuncio que está abajo *(below)*. Habla de Puerto Rico y la importancia de la conservación. Luego contesta las preguntas.

1. ¿Cómo puedes "reducir"? ¿Qué cosas compras o usas a veces que no son necesarias?

2. ¿Cómo puedes reciclar o reusar cosas en casa o en la escuela?

3. Según las frases que escribiste para la Actividad 11, escribe tres recomendaciones para cuidar *(take care of)* más tu comunidad.

¡Tú puedes ser parte de la solución del problema de la basura en nuestra isla!

Recuerda esta guía práctica de las 3 erres

Reduce: Cuando vas de compras, decide no comprar cosas que no son necesarias.

Reusa: Usa un producto, objeto o material varias veces¹. No debes tirar² a la basura las cosas que puedes usar otra vez.

Recicla: Usa los mismos materiales otra vez o usa un proceso natural o industrial para hacer el mismo o nuevos productos.

Lo que compras, comes, cultivas o tiras puede ser la diferencia entre un buen futuro o un futuro de destrucción para Puerto Rico.

¹several times ²throw away

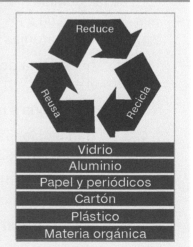

Reduce
Reusa
Recicla
Vidrio
Aluminio
Papel y periódicos
Cartón
Plástico
Materia orgánica

Gramática

> **OBJECTIVES**
> ▶ Write about and discuss what you and others do for people in the community
> ▶ Play a listening comprehension game with classmates

Indirect object pronouns

An indirect object tells *to whom* or for *whom* an action is performed. Indirect object pronouns are used to replace an indirect object noun.

Les doy dinero.	*I give money to them.*
Te llevo el vidrio y las latas.	*I'll bring you the glass and the cans.*
¿Nos reciclas estas botellas, por favor?	*Will you please recycle these bottles for us?*

The indirect object pronoun comes right before the conjugated verb. Here are the different indirect object pronouns:

SINGULAR		PLURAL	
me	(to / for) me	**nos**	(to / for) us
te	(to / for) you	**os**	(to / for) you
le	(to / for) him, her; you *(formal)*	**les**	(to / for) them; you *(formal)*

When an infinitive follows a conjugated verb, the indirect object pronoun can be attached to the infinitive or be placed before the conjugated verb.

Quiero **darle** un juguete al niño.

o: **Le quiero dar** un juguete al niño.

Because *le* and *les* have more than one meaning, you can make the meaning clear, or show emphasis, by adding *a* + the corresponding name, noun, or pronoun.

Les damos lecciones **a Miguel y a Felipe.**

Les damos lecciones **a los niños.**

Les damos lecciones **a ellos.**

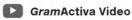
13

Las Olimpíadas Especiales

LEER, ESCRIBIR Unos jóvenes ayudan con las Olimpíadas Especiales. Escribe *me, te, le, nos* o *les* para completar cada frase.

Modelo
___ llevan comida a los padres de los niños.
Les llevan comida a los padres de los niños.

1. ___ dan naranjas y jugo a los participantes.
2. ___ hacen una donación a la señora que organizó el evento.
3. ___ traen agua a mis compañeros porque tienen sed.
4. ___ dan lecciones de varios deportes a los participantes.
5. ___ dicen a nosotros que debemos preparar los concursos *(contests)*.
6. ___ traen a mí un sándwich porque tengo hambre.
7. ___ dicen a nosotros que necesitan más ayuda.

Voluntarios y atletas en las Olimpíadas Especiales, Miami

Juego

HABLAR EN GRUPO, GRAMACTIVA

1 Tu profesor(a) va a dividir a los estudiantes en grupos de cinco. Cada grupo forma una fila *(line)*. Las primeras personas de cada fila van al frente de la clase y el (la) profesor(a) les dice una frase.

2 Las personas regresan a sus grupos y le dicen a la primera persona de la fila, *"Me dice que . . . "* y repite la frase del (de la) profesor(a). Luego la primera persona repite la frase a la segunda persona de la fila.

3 Cada grupo continúa hasta decir la frase a la última *(last)* persona. Esta persona escribe la frase que escucha en una hoja de papel. El grupo más rápido y que dice la frase más correcta gana *(wins)* el juego.

15

¿Cómo ayuda la gente a los demás?

ESCRIBIR Escribe frases para decir cómo la gente ayuda a los demás. Usa las palabras de las listas y *a menudo, a veces* o *nunca.*

Modelo
A veces la gente les lleva comida a los ancianos.

dar	dinero	ropa usada	los pobres
enseñar	flores	juguetes	los niños
comprar	cuentos	periódicos	las personas
llevar	comida	revistas	enfermas
leer	una lección de . . .		los ancianos

Regalos

ESCRIBIR, HABLAR EN PAREJA

1 En una hoja de papel, haz dos listas. En la primera, escribe los nombres de cinco personas. En la segunda, escribe un regalo para cada una de estas personas.

2 Habla con otro(a) estudiante sobre los regalos que vas a comprar.

 Videomodelo

A —*¿A quién vas a comprar un regalo?*
B —*Le voy a comprar un regalo a mi abuela.*
A —*¿Qué le vas a comprar?*
B —*Le voy a comprar flores.*

Gramática

OBJECTIVES
▶ Listen to a description of disaster-relief efforts
▶ Exchange information and write about what you and others did
▶ Read and write about a program to protect sea turtles

The preterite of *hacer* and *dar*

Hacer and *dar* are irregular verbs in the preterite. Notice that these verbs do not have any accent marks in the preterite.

- The preterite stem for *hacer* is *hic-*. In the *Ud. / él / ella* form, the *-c-* changes to a *-z-* so that it keeps the "s" sound: *hizo*.

- The preterite stem for *dar* is *di-*. The same stem is used for all the preterite forms.

¿Recuerdas?
You used the preterite *tú* form of *hacer* when you asked, *¿Qué hiciste?*

Más recursos ONLINE
- ▶ *GramActiva* Video
- ▶ Animated Verbs
- ✎ *GramActiva* Activity

(yo)	**hice**	(nosotros) (nosotras)	**hicimos**
(tú)	**hiciste**	(vosotros) (vosotras)	**hicisteis**
Ud. (él) (ella)	**hizo**	Uds. (ellos) (ellas)	**hicieron**

(yo)	**di**	(nosotros) (nosotras)	**dimos**
(tú)	**diste**	(vosotros) (vosotras)	**disteis**
Ud. (él) (ella)	**dio**	Uds. (ellos) (ellas)	**dieron**

17

En un hospital

LEER, ESCRIBIR Una joven habla de su experiencia como voluntaria en un hospital. Escribe los verbos en el pretérito para completar las frases.

Mis amigos y yo __1.__ (dar / decidir) hacer un trabajo voluntario en un hospital. Nosotros __2.__ (ir / hacer) dibujos para los ancianos en el hospital. La semana pasada una amiga y yo __3.__ (llevar / hablar) los dibujos al hospital. La enfermera[1] nos __4.__ (dar / decidir) permiso para entrar en los cuartos de varios ancianos. Nosotros __5.__ (llevar / visitar) a los ancianos y les __6.__ (decidir / dar) los dibujos. Los ancianos nos __7.__ (hablar / llevar) de sus familias y nos __8.__ (decidir / dar) abrazos.[2] Ésta fue la primera vez que yo __9.__ (hacer / llevar) un trabajo voluntario. Fue una experiencia inolvidable para nosotros. Vamos a regresar al hospital otra vez.   [1]nurse [2]hugs

CULTURA ▶ España

El Hospital de la Caridad, un hospital y asilo en Sevilla, España, lo fundaron los monjes[1] de la Hermandad de la Caridad[2] en el siglo XVII. Hoy, los hermanos aún[3] cuidan de las personas que son mayores o pobres y necesitan ayuda.

Pre-AP® Integration: El bienestar social ¿Cómo ayudan los programas de tu comunidad a las personas que lo necesitan?

[1]monks [2]Charity Brotherhood [3]still

El Hospital de la Caridad en Sevilla, España

Go **Online** to practice
PearsonSchool.com/Autentico
PEARSON
realize™

AUDIO   VIDEO   WRITING   SPEAK/RECORD

Las donaciones

ESCUCHAR, ESCRIBIR

1 Vas a escuchar cómo varias personas y organizaciones, como la Cruz Roja, ayudaron a las víctimas de un desastre en El Salvador. En una hoja de papel, escribe los números del 1 al 6. Escribe las frases que escuchas.

2 Luego, escribe un email a otro estudiante y pregunta qué deben hacer ustedes para ayudar en caso de un desastre.

La Cruz Roja ayuda en El Salvador.

¿Qué hicieron el sábado pasado?

ESCRIBIR, HABLAR EN PAREJA

1 Escribe lo que hicieron estas personas el fin de semana pasado.

tu mejor amigo(a)	tu madre (padre)
tú y tus amigos	tu profesor(a) de . . .
tus amigos(as)	tú

2 Habla con otro(a) estudiante sobre lo que hicieron las personas.

▶ **Videomodelo**

A —*¿Qué **hicieron** tus amigos el fin de semana pasado?*

B —*Mis amigos **fueron al río**. Y tus amigos, ¿qué **hicieron ellos**?*

A —*Vieron una película en el cine.*

o: —*No sé qué **hicieron ellos**.*

Un grupo de amigos juegan al básquetbol en Managua, Nicaragua.

Y tú, ¿qué dices?

ESCRIBIR, HABLAR

1. ¿Qué hiciste el viernes pasado? ¿Qué hicieron tus amigos?

2. ¿Qué hizo tu familia el verano pasado?

3. ¿Qué les diste a tus hermanos o a tus amigos para su cumpleaños? ¿Qué te dieron a ti?

4. ¿Qué hizo la gente de tu comunidad el año pasado para ayudar a los pobres o a las víctimas de un desastre?

5. ¿Hizo tu barrio algo para ayudar a los ancianos o a los niños? ¿Qué?

Juego

ESCRIBIR, HABLAR EN GRUPO

1 En grupos de cuatro, deben pensar en diferentes premios *(prizes)* que reciben las personas: por ejemplo, el premio Nobel, el Heisman, el Óscar, el Emmy, el Golden Globe o el Grammy. Cada uno escribe una pregunta que tu grupo va a hacerle a otro grupo sobre los premios que dieron el año pasado.

2 Tu grupo debe leer una de las preguntas a otro grupo, que tiene 30 segundos para contestarla. Si el grupo contesta bien la primera vez, recibe tres puntos. Si contesta bien la segunda vez, recibe un punto. Si contesta mal, tu grupo debe decirles la respuesta.

Videomodelo

A —¿A quién le dieron el Óscar por ser la mejor actriz el año pasado?

B —Le dieron el premio a . . .

Para decir más . . .

la actriz	actress
el actor	actor
el / la cantante	singer
el / la atleta	athlete

Al autor peruano-español Mario Vargas Llosa le dieron el premio Nobel de Literatura en 2010.

Pronunciación ◁ The letter x

The letter *x* is pronounced several ways. When it is between vowels or at the end of a word, it is pronounced /ks/. Listen to and say these words:

examen	taxi	aproximadamente
exactamente	dúplex	éxito

When the *x* is at the beginning of a word, it is usually pronounced /s/. At the end of a syllable, the x can be pronounced /s/, /ks/, or /gs/. Listen to and say these words:

xilófono	explicar	experiencia
exploración	experimento	experto

Try it out! Work with a partner to ask and answer these questions, paying special attention to how you pronounce the letter *x*.

1. ¿En qué clase son más difíciles los exámenes?

2. ¿Qué clase tienes durante la sexta hora?

3. ¿En qué clase haces experimentos? ¿Qué tipo de experimentos haces?

4. ¿En qué clase hablas o escribes mucho de tus experiencias personales?

Una familia en Xochimilco, México

In the 1500s, the *x* represented the "h" sound of the Spanish letter *j*. That is why you see some words, like México, Oaxaca, and Texas written with *x*, even though the *x* is pronounced like the letter *j*. In words from indigenous languages of Mexico and Central America, the *x* has the /sh/ sound, as with the Mayan cities of Xel-há and Uxmal.

Go **Online** to practice
PEARSON
re**a**lize™

PearsonSchool.com/Autentico

AUDIO   VIDEO   WRITING   SPEAK/RECORD   MAPA GLOBAL

Las tortugas tinglar

 LEER, ESCRIBIR, HABLAR   Lee esta información sobre las tortugas tinglar.
Luego contesta las preguntas.

 www.tortugatinglar.com

¡La tortuga tinglar es enorme! Es la tortuga marina más grande del mundo[1]. Los tinglares adultos pueden ser de hasta siete pies de largo y pesar[2] hasta 1.400 libras[3]. Cada año, entre febrero y julio, esta tortuga sale del mar en la noche y pone sus huevos en playas tropicales, como las de la República Dominicana, Costa Rica o de la isla de Culebra cerca de Puerto Rico. Después regresa a aguas frías.

Desde 1970 el tinglar está en peligro[4] de extinción. Por eso, en la primavera voluntarios de diferentes países van a las playas como las de la isla de Culebra. Llevan trajes de baño, jeans, sudaderas, camisetas, cámaras, binoculares, linternas[5], repelente contra mosquitos y muchas ganas de[6] ayudar a las tortugas. Patrullan[7] las playas buscando las tortugas.

Después de que las tortugas ponen los huevos, los voluntarios los llevan a un nido artificial. Aproximadamente 60 días después, las tortuguitas salen de los huevos. Los voluntarios llevan a las tortuguitas al mar donde nadan continuamente por unas 28 horas. Estos voluntarios son muy importantes para la preservación de la tortuga tinglar.

La tortuga tinglar

[1]in the world [2]weigh [3]pounds [4]danger [5]flashlights [6]the desire [7]They patrol

1. Para ti, ¿cuáles son los hechos (*facts*) más increíbles sobre la tortuga tinglar?

2. Escribe una lista, en orden, del trabajo que hacen los voluntarios en la playa.

3. ¿Te gustaría trabajar como voluntario en una de las playas donde están las tortugas tinglar? ¿Por qué?

 Mapa global interactivo Look at tortoise nesting sites in the Dominican Republic, Puerto Rico, and Costa Rica.

El español en el mundo del trabajo

There may be community service organizations in your neighborhood where knowing Spanish is helpful. These organizations include medical clinics, food kitchens, senior centers, career counseling and job training, and after-school programs. Volunteering your skills for these agencies is the first step to finding out if you would be interested in pursuing work in the nonprofit sector.

• Check with local agencies to find out which ones offer services in Spanish (or in other languages). Develop a class list of volunteer opportunities in your community in which you could use your Spanish skills.

Protegiendo a las tortugas en las Islas Caimán

Lectura

OBJECTIVES
▶ Read about an international volunteer organization
▶ Use cognates to increase comprehension
▶ Identify benefits of volunteer work

Strategy
Recognizing cognates
Recognizing cognates in the article will help you understand the key details and main idea of the reading.

Lee este artículo sobre una organización que hace proyectos de construcción en muchos países del mundo.

Hábitat para la Humanidad Internacional

Hábitat es una organización internacional que ayuda a la gente pobre a tener casa. Su objetivo es construir casas seguras[1] que no cuestan mucho para las personas que no tienen mucho dinero. Hábitat trabaja con las familias pobres, con los grupos de voluntarios y con las personas que les dan dinero. Esta organización tiene más de 1.400 proyectos en muchas comunidades de los Estados Unidos y otros 1.600 proyectos en más de 70 países diferentes. Hábitat ha construido[2] unas 800.000 casas en todo el mundo.

Guatemala tiene diecisiete afiliados de Hábitat. Cada afiliado tiene su propio dinero y hace su plan de construcción y sus proyectos. Los afiliados de Guatemala tienen mucho éxito[3]. Han construido más de 10.000 casas y tienen planes para construir 15.000 más en los años que vienen. Según Hábitat, las personas pobres tienen que ayudar a construir sus casas. Es una manera positiva de ayudar a los demás. Hábitat les da los materiales de construcción y los trabajadores voluntarios. Cuando la casa está construida, el nuevo propietario[4] paga una pequeña hipoteca[5] cada mes. Después, los nuevos propietarios tienen que ayudar a otros futuros propietarios a construir sus casas.

México — Belice
Guatemala
• Baja Verapaz — Honduras
Guatemala
Océano Pacífico — El Salvador

---

[1]safe [2]has built [3]success [4]owner [5]mortgage

Un proyecto de Hábitat para la ▶ Humanidad Internacional

Para todos, es una experiencia increíble.

—Ayer fue mi cumpleaños y recibí el mejor regalo de mi vida, mi propia casa —dijo una señora de la comunidad de Baja Verapaz.

La mayoría[6] del dinero viene de donaciones privadas y del trabajo voluntario de muchísimas personas.

¿Sabes que el ex-presidente Jimmy Carter y su esposa Rosalynn son dos de los primeros miembros voluntarios de Hábitat? Los grupos de voluntarios son una parte fundamental del éxito de la organización.

—Es una experiencia inolvidable para ayudar a los demás —dijo un voluntario en Guatemala.

[6]the majority

Trabajadores de Hábitat para la Humanidad Internacional

✎ ¿Comprendes?

1. ¿Qué hace Hábitat?
2. ¿Con quiénes trabaja Hábitat?
3. ¿En cuántos países está Hábitat?
4. ¿Cuántas casas construyeron los afiliados de Guatemala?
5. ¿Qué tienen que pagar los nuevos propietarios?
6. ¿Qué tienen que hacer los nuevos propietarios?
7. ¿De dónde viene el dinero para construir las casas?
8. Y a ti, ¿te gustaría trabajar con Hábitat? ¿Por qué?
9. Escribe un resumen del texto con cuatro detalles clave sobre Hábitat en Guatemala.

CULTURA ▸ Los países andinos

La minga es un concepto usado en Ecuador, Colombia y otros países de los Andes. Es una tradición en la que las personas trabajan de voluntarios para la comunidad. Ayudan en tareas de construcción o en la agricultura. La idea de la minga es que luego las personas que ayudan también reciben ayuda de otros. *Minga* es una palabra del quechua que significa "trabajo colectivo".

Pre-AP® Integration: La conciencia social ¿Por qué crees que es importante la colaboración entre personas en una comunidad?

Personas en Perú trabajan juntas en un campo de papas

Perspectivas del mundo hispano

¿Trabajas como voluntario?

Online Cultural Reading

Go to Auténtico ONLINE to read about the National Parks in Costa Rica.

Throughout the Spanish-speaking world students are involved in volunteer activities and organizations. In many private schools students are encouraged to serve their community for two to three hours per week to help them learn responsibilities that will make them good citizens. Community service also provides a good occasion to explore different professions such as education, medicine, or social work. For example, many young people work with local branches of the *Cruz Roja* (Red Cross) and learn how to respond in times of emergency. Courses are offered by the organization, and some students even study for a degree in health services.

In many Spanish-speaking countries, students are involved in causes dealing with the environment. In these countries, the natural beauty of the land is not only a source of national pride, it is also an economic resource and important to the well-being of the country. Students work at recycling centers collecting paper, glass, and plastic and collect trash along roadsides and in parks.

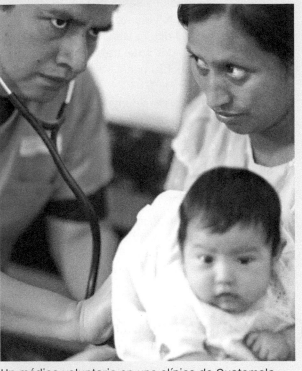

Un médico voluntario en una clínica de Guatemala

Investigar Survey the students in your class. Who does volunteer work? What kind of work do they do? How often are they involved in community service activities? Write a few lines describing one of their volunteer activities. Follow the model.

Modelo
Luisa trabaja como voluntaria en un campamento...

Comparación cultural How does the involvement in volunteerism among teenagers in many Spanish-speaking countries compare with the involvement of teenagers in your community?

En la Reserva Ecológica El Ángel, en el Ecuador

OBJECTIVES
▸ Design a poster promoting community service
▸ Use key questions to cover important ideas

Go **Online** to practice
PEARSON realize.™

PearsonSchool.com/Autentico

WRITING

✏ ¿Puedes ayudarnos?

TASK Your school wants to organize a clean-up campaign for a park, recreation center, playground, or other place in your community. Make a poster announcing the project and inviting students to participate.

1 Prewrite Answer the following questions about your project.

- ¿Qué van a limpiar y qué tienen que hacer?
- ¿Dónde está el lugar?
- ¿Cuándo y cuántas horas van a trabajar?
- ¿Quién(es) puede(n) participar?

2 Draft Use the answers to the questions to prepare a first draft. Organize the information logically. Remember that you want students to stop and read the poster.

3 Revise Check your draft for spelling, accent marks, punctuation, and vocabulary usage. Share your work with a partner, who will check the following:

- Is the information presented clearly and arranged logically?
- Is there anything that you should add or change?
- Are there any errors?

4 Publish Prepare a final version, making any necessary changes. Add visuals to make the poster appealing. Display it in the classroom, cafeteria, or school library, or add it to your portfolio.

5 Evaluation The following rubric will be used to grade your presentation.

> **Strategy**
> **Using key questions** Answering key questions can help you think of ideas for writing.

Rubric	Score 1	Score 3	Score 5
Completeness of information	You provide only the name of your project.	You provide the name and location of your project.	You provide your project name, location, plus when, for how long, and who.
Accuracy of language	You use little variation of vocabulary with many grammar errors.	You use limited vocabulary with some grammar errors.	You use a variety of vocabulary with very few grammar errors.
Visual presentation	Your only visual on the poster is the title.	You provide the title and one visual on your poster, in color.	You provide the title and two or more visuals on your poster, in color.

Auténtico

Partnered with **NBC LEARN**

Trabajar como voluntario

Antes de ver

Usa la estrategia: Make and Verify Your Prediction

As you watch the video, try and determine the purpose of the video. Use key details to make predictions about the video. What does the video hope to communicate? Then, as the video progresses, see if your predictions were correct.

Read the Key Vocabulary

maneras = ways

involucrarse = get involved

beneficiarse = benefit

juntos = together

auxilio = helping

Ve el video

Why do people volunteer? What kinds of volunteer opportunities exist and when is the best age to volunteer?

Go to **PearsonSchool.com/Autentico** and watch the video *Trabajar como voluntario* to learn more about service and volunteering.

Completa las actividades

Mientras ves Numera las oraciones en orden según el video, mientras identificas los detalles claves del video.

Hacer trabajo voluntario enseña responsabilidad.

Trabajar como voluntario une a la familia.

El trabajo de voluntario desarrolla la empatía.

Ser voluntario es un ejemplo que afecta al joven toda la vida.

Los jóvenes pueden trabajar como voluntarios.

Los padres e hijos pueden trabajar como voluntarios juntos.

Integración

Después de ver Mira el video otra vez para contestar estas preguntas.

1. ¿Cuáles son dos trabajos voluntarios que menciona el video?

2. ¿Qué aprenden los jóvenes al trabajar de voluntario?

3. ¿Crees que todos los jóvenes deben hacer trabajo voluntario?

 For more activities, go to the *Authentic Resources Workbook*.

El trabajo voluntario

Expansión Busca otros recursos auténticos en *Auténtico* en línea. Después, contesta las preguntas.

 8B Auténtico

Integración de ideas Los recursos auténticos de este capítulo informan sobre varios aspectos del trabajo voluntario. ¿Según estos recursos, qué trabajos pueden ayudar a desarrollar la autodisciplina en los adolescentes?

Comparación cultural Contesta la pregunta: Compara los trabajos voluntarios en los EE.UU con los de otros países. ¿Es más importante servir en tu propia comunidad o servir en otro país?

Repaso del capítulo

OBJECTIVES
▶ Review the vocabulary and grammar
▶ Demonstrate you can perform the tasks on p. 423

🔊 Vocabulario

to talk about recycling

la bolsa	bag, sack
la botella	bottle
la caja	box
el cartón	cardboard
el centro de reciclaje	recycling center
la lata	can
llevar	to take; to carry
el periódico	newspaper
el plástico	plastic
reciclar	to recycle
recoger	to collect; to gather
separar	to separate
usado, -a	used
el vidrio	glass

to talk about places in a community

el barrio	neighborhood
la calle	street, road
la comunidad	community
el jardín	garden, yard
el río	river

to discuss possibilities for volunteer work

los ancianos	older people
el anciano	older man
la anciana	older woman
el campamento	camp
los demás	others
la escuela primaria	primary school
la gente	people
el hospital	hospital
el juguete	toy
los niños	children
el niño	young boy
la niña	young girl
pobre	poor
el problema	problem

For *Vocabulario adicional,* see pp. 472–473.

el proyecto de construcción	construction project
el trabajo voluntario	volunteer work
el voluntario, la voluntaria	volunteer

other useful expressions

a menudo	often
decidir	to decide
Es necesario.	It's necessary.
la experiencia	experience
Hay que . . .	One must . . .
increíble	incredible
inolvidable	unforgetable
¿Qué más?	What else?
la vez *pl.* las veces	time
otra vez	again

Gramática

decir *to say, to tell*

digo	decimos
dices	decís
dice	dicen

indirect object pronouns

SINGULAR	PLURAL
me (to / for) me	nos (to / for) us
te (to / for) you	os (to / for) you
le (to / for) him, her; you (formal)	les (to / for) them; you (formal)

preterite of *dar*

di	dimos
diste	disteis
dio	dieron

preterite of *hacer*

hice	hicimos
hiciste	hicisteis
hizo	hicieron

Preparación para el examen

What you need to be able to do for the exam . . .	Here are practice tasks similar to those you will find on the exam . . .	For review go to your print or digital textbook . . .

Interpretive

1 ESCUCHAR I can listen and understand as someone describes what he did in his community.

A radio station is sponsoring a contest to encourage people to help in the community. Listen as a teen tells the announcer what he did. Infer from the description whether he: a) helped older people; b) worked on a recycling project; c) contributed money; d) volunteered in a hospital or school.

pp. 400–403 *Vocabulario en contexto*
p. 401 **Actividades 1–2**
p. 404 **Actividad 4**
p. 413 **Actividad 18**

Interpersonal

2 HABLAR I can ask and answer questions about what I or someone I know did to help others in the past few months.

Many organizations offer scholarships to students who help others. With a partner, practice asking and answering the following questions for the scholarship interviews with a local agency that works in the Spanish-speaking community: a) What did you do to help others? b) Why did you decide to do volunteer work?

p. 404 **Actividad 5**
p. 405 **Actividad 6**
p. 406 **Actividad 7**

Interpretive

3 LEER I can read and understand information about what people gave as donations to other people or groups.

The Spanish Club treasurer's report about charitable contributions is ready for the members. Read one line item from the report. Indicate whether the member(s) donated: a) cash; b) lessons for an individual or group; c) clothing; d) furniture. For example, you might read: *Scott y Jamie le dieron una cama y una cómoda a una familia pobre.*

p. 412 **Actividad 17**
p. 415 **Actividad 22**
pp. 416–417 *Lectura*

Presentational

4 ESCRIBIR I can write a list of things teenagers can do to help in my community.

To encourage your classmates to participate in *La semana de la comunidad,* make a poster for your classroom with at least five suggestions for activities. For example: *Recicla las botellas. Ayuda a los niños de la escuela primaria.*

p. 408 **Actividades 9–10**
p. 409 **Actividad 12**
p. 410 **Actividad 13**
p. 411 **Actividad 15**
p. 412 **Actividad 17**
p. 419 *Presentación escrita*

Culture

5 COMPARAR I can demonstrate an understanding of cultural perspectives regarding volunteer work.

Think about the volunteer activities in which you and your friends participate. Based on what you've learned in this chapter, compare these to the type of work teenage volunteers do in Spanish-speaking countries.

pp. 400–403 *Vocabulario en contexto*
p. 407 *Cultura*
pp. 416–417 *Lectura*
p. 417 *Cultura*
p. 418 *Perspectivas del mundo hispano*

9A
El cine y la televisión

Country Connections Explorar el mundo hispano

España
Florida
México
Venezuela
Argentina

CHAPTER OBJECTIVES

Communication

By the end of this chapter you will be able to:

- Listen to and read different opinions about television.
- Talk and write about television programs and movies.
- Exchange information while sharing opinions about television and film.

Culture

You will also be able to:

- **Autentico:** Identify cultural practices in an authentic text about television shows.
- Understand and use common gestures and compare them to ones you use.
- Compare television programs in Spanish-speaking countries and in the United States.

You will demonstrate what you know and can do:

- Presentación oral: ¿Qué dan esta semana?
- Repaso del capítulo: Preparación para el examen

You will use:

Vocabulary
- Television programs
- Movies
- Words and expressions to give opinions

Grammar
- *Acabar de* + infinitive
- *Gustar* and similar verbs

ARTE y CULTURA España

Portrait of Luis Buñuel Luis Buñuel (1900–1983) was a Spanish-born film director. He made films in Spain, the United States, Mexico, and France. His films were often controversial because of their strong imagery and difficult topics. Buñuel made two surrealist films with artist Salvador Dalí (1904–1989), Spain's most famous surrealist painter. The films mixed reality and dreams. This portrait of Buñuel was painted by Dalí in 1924 when the painter was 20 years old and Buñuel was 24.

▶ Who are some young film directors today whose films are considered to be "cutting edge"?

"Retrato de Luis Buñuel" (1924), Salvador Dalí▶

Oil on canvas, .70 x .60 m. Coll. Luis Buñuel, Mexico City, D.F., Mexico.
© 2009 Salvador Dalí, Gala-Salvador Dalí Foundation/Artists Rights
Society (ARS), New York. Photo: Bridgeman-Giraudon / Art Resource, NY.

Go **Online** to practice

PEARSON
realize.™

PearsonSchool.com/Autentico

 AUDIO

 VIDEO

 WRITING

 SPEAK/RECORD

 MAPA GLOBAL

 AUTÉNTICO

 FLASCHARDS

 ETEXT 2.0

 GAMES

Alfonso Cuarón, director de cine
mexicano, filmando una película

▶ **Videocultura** Medios de comunicación

Vocabulario en contexto

OBJECTIVES

Read, listen to, and understand information about movies and television programs and opinions on media entertainment.

CINE ÁLAMO – Películas de estreno

una película de ciencia ficción
15:30   17:05   20:25   23:00

un drama
14:30   17:05   20:30   22:00

una película romántica
13:15   15:15   18:30   21:00

una comedia
13:15   15:15   18:30   21:45

una película policíaca
14:30   17:05   20:30   22:00

una película de horror
13:25   17:30   19:30   21:15

Luisa: Vamos al cine, ¿qué **dan** en el Cine Álamo?

Amanda: A ver, ¿quieres ver un drama?

Luisa: **Me aburren** los dramas. Siempre son iguales.

Amanda: **¿De veras? Me encantan** los dramas, pero si quieres podemos ver una película de ciencia ficción. **Empieza** a las tres y media.

Luisa: ¡Fabuloso! Estas son mis películas favoritas.

Amanda: Pues, ¿vamos a comer algo **antes de** ir al cine?

Luisa: ¡Genial!

Más vocabulario
tonto, -a = silly
violento, -a = violent
cómico, -a = funny

Carlos: ¿Qué dan en la televisión?

Enrique: Los programas de la vida real me aburren, pero me encantan los programas deportivos. ¿No hay un partido de fútbol en **el canal** 3?

Carlos: Sí, pero empieza a las cinco y **ya** son **casi** las siete. Podemos ver un programa de entrevistas. Son muy interesantes y **acaban de** hablar con la actriz de mi película favorita.

Enrique: No estoy de acuerdo. El fútbol es mucho más **emocionante**.

Carlos   Enrique

Un programa...	Un programa...	Un programa...
de la vida real	de entrevistas	educativo
Un programa...	Un programa...	Un programa...
de concursos	de noticias	deportivo
Un programa...	Un programa...	
musical	de dibujos animados	Una telenovela

1

¿Cuál es su favorito?

🔊 ESCUCHAR Escucha los programas favoritos de los amigos. Señala con el dedo el programa favorito que mencionan.

2

Cierto o falso

🔊 ESCUCHA Escucha las descripciones de las películas y programas. Si una frase es lógica, haz el gesto del pulgar hacia arriba. Si no es lógica, haz el gesto del pulgar hacia abajo.

Lourdes   Ernesto

Lourdes: ¡Ernesto! ¿Vamos a ver la televisión?

Ernesto: Claro que sí. ¿Qué podemos ver? ¿La película *Aventura en el espacio*?

Lourdes: ¡Uf! ¡Es muy larga, **dura** tres horas y **media** y **termina** muy tarde! ¿Qué más hay?

Ernesto: **¿Qué clase de** programa te gusta?

Lourdes: Pues, me gusta la telenovela *Amor secreto*.

Ernesto: ¡A mí también! **El actor** y **la actriz** principales son muy guapos.

Lourdes: Sí, pero a veces es un poco **infantil** y poco **realista**.

Ernesto: Es verdad. **Por eso** me gustan más los programas educativos. Duran **menos de** una hora.

Lourdes: ¡Sí, a mí también **me interesan!** **Especialmente** si hablan **sobre** animales.

3

¿Qué vamos a ver hoy?

ESCRIBIR Lee las oraciones y elige la opción correcta para completar cada una de las oraciones.

1. A Ernesto le gustan los programas...

   a. que son cómicos.

   b. que enseñan algo.

   c. de la vida real.

2. A Lourdes le gustan...

   a. los programas educativos.

   b. las películas que duran mucho tiempo.

   c. las películas violentas.

3. Lourdes prefiere programas que son...

   a. infantiles.

   b. de horror.

   c. realistas.

Videohistoria

Go **Online** to practice

PEARSON
realize™

PearsonSchool.com/Autentico

AUDIO VIDEO WRITING SCRIPT

¡Solo un televisor!

Before You Watch

Use background knowledge What happens when you watch television with friends or family? How do you all decide what to watch? Can you all agree or do you disagree?

Complete the Activity

¿Qué programas ves? Mira las fotos e identifica la clase de programa. ¿Te gusta ver estos tipos de programas?

▶ Watch the Video

¿Qué pasa cuando los voluntarios descubren que va a haber un televisor para todos?

Go to **PearsonSchool.com/Autentico** to watch the video *¡Solo un televisor!* and to view the script.

Ximena Camila Valentina Mateo Sebastián

After You Watch

¿COMPRENDES? Lee las oraciones. Escribe *C* (cierto) si es correcta o *F* (falso) si es incorrecta. Corrige las oraciones falsas.

1. A todos los jóvenes les interesan los programas deportivos.
2. A Valentina y a Ximena les gustan los programas de concursos.
3. A nadie le interesa ver los programas de noticias.
4. Sebastián sólo quiere ver programas de ciencia ficción.
5. Va a ser difícil para todos los jóvenes pasar el verano sin ver la televisión.

Pregunta personal Compara tus programas favoritos a los preferidos de los voluntarios. ¿Con quién estás de acuerdo?

Vocabulario en uso

OBJECTIVES

▶ Listen to and write descriptions of different television programs

▶ Read about and discuss opinions of and preferences for programs and movies

▶ Exchange information about the amount of television you and others watch

4

Muchas opiniones

 ESCUCHAR, ESCRIBIR EN PAREJA Un programa de radio les pregunta a sus oyentes *(listeners)* qué piensan de los diferentes programas de televisión.

1 En una hoja de papel copia la tabla y escribe los números del 1 al 6. Vas a escuchar las opiniones de unas personas. Escribe la clase de programa en la primera columna y la descripción en la segunda columna. Luego escribe frases para expresar tu opinión.

Programa de televisión	Descripción
1. las comedias	muy cómicas

Modelo
Me encantan las comedias porque son muy cómicas.

 2 Comunica con otro(a) estudiante. Escribe un mensaje de texto para explicar si estás de acuerdo con sus opiniones.

Modelo
Estudiante 1: *Las comedias son muy cómicas.*
Estudiante 2: *Estoy de acuerdo./No estoy de acuerdo. Las comedias son muy tontas.*

5

Buenos ejemplos

 ESCRIBIR Escoge seis de los siguientes programas de televisión. Luego escribe frases para dar un buen ejemplo de los diferentes programas.

Modelo
Piratas del Caribe es una comedia.

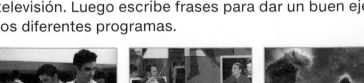

Go **Online** to practice
PearsonSchool.com/Autentico

PEARSON
realize™

AUDIO VIDEO WRITING SPEAK/RECORD

¿Te gustaría ver . . . ?

HABLAR EN PAREJA, ESCRIBIR

1 Usa la información que escribiste en la Actividad 5 y habla con otro(a) estudiante. Expresa tus preferencias sobre qué clase de programas le gustaría ver. Él o ella puede usar las siguientes palabras.

me aburren	tontos, -as	fascinantes
me gustan	emocionantes	cómicos, -as
me interesan	violentos, -as	infantiles
me encantan	realistas	**¡Respuesta personal!**

Videomodelo

A —*Me gustan las comedias. ¿Te gustaría ver* **una comedia** *como...?*

B —*¡Uf!* **Me aburren las comedias.** *Son* **tontas.**

o:—*¡Por supuesto!* **Me encantan las comedias.** *Son* **cómicas.**

2 Luego, escriban preguntas sobre los programas en una hoja de papel y compartan las notas con otros estudiantes para que las contesten.

7

Escucha y escribe

ESCUCHAR, ESCRIBIR   Escucha y luego escribe en una hoja de papel lo que dice un joven sobre un programa de televisión que ve.

8

¿Qué programa ves tú?

ESCRIBIR EN GRUPO

1 Usa la descripción del programa de televisión de la Actividad 7 como modelo y escribe sobre un programa que tú ves. No debes nombrar el programa en la descripción. Escribe tu opinión sobre el programa.

2 Envía tu descripción a otros(as) estudiantes de la clase. Ellos deben identificar el programa que describes y escribir su opinión sobre ese programa.

CULTURA **Argentina, España, México, Venezuela**

Las telenovelas Venezuela, México, Argentina, y España producen muchas telenovelas populares entre las personas de todas las edades[1]. Normalmente, en Estados Unidos las telenovelas duran muchos años con los mismos actores. Pero las telenovelas hispanas son diferentes porque solo duran unos pocos meses. Luego, otra telenovela nueva empieza con actores diferentes y la sustituye[2].

• ¿Qué prefieres, las historias que continúan durante años o las que duran solo unos meses? ¿Por qué?

[1]ages [2]replaces it

Actores de la telenovela venezolana *La viuda joven*

¿Qué dicen los críticos?

 LEER, HABLAR EN PAREJA   Lee el artículo de abajo que
escribieron los críticos Guillo y Nadia. Luego trabaja
con otro(a) estudiante para decidir qué película van a ver.
Contesta las preguntas en el recuadro.

Nota
Use *más / menos **de*** with numbers.
* *más **de*** tres horas
* *menos **de*** diez personas

 Videomodelo

A —*Acabo de leer un artículo sobre la película . . . ¿Te gustaría verla?*
B —*¿Qué clase de película es?*

¿Qué clase de película es?	¿Cuánto tiempo dura?
¿De veras? ¿Cómo es?	¿Quiénes son los actores principales?
¿Sí? ¿Qué pasa en la película?	Pues, ¿quieres verla?

Guillo

Nadia

En nuestra opinión
¿Piensas ir al cine este fin de
semana? Nadia y Guillo te
dan sus impresiones de tres
nuevas películas . . .

★ ★ ★ recomendable
★ ★ más o menos
★ no la recomiendo

Cuando el amor llega Con Cristina Campos y Rafael
Montenegro. Una película romántica sobre un joven rico
enamorado de una chica pobre. Ante la oposición de sus padres,
el amor de los jóvenes es imposible. Esta película, de dos horas y
media, es similar a las viejas fórmulas de las telenovelas—un
poco tonta y aburrida. Los protagonistas son buenos, pero los
actores secundarios son demasiado dramáticos. Recomendable
para personas que no tienen nada que hacer. (★)

Mis padres son de otro planeta Unos chicos descubren
que sus padres son originarios de otra galaxia y que están en
este planeta para explorar y planear una invasión. Una
producción para toda la familia que combina elementos de
comedia y ciencia ficción. Es tan fascinante y cómica que no
puedes creer que estás en el cine por más de tres horas. Los
actores principales, Javier Zaragoza y Miguel Vilar, son
fantásticos. (★ ★ ★)

Mi perro es mi héroe Un drama para toda la familia—no es
violenta y es bastante realista. Un poco infantil, pero con mucha
acción y emoción. El mejor amigo del hombre, el perro, con
inteligencia y valor, le salva la vida* a toda la familia. La película
es divertida pero un poco corta (menos de dos horas). Tiene muy
buenos actores, como Ana Jiménez y Antonio Barrera. Es una
buena película. (★ ★ ★)

*saves the life

10

¿Cuántas horas de tele?

HABLAR EN GRUPO, ESCRIBIR Vas a calcular el promedio *(average)* de horas que tus compañeros ven la tele.

Conexiones   Las matemáticas

1 Escribe el número de horas que viste la tele cada día de la semana pasada. Suma *(Add up)* estas horas. Calcula el promedio de horas para cada día.
_____ *(total de horas)* dividido por 7

2 Trabaja con un grupo de cuatro personas. Pregunta a tus compañeros(as) el tiempo promedio que vieron la televisión cada día. Escribe la información que recibes de tu grupo.

3 Calcula el promedio de horas que tu grupo vio la tele cada día la semana pasada. Escribe una frase para presentar la información a la clase.

Videomodelo

A —*Como promedio, ¿cuántas horas viste la tele cada día?*

B —*La vi casi dos horas cada día.*

11

La tele en tu vida

LEER, HABLAR EN GRUPO En un estudio reciente, se dio a conocer que, como promedio, las personas de los Estados Unidos ven más de cuatro horas de tele al día. ¡La suma de estas horas equivale a más de dos meses al año frente a la televisión!

1 Usa el promedio de horas de tu grupo de la Actividad 10 y calcula el número total de horas que vieron la tele en un año.

• 365 días al año por *(promedio de horas)* son *(total de horas)* al año

Los principales países adictos a la pantalla chica

Los cinco países que ven más la televisión al día

Source: Ofcom International Communications Market Report

2 Usa el total de horas al año para contestar estas preguntas. *(Nota: Hay aproximadamente 720 horas en un mes.)*

1. ¿Tu grupo ve la tele más de un mes al año o menos?

2. ¿La ven Uds. más que el promedio de personas en los Estados Unidos o menos? ¿Y de las personas en los otros países de la gráfica?

3. ¿Crees que las personas en los países de la gráfica ven demasiada tele? ¿Por qué?

Gramática

Acabar *de* + infinitive

When you want to say that something just happened, use the present tense of *acabar de* + infinitive.

Acabo de ver un programa musical.

I just saw a music program.

Mis padres **acaban de ir** al cine.

My parents **just went** to the movies.

Acabamos de hablar de esa película.

We just talked about that movie.

Although the action took place in the past, the present-tense forms of *acabar* are used.

Más recursos ONLINE

▶ *GramActiva* Video

▶ Tutorial: *Acabar de* + infinitive

✎ *GramActiva* Activity

12

¡Acaban de hacer muchas cosas!

ESCRIBIR La familia Martínez acaba de hacer muchas cosas esta mañana antes de ir a estudiar y trabajar. Lee la lista de quehaceres y escribe quién acaba de hacer qué cosa.

Modelo
mamá / preparar el desayuno de sus hijos
Mamá **acaba de preparar** *el desayuno de sus hijos.*

Quehaceres . . .

1. mamá / preparar el desayuno de sus hijos
2. Carlitos / comer el desayuno
3. Mariel / limpiar su dormitorio
4. Ezequiel / sacar la basura
5. Ezequiel, Carlitos y Mariel / terminar su tarea
6. papá / pasar la aspiradora en la sala
7. Elena / dar de comer al gato
8. todos / buscar sus abrigos

CULTURA El mundo hispano

Ugly Betty fue una comedia de televisión muy popular. Está basada en[1] una telenovela de Colombia llamada *Yo soy Betty, la fea.* La actriz principal era America Ferrera, una actriz latina de Los Ángeles, California. La historia de Betty está adaptada para el público de los Estados Unidos y cuenta la vida de una chica mexicano-americana que vive en Nueva York. Igual que[2] la actriz, la protagonista Betty tiene padres que emigraron[3] desde un país hispano. El programa duró cuatro temporadas[4] con 85 episodios.

Pre-AP® Integration: El entretenimiento y la diversión ¿Por qué crees que un programa puede ser popular en diferentes países?

¹is based on ²just like ³emigrated ⁴seasons

La actriz America Ferrera

Acabo de ver . . .

ESCRIBIR, HABLAR EN PAREJA

1 Copia la gráfica. Escribe tres clases de programas de televisión o películas que acabas de ver. Da el nombre y escribe una descripción.

¿Recuerdas?
Some adverbs you can use in descriptions are:
bastante   muy
demasiado   un poco

Acabo de ver . . .	Nombre	Descripción
Una película romántica	*¡No puedo vivir sin ti!*	*demasiado triste*

2 Trabaja con otro(a) estudiante para hablar sobre lo que acaban de ver. Den su opinión sobre los programas o las películas.

Videomodelo

A —*Acabo de ver **una película romántica**.*
B —*¿De veras? ¿Cómo se llama?*
A —*¡No puedo vivir sin ti!*
B —*¿Te gustó?*
A —***No, no me gustó** porque es **demasiado triste**.*

Exploración del lenguaje ⟩ Words of Greek and Arabic origin

Languages change when regions and nations interact with, or are colonized by, people who speak a different language. Long before the Romans brought Latin to Spain, certain Greek words had entered Latin. Words like *el problema, el programa,* and *el drama* were masculine nouns in Greek. When they came into Latin and then Spanish, they kept their masculine gender even though they end in *a*.

Try it out! Which of these new words would you use in the following sentences?

el clima   el sistema   el poema

1. No comprendo _____ de clasificación de películas en ese país.

2. Me gustaría visitar Panamá porque _____ allí es tropical.

3. Me gusta _____ que acabo de leer.

Arabic also had a large influence on Spanish. Around A.D. 700 the Arabic-speaking Moors invaded Spain from northern Africa. They ruled for 800 years and played a major role in the development of the Spanish language and culture. Words that came from Arabic often begin with the letters *al-*. Many words in Spanish that have a *z* or a *j* in them are also of Arabic origin. You know these words that came from Arabic: *alfombra, azúcar, naranja.*

Try it out! These words are also from Arabic. Fill in the missing letters.

a_ul   __macén   _anahoria

 Mapa global interactivo Mide las distancias entre España y los países del mar Mediterráneo y explora la región.

Gramática

OBJECTIVES
▸ Listen to a family's comments about programs
▸ Discuss and write opinions about television and movies
▸ Create an ideal television programming schedule

Gustar and similar verbs

Even though we usually translate the verb *gustar* as "to like," it literally means "to please." So when you say, *Me gustan los programas deportivos*, you're actually saying, "Sports programs are pleasing to me." *Programas deportivos* is the subject of the sentence, and *me* is the indirect object. Here's the pattern:

indirect object + form of *gustar* + subject

The subject in a sentence with *gustar* usually follows the verb. You need to know if the subject is singular or plural to know which form of *gustar* to use. If the subject is singular, use *gusta*. If it's plural, use *gustan*. If it's an infinitive, use *gusta*.

Me gust**a el actor** en la telenovela pero no me gust**an las actrices**.

A mis amigos les gust**a ver** películas.

To emphasize or clarify *who* is pleased, you can use an additional *a* + pronoun:

A mí me gustan los dibujos animados, pero **a él** no le gustan.

Here are the other verbs you know that are similar to *gustar*:

aburrir	A mí **me aburren** las películas románticas.
doler *(o→ue)*	A Fernando **le duelen** los pies.
encantar	A mis padres **les encanta** el teatro.
faltar	**Me faltan** un cuchillo y un tenedor.
interesar	**Nos interesan** mucho los programas musicales.
quedar	¿No **te queda** bien el vestido?

¿Recuerdas?

You have used me *gusta(n)*, te *gusta(n)*, and *le gusta(n)* to talk about what a person likes.

- A mí **me gusta** el cine pero a mi hermano **le gusta** más la televisión.

Más recursos ONLINE

- ▶ *GramActiva* Video
- ▶ **Tutorial:** *Gustar* and similar verbs
- ◀)) ***Canción de hip hop:*** ¿Qué te interesa?
- ✎ *GramActiva* Activity

14

Escucha y escribe

ESCUCHAR, ESCRIBIR

1. Escucha las opiniones de la familia Linares sobre los programas que dan en la televisión. En una hoja de papel, escribe las palabras clave que escuchas y piensa en las opiniones de la familia.

2. Escucha de nuevo el audio. Ahora, escribe los tipos de programas que describe la familia.

3. Escucha el audio y escribe del 1 al 6 las frases que escuchas.

Nos gustan las películas cómicas.

A mí y a ti

ESCRIBIR, HABLAR EN PAREJA

1 Trabaja con otro(a) estudiante. Copia el diagrama Venn en una hoja de papel. Escribe el nombre de tu compañero(a) encima del óvalo a la derecha. En el óvalo indicado con *A mí* escribe cinco clases de películas o programas de televisión que te gustan.

2 Pregunta a tu compañero(a) si le gustan las clases de programas y películas que tú escribiste. Si a él o a ella le gusta la clase de programa o película, escribe el nombre en el óvalo de la derecha. (Vas a usar el diagrama Venn en la Actividad 16.)

Modelo

A mí   *A nosotros*   *A Rosa*

los programas policíacos

las películas de horror

las películas de horror

Videomodelo

A —¿Te gustan los programas policíacos?
B —A ver . . . no, no me gustan mucho.
A —Pues, ¿te gustan las películas de horror?
B —Sí, me gustan mucho.

A nosotros nos gusta . . .

ESCRIBIR Compara los dos lados de tu diagrama. Escribe las clases de programas y películas que a los dos les gustan en el centro de ese diagrama. Escribe al menos cinco frases completas para expresar su opinión y describir qué les gusta a Uds.

Modelo

A nosotros nos gustan las películas de horror.
A mí me gustan los programas policíacos pero a Rosa no le gustan.

Modelo

A mí   *A nosotros*   *A Rosa*

los programas policíacos

las películas de horror

las películas de horror

las películas de horror

CULTURA **El mundo hispano**

Televisión por cable La industria de televisión por cable y satélite en América Latina ha crecido mucho. Algunos canales de cable están especializados en noticias o deportes y también ofrecen sus programas a otros países. El fútbol es el deporte que atrae[1] a más personas. El Mundial es especialmente popular en América Latina y en todo el mundo.

Pre-AP® Integration: El entretenimiento y la diversión ¿Por qué crees que el fútbol es tan popular en América Latina? ¿Crees que el deporte puede ayudar a unir[2] a las personas de un país? ¿Cómo?

¹attracts ²bring together

Juego

ESCRIBIR, HABLAR EN GRUPO, GRAMACTIVA

1 Trabaja en grupos de cuatro personas. Necesitas 20 tarjetas de tres colores. Debes tener cinco tarjetas de un color para la columna 1, cinco de otro color para la columna 2 y diez del tercer color para la columna 3. En cada tarjeta, escribe una de las palabras o expresiones de las dos primeras columnas. Para la tercera columna, escribe dos palabras para cada categoría (por ejemplo, para "cuerpo" puedes escribir *el brazo* en una tarjeta, y *la pierna* en otra).

a mí	encanta(n)	cuerpo
a mi amigo(a)	duele(n)	películas
a nosotros	interesa(n)	clases
a mis amigos	aburre(n)	ropa
a Uds.	queda(n) bien	comidas

2 Baraja *(Shuffle)* las tarjetas de cada columna y ponlas boca abajo *(face down)* en sus tres grupos. Toma una tarjeta de cada grupo, forma una frase completa y di la frase. *Importante:* Para las palabras del primer grupo, vas a tener que escoger una de estas palabras: *me, te, le, nos, les.* Si tu grupo decide que la gramática de tu frase es correcta, recibes 1 punto. Recibes otro punto si la frase es lógica. Si puedes cambiar la frase para hacerla lógica, recibes 2 puntos.

a mi amigo(a)	duele(n)

el pescado

Modelo

A mi amigo le duele el pescado. (1 punto)
A mi amigo le duele la pierna. (2 puntos)

Pronunciación Linking words

In Spanish just as in English, you don't pronounce a sentence as completely separate words. Instead, the words flow together in phrases. That is why it often seems that phrases or sentences sound as if they are one long word.

How the words flow together depends on the last sound of a word and the beginning sound of the following word. The flow of sounds is usually created by two of the same vowels, two different vowels, or a consonant followed by a vowel. Listen to and say these word combinations:

me‿encanta   de‿entrevistas   le‿aburre
nos‿interesa   dibujos‿animados   de‿horror

Try it out! Listen to and say these sentences. Be careful not to break the flow of sound where you see "‿".

Me‿interesa‿ese programa de‿entrevistas.

A‿Ana le‿aburre‿ese programa‿educativo.

La película de‿horror dura‿una‿hora y media.

Vamos‿a ver lo que‿hay‿en la tele.

Me‿encanta‿el‿actor de‿esa telenovela.

¿Qué hay en la tele?

ESCRIBIR , HABLAR EN GRUPO   A veces decimos, "¡Hay tantos canales y programas en la tele pero no hay nada interesante!". Ahora tienes la oportunidad de planear seis horas de televisión para el sábado, desde las 17.00 horas hasta las 23.00 horas, para un concurso que se llama "Tus propias seis horas en la tele".

1 Trabaja en un grupo de tres. Escriban una lista de programas o películas que les gustaría incluir *(include)* en las seis horas. Den esta información para cada programa o película:

- la clase de programa

- el nombre

- cómo es

- cuánto tiempo dura

- para quiénes es recomendable

- por qué le va a interesar al público

2 Preparen una presentación para la clase. Pueden hacer algo visual para acompañar su presentación.

3 Después de escuchar a los diferentes grupos, cada grupo va a votar por la mejor presentación. ¡No pueden votar por la suya *(your own)!* Los grupos tienen que escribir cuatro frases para explicar su decisión. El grupo que recibe más votos gana el concurso.

Modelo

Nosotros votamos por la presentación del grupo de Ana, David y Kathy. Tienen muchos programas que nos interesan a nosotros.

El español en la comunidad

While many television networks are losing viewers, the number of viewers watching Spanish-language networks is growing. Choose a Spanish-language network such as *Univisión, Telemundo, Azteca,* or *UniMás* and look online at their program listings. Find the name of a program for each kind of show on p. 426. Watch a few minutes of one of the programs. Although you might find it difficult to understand, tune in from time to time. You'll be amazed at how much you'll learn!

- How are the listings similar to or different from those for the networks you usually watch? Write your impressions of the television show you watched.

Lectura

OBJECTIVES
▶ Read about limiting time teens spend in front of a screen
▶ Read without stopping to understand unknown words

www...

Limitar el tiempo delante de la pantalla

Strategy
Reading for comprehension Read without stopping at unfamiliar words. Then go back, decide if the words are important, and see if you can infer their meanings.

Para muchos de nosotros, limitar el uso de la computadora y pasar menos tiempo en actividades sedentarias puede ser difícil. Hoy nos entretienen[1] muchos tipos de pantallas como las pantallas de televisor, monitores de computadoras y también los aparatos de mano que usamos para leer nuestros correos electrónicos[2], escuchar música, mirar televisión y jugar videojuegos.

Los expertos de la salud dicen que el tiempo que pasamos frente a una pantalla en la casa debe limitarse a dos horas o menos cada día, excepto por razones de trabajo o para hacer la tarea. El tiempo que pasamos delante de la pantalla puede usarse mejor si lo dedicamos a hacer actividad física.

Una investigación de la fundación "Henry J. Kaiser"* indica que las reglas[3] sobre el consumo de información mediante[4] aparatos electrónicos son todo un desafío[5] para muchos padres y personas que cuidan[6] niños.

Según esta investigación:

- El 28% de niños entre 8 y 18 años dice que sus padres establecen reglas sobre el uso de la televisión.

- El 30% de niños entre 8 y 18 años indica que sus padres establecen reglas sobre el uso de videojuegos.

- El 36% de niños entre 8 y 18 años dice que sus padres establecen reglas sobre el uso de la computadora.

El mismo estudio también confirmó que cuando los padres establecen reglas sobre el uso de la televisión, los videojuegos y la computadora, el tiempo que los niños pasan con esos aparatos es casi tres horas diarias menos que cuando no hay reglas.

*Fuente: Fundación "Henry J. Kaiser", "Generation M²: Media in the Lives of 8- to 18-Year-Olds" (Generación M²: Los medios de comunicación en la vida de los niños de 8 a 18 años de edad; enero 2010)

¹entertain ²e-mails ³rules ⁴by means of ⁵challenge ⁶take care of

 ## ¿Comprendes?

Demuestra tu comprensión de la lectura en un debate. Prepara información sobre la cuestión: ¿Deben los padres limitar el tiempo que los hijos pasan delante de las pantallas?

1. Escribe una lista de cuatro razones *(reasons)* a favor de limitar el tiempo delante de las pantallas. Usa información que leíste en el artículo.

2. Escribe una lista con las palabras desconocidas de la lectura y con el significado que puedes inferir del contexto.

 ## Y tú, ¿qué dices?

1. Usa la información en tu lista para expresar tu opinión: ¿Es necesario limitar el tiempo que los jóvenes pasan delante de las pantallas? ¿Por qué?

2. Para ti, ¿va a ser fácil o difícil limitar el tiempo que pasas delante de las pantallas? ¿Por qué?

3. En Chile, a una persona que ve mucha televisión se le llama "un(a) tevito(a)". ¿Qué puedes decirle a un(a) tevito(a) para persuadirlo(a) a hacer otras cosas que son mejores para la salud?

La cultura en vivo

Comunicación sin palabras

Todas las culturas tienen gestos para comunicar mensajes. Ya viste gestos para *¡ojo!* y *más o menos*. Estos son algunos gestos más que se usan en los países hispanos para comunicar un mensaje.

Comparación cultural ¿Qué gestos usas con más frecuencia? ¿Son tus gestos similares o iguales a los que ves en esta página? ¿Entiendes alguno de estos gestos sin leer la explicación?

Online Cultural Reading

Go to Auténtico ONLINE to view today's TV schedule for Spanish channel Telemadrid.

Strategy: Identify cultural practices by comparing information to your own experience.

Aplicación: Lee la información en la página web. Compara la programación que ofrece el canal con los programas de los canales que tú ves para identificar diferencias culturales.

¡Hay mucha gente en la fiesta!

(Place your fingertips together, then open your hand. Repeat this motion in a rhythmic gesture.)

mucha gente

Por favor, un poquito de postre.

un poco

¡Vamos a comer!

(With your fingertips bunched, bring your hand up close to your mouth, then extend it forward, bending your arm at the elbow. Repeat the motion two or three times.)

¡a comer!

¡Este plato está muy rico!

(Kiss the bunched fingertips of one hand, then quickly pull your hand away, extending your fingers.)

¡qué rico!

No sé dónde está el libro.

no sé

No tengo nada.

nada

Con un compañero(a) crea una comedia corta con uno de estos gestos. Preséntenlo delante de la clase.

Presentación oral

OBJECTIVES
▶ Present a review of a recent movie or television show
▶ Use a chart to organize key information

¿Qué dan esta semana?

TASK You are reviewing a movie or television show you have just seen for your school's closed-circuit TV system. Prepare a summary of the movie or show.

1 **Prepare** Choose a movie or TV show, then download or cut out ads or photos about it. Copy the chart below and provide the information for the movie or show you have chosen.

Nombre		Cómo es	
Clase de película o programa		Cuánto tiempo dura	
Actor / actores		Para quiénes es	
Actriz / actrices		Tus impresiones	

Strategy

Using charts Create a chart to help you think through the key information you will want to talk about. This will help you speak more effectively.

2 **Practice** Use your notes from the chart for your presentation. Create a poster with the visuals you have collected. Go through your presentation several times. You may use your notes in practice, but not when you present. Try to:

• provide all key information about the film or show

• use complete sentences in your presentation

• speak clearly

3 **Present** Present your chosen movie or television show to a small group or the class. Use your poster to help guide you.

4 **Evaluation** The following rubric will be used to grade your presentation.

Rubric	Score 1	Score 3	Score 5
Completeness of presentation	Your only visual on the poster is the title.	You included the title and one visual on the poster, in color.	You include the title plus two or more visuals on the poster, in color.
Amount of information you communicate	You only include the movie or TV show and actors.	You provide descriptions of the movie or TV show plus actors.	You provide elements shown to the left, plus personal impressions.
How easily you are understood	You are extremely difficult to understand. Your teacher could only recognize isolated words and phrases.	You are understandable, but with frequent errors in vocabulary and/or grammar that hinder your comprehensibility.	You are easily understood. Your teacher does not have to "decode" what you are trying to say.

Auténtico

Partnered with
UNIVISION®
COMMUNICATIONS INC

Antes muerta que Lichita

Antes de leer

Usa la estrategia: Build Context with Familiar Words

As you read the text, use your known vocabulary and the cognates you find to build contextual meaning for those words that are new to you. Use the context and identify key words and phrases to understand the main ideas.

Read this Key Vocabulary

podrás = you will

contenido = content

siente = she feels

querida = beloved

▶ Lee el texto

This article is an advertisement for an insider blog with special information about a soap opera, or *telenovela.* The telenovela is a very important part of some Spanish-speaking cultures. Families can be divided over their love or hate for a favorite character! Can you identify parts of pop culture that bring your family together?

Go to **PearsonSchool.com/Autentico** and read the text *"Antes muerta que Lichita" es más que una telenovela, ¡descubre su contenido exclusivo digital!* to learn about this popular Spanish language *telenovela.*

Completa las actividades

Mientras lees Numera las siguientes ideas principales en el orden en que aparecen.

Aprende más sobre los personajes (characters).

Obtiene acceso a información en cualquier (any) lugar.

Aprende secretos de la telenovela en el blog.

Conoce mejor a Lichita.

Integración

Después de leer Contesta las preguntas para demostrar lo que comprendes del texto.

1. You have seen the words *detrás* and *cámara*. What would the English translation for the phrase *detrás de cámaras* most likely be, given the context?

2. The metaphor *como hilo de media* refers to the fragile material that is easily undone of a woman's stocking. What can you infer about the heroine of the *telenovela* from the use of this metaphor?

3. What key words in the text help you to infer the details of the *telenovela*?

 For more activities, go to the *Authentic Resources Workbook*.

La televisión y el cine

Expansión Busca otros recursos en *Auténtico* en línea. Después, contesta las preguntas.

 9A Auténtico

Integración de ideas Los recursos auténticos de este capítulo informan sobre la televisión y el cine en el mundo hispanohablante. Después de estudiar los recursos, ¿qué prácticas culturales puedes identificar relacionadas con los programas de televisión o con las películas de cine?

Comparación cultural Compara la televisión y el cine en el mundo hispanohablante con el cine y la televisión de tu cultura.

Repaso del capítulo

OBJECTIVES
▶ Review the vocabulary and grammar
▶ Demonstrate you can perform the tasks on p. 447

🔊 Vocabulario

to talk about television shows

el canal	channel
el programa de concursos	game show
el programa deportivo	sports show
el programa de dibujos animados	cartoon show
el programa de entrevistas	interview program
el programa de la vida real	reality program
el programa de noticias	news program
el programa educativo	educational program
el programa musical	musical program
la telenovela	soap opera

to talk about movies

la comedia	comedy
el drama	drama
la película de ciencia ficción	science fiction movie
la película de horror	horror movie
la película policíaca	crime movie, mystery
la película romántica	romantic movie

to give your opinion of a movie or program

cómico, -a	funny
emocionante	touching
fascinante	fascinating
infantil	for children; childish
realista	realistic
tonto, -a	silly, stupid
violento, -a	violent
me aburre(n)	it bores me (they bore me)
me interesa(n)	it interests me (they interest me)

For *Vocabulario adicional,* see pp. 472–473.

to ask and tell about movies or programs

el actor	actor
la actriz	actress
dar	to show
durar	to last
empezar *(e→ ie)*	to begin
terminar	to end
más / menos de	more / less than
medio, -a	half
¿Qué clase de . . . ?	What kind of . . . ?

to talk about what has just happened

acabar de + *infinitive*	to have just . . .

other useful expressions

antes de	before
casi	almost
¿De veras?	Really?
especialmente	especially
por eso	therefore, for that reason
sobre	about
ya	already

Gramática

verbs similar to *gustar*

aburrir	to bore
doler *(o → ue)*	to hurt, to ache
encantar	to please very much, to love
faltar	to be missing
interesar	to interest
quedar	to fit

Preparación para el examen

Más recursos PearsonSchool.com/Autentico

▦ Games 📇 Flashcards ✎ Instant check
▶ Tutorials ▶ GramActiva videos ▶ Animated verbs

What you need to be able to do for the exam . . .	Here are practice tasks similar to those you will find on the exam . . .	For review go to your print or digital textbook . . .

Interpretive

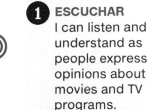

1 ESCUCHAR
I can listen and understand as people express opinions about movies and TV programs.

Listen as you hear a phone pollster ask people about TV programs they have watched on the new Spanish-language cable station. For each viewer, decide if the shows were: a) boring; b) interesting; c) too violent; d) too childish or silly.

pp. 426–429 *Vocabulario en contexto*
p. 430 **Actividad 4**
p. 431 **Actividades 6–7**
p. 435 **Actividad 13**

Interpersonal

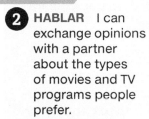

2 HABLAR I can exchange opinions with a partner about the types of movies and TV programs people prefer.

Tell your partner about a movie or TV program you just saw and express your opinion about it. Ask if your partner saw the same thing and what he or she thought of it. If your partner didn't see it, ask him or her to tell about something he or she just saw. You might say: *Acabo de ver una película fantástica con Tom Cruise . . .*

pp. 426–429 *Vocabulario en contexto*
p. 430 **Actividad 4**
p. 431 **Actividad 6**
p. 432 **Actividad 9**
p. 435 **Actividad 13**
p. 437 **Actividad 15**
p. 443 **Presentación oral**

Interpretive

3 LEER I can read and understand what an entertainment critic writes about a new TV program.

Before class begins, you grab a Spanish-language magazine and turn to the entertainment section. After reading part of the entertainment critic's review, see if you can determine his opinion of a new soap opera series, *Mi secreto*. Does he like it? Why or why not?

En el primer episodio de *Mi secreto*, nos aburren con una historia infantil y con actores sin talento que quieren ser emocionantes pero no pueden. ¡Pienso que este programa es para las personas que no tienen nada que hacer!

pp. 426–429 *Vocabulario en contexto*
p. 432 **Actividad 9**

Presentational

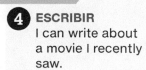

4 ESCRIBIR
I can write about a movie I recently saw.

You are keeping a journal to practice writing in Spanish. Today you are going to write about a movie you saw recently. Mention the name of the movie, the type of movie it is, and what you liked or disliked about it.

p. 431 **Actividad 8**
p. 435 **Actividad 13**
p. 437 **Actividades 15–16**
p. 443 *Presentación oral*

Cultures

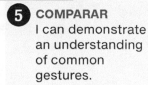

5 COMPARAR
I can demonstrate an understanding of common gestures.

You have learned that almost all cultures can communicate without words. With a partner, see if you can demonstrate the six gestures you have learned in this chapter from the Spanish-speaking world. Are these gestures similar to those in our culture?

p. 442 *La cultura en vivo*

CAPÍTULO 9B
La tecnología

España
México
Nicaragua

CHAPTER OBJECTIVES

Communication

By the end of this chapter you will be able to:

- Listen to and read conversations about computers.
- Talk about the Internet and write a Web profile.
- Exchange information about Internet use and the benefits of computers.

Culture

You will also be able to:

- **Autentico:** Identify cultural practices in an authentic audio about video games.
- Identify the impact of the Internet on the Spanish language.
- Compare computer use in Spanish-speaking countries with your own use of technology.

You will demonstrate what you know and can do:

- Presentación escrita: La computadora en mi vida
- Repaso del capítulo: Preparación para el examen

You will use:

Vocabulary
- Communication
- Computer-related activities
- Internet and digital products

Grammar
- The present tense of *pedir* and *servir*
- *Saber* and *conocer*

ARTE y CULTURA España

"Reading the Letter" is from Picasso's Neo-Classical period, when he was influenced by Roman sculpture. The heavy lines and statue-like shapes highlight the seriousness of the moment shown. In 1921, mail was the main form of communication, and telephone use was limited. Today initiatives such as One Laptop per Child, shown in the photo, help students in developing countries connect with the global community.

▶ How do you and your friends communicate? How can equal access to technology change communication worldwide?

"Reading the Letter" (1921), Pablo Picasso ▶

Oil on canvas, 184 X 105 cm. © 2009 Estate of Pablo Picasso/Artists Rights Society (ARS), New York. Photo: Réunion des Musées Nationaux/Art Resource, NY.

Estudiantes nicaragüenses con sus computadoras nuevas, Tipitapa, Nicaragua

▶ Videocultura **Medios de comunicación**

OBJECTIVES
Read, listen to, and understand information about computers, computer use, and ways to communicate.

Abuela Sonia   **Anita**

 66Mi abuela comprende que la tecnología puede **servir para** mucho en su vida. Ella **se comunica** con familia y amigos con la computadora, pero a veces necesita ayuda 99.

Abuela Sonia   Es verdad. Uso **el correo electrónico**. No es **complicado**. **Tomé un curso** para aprender.

Anita   Sí, abuelita. Es fácil. Nadie debe **tener miedo de** usar la tecnología. Es perfecta para **comunicarse** con los amigos y la familia que no viven cerca, como nuestros primos en Colombia.

Abuela Sonia   Bueno, generalmente me gusta escribirles una carta o **enviar**les una tarjeta en el día de su cumpleaños. Pero ahora hablo por teléfono porque es más barato que antes o **escribo** un mensaje **por correo electrónico**.

Anita   Sí abuelita, es verdad. Vamos a llamar a mi primo con mi **computadora portátil**. Podemos hablar cara a cara con Miguelito. **¿Qué te parece?**

hablar cara a cara

la tarjeta

las cartas

Anita	Abuela, usamos la computadora en la escuela, en casa, en **el laboratorio**, en el trabajo. No podemos vivir sin la computadora.
Abuela Sonia	Bueno, yo la uso pero puedo vivir sin ella. En tu opinión, **¿para qué sirve?**
Anita	Puedo **buscar información** para mis clases. Si tengo que hacer **un informe** para una clase, puedo **navegar en la Red**, encontrar **un sitio Web** interesante y **rápidamente** tengo la información.
Abuela Sonia	Pero yo no necesito hacer tarea. Y prefiero leer el periódico o escuchar la radio.
Anita	Abuela, si **estás en línea** es posible leer las noticias y escuchar tu música favorita en la Red. Pero eso es más complicado. Vamos, te ayudo.

Más vocabulario

la **composición** = composition
la **diapositiva** = slide
la **dirección electrónica** = e-mail address
grabar un disco compacto = to burn a CD

crear documentos

la presentación

navegar en la Red

los gráficos

1

¿Quién lo hace?

🔊 ESCUCHAR Escucha las siguientes frases. Escribe *Anita* en un papel y *Sonia* en otro. Muestra el papel que dice *Anita* si ella hace esta actividad. Muestra el papel que dice *Sonia* si es ella quien hace esta actividad. ¡Ojo! Las dos pueden hacer la misma actividad.

2

¿Lógico o ilógico?

🔊 ESCUCHAR Escucha las frases. Si lo que oyes es lógico, señala con el pulgar hacia arriba *(thumbs up)*. Si la respuesta no es lógica, señala con el pulgar hacia abajo *(thumbs down)*.

Rosa y Carlos escriben mensajes sobre un proyecto de tecnología.

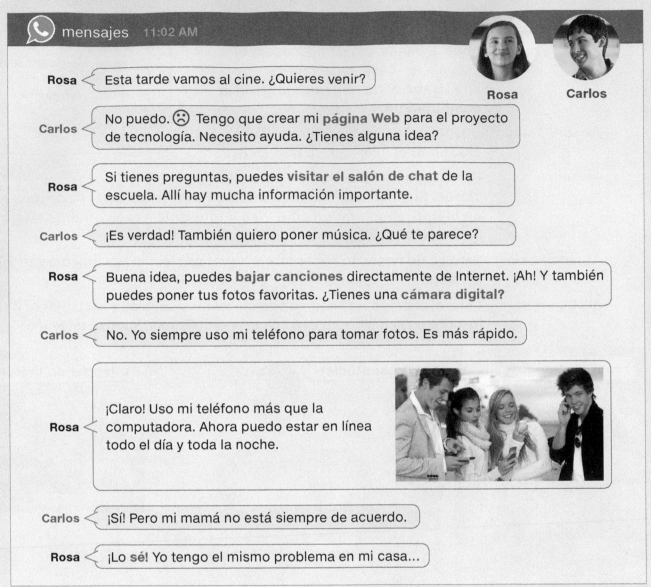

mensajes 11:02 AM

Rosa — Esta tarde vamos al cine. ¿Quieres venir?

Rosa   Carlos

Carlos — No puedo. 🙁 Tengo que crear mi **página Web** para el proyecto de tecnología. Necesito ayuda. ¿Tienes alguna idea?

Rosa — Si tienes preguntas, puedes **visitar el salón de chat** de la escuela. Allí hay mucha información importante.

Carlos — ¡Es verdad! También quiero poner música. ¿Qué te parece?

Rosa — Buena idea, puedes **bajar canciones** directamente de Internet. ¡Ah! Y también puedes poner tus fotos favoritas. ¿Tienes una **cámara digital?**

Carlos — No. Yo siempre uso mi teléfono para tomar fotos. Es más rápido.

Rosa — ¡Claro! Uso mi teléfono más que la computadora. Ahora puedo estar en línea todo el día y toda la noche.

Carlos — ¡Sí! Pero mi mamá no está siempre de acuerdo.

Rosa — ¡Lo **sé!** Yo tengo el mismo problema en mi casa...

3

¿Crees que sí o que no?

 ESCRIBIR Lee las frases. Escribe *Sí* si la frase es correcta o *No* si la frase es incorrecta. Si es incorrecta, escribe la información correcta.

1. Carlos no necesita ayuda para su proyecto de tecnología.

2. Rosa no usa mucho su teléfono.

3. Para bajar canciones debes estar en línea.

4. Carlos y Rosa siempre están en línea si están en casa.

Videohistoria

Go Online to practice
PEARSON
realize.™
PearsonSchool.com/Autentico

AUDIO

VIDEO

WRITING SCRIPT

¡Hasta luego!

Before You Watch

Monitor comprehension Focus on questions such as *¿quién?, ¿cómo?* or *¿qué dicen?* to check your understanding of this episode.

Complete the Activity

La comunicación Mira las fotos. ¿Qué forma de tecnología prefieres para comunicarte con tu familia? ¿Y con tus amigos?

▶ Watch the Video

¿Crees que es fácil decir '¡Adiós!' a la familia?

Go to **PearsonSchool.com/Autentico** to watch the video *¡Hasta luego!* and to view the script.

Ximena Camila Valentina Mateo Sebastián

After You Watch

 ¿COMPRENDES?   Contesta las preguntas.

1. ¿Qué están haciendo los cinco voluntarios?
2. ¿Cómo llama la familia a Sebastián por primera vez?
3. ¿Por qué llama Daniel a Sebastián por segunda vez?
4. ¿Cómo mandó una carta el padre de Sebastián?
5. ¿Qué problema tuvo Sebastián con la carta que envió su padre?

Pregunta personal   ¿Conoces a una persona que no tiene o a quien no le gusta la tecnología nueva? ¿Cómo te comunicas con esta persona?

OBJECTIVES
▶ Read and exchange information about how you and others use computers and the Internet
▶ Listen to and express opinions about computers and communication

4

La computadora y tú

LEER, HABLAR EN PAREJA

1 Toma esta prueba *(test)* sobre cómo usas la computadora. Determina tu evaluación y lee la recomendación del Centro de Computación.

2 Pregunta a otro(a) estudiante qué curso debe tomar según los resultados de la prueba. Tiene que darte tres razones *(reasons)* para justificar el curso.

▶ **Videomodelo**

A —*¿Qué curso debes tomar?*
B —*Debo tomar un curso avanzado.*
A —*¿Por qué?*
B —*Porque ya navego en la Red y busco sitios Web. Sé crear un sitio Web.*

La computadora y tú

1. ¿Cómo te comunicas más con otras personas?
   a. Les hablo cara a cara.
   b. Les llamo por teléfono.
   c. Les escribo por correo electrónico.
   d. Les envío mensajes de chat.
2. ¿Cómo buscas información cuando escribes informes?
   a. Voy a la biblioteca por un libro.
   b. Les pido ayuda a mis amigos.
   c. Navego en la Red y busco sitios Web.
   d. Bajo documentos que me sirven mucho.
3. ¿Qué sabes hacer en la computadora?
   a. Sé encender* la computadora.
   b. Sé escribir una composición.
   c. Sé crear una presentación usando diapositivas.
   d. Sé crear un sitio Web.
4. ¿Para qué te sirve la computadora?
   a. No me sirve para nada.
   b. Me sirve para jugar juegos.
   c. Me sirve para navegar en la Red.
   d. Me sirve para buscar y bajar información.
5. ¿Cuál es tu opinión de las computadoras?
   a. Tengo miedo de las computadoras.
   b. Las computadoras son demasiado complicadas.
   c. Las computadoras me ayudan a hacer cosas más rápidamente.
   d. Las computadoras son necesarias para la comunicación.

*to turn on

El Centro de Computación tiene cursos ideales para ti. Según el resultado de la prueba, debes tomar uno de estos cursos:

Puntos	Tu curso ideal
de 5 a 10	Básico 1
de 11 a 16	Básico 2
de 17 a 23	Intermedio
de 24 a 30	Avanzado

Evaluación
Cada a = 1 punto
Cada b = 3 puntos
Cada c = 4 puntos
Cada d = 6 puntos

CULTURA ▶ España

Las cuevas[1] de Altamira Mucho antes de que las personas pudieran[2] escribir, dibujaron en las paredes de las cuevas. Estos dibujos son la primera forma de comunicación que tenemos. En 1878 descubrieron en las cuevas de Altamira, en el norte de España, unos dibujos espectaculares de animales como bisontes[3], ciervos[4], caballos y jabalís[5]. Estos dibujos tienen más de 14,000 años.

Pre-AP Integration: El acceso a la tecnología ¿Por qué crees que los habitantes de la cueva dibujaron animales?

 Mapa global interactivo Explora las cuevas prehistóricas de Altamira en España.

Bisontes en las cuevas de Altamira

[1]caves [2]could [3]bisons [4]deer [5]wild boars

Opiniones diferentes

ESCUCHAR, ESCRIBIR

1 Vas a escuchar las opiniones de cuatro personas sobre cómo prefieren comunicarse. En una hoja de papel, escribe los números del 1 al 4 y escribe lo que escuchas.

2 Después de escuchar sus opiniones, indica si crees que las personas que tienen estas opiniones están en la sala o en el laboratorio de computadoras.

Definiciones

LEER, ESCRIBIR Lee las definiciones y escribe la palabra correspondiente.

1. Es una foto que podemos proyectar durante una presentación.

2. Es una composición musical que podemos cantar.

3. Es una forma de comunicación que usa bolígrafo y papel. *(Hay dos posibilidades).*

4. Es un lugar en la Red que da información sobre una organización o una persona.

5. Es una computadora pequeña que puedes llevar a diferentes lugares.

Modelo

Es como enviar una carta por computadora.
el correo electrónico

6. Es un lugar en la escuela donde hay muchas computadoras que los estudiantes pueden usar.

7. Es una forma de comunicación bonita o cómica que le envías* a una persona para su cumpleaños.

8. Es algo visual que puedes crear o ver en la computadora.

9. Es algo que escribes sobre un tema para una clase. *(Hay dos posibilidades).*

*Enviar has an accent mark on the *i* in all present-tense forms except *nosotros* and *vosotros.*

CULTURA España

La Real Academia Española se fundó[1] en España en 1713 para mantener la calidad, la elegancia y la pureza[2] del español. Hoy en día, hay Academias en todos los países de habla española, como Filipinas y los Estados Unidos. Las Academias trabajan para reflejar las necesidades[3] de más de 360 millones de hablantes[4] nativos. La Real Academia Española publica el diccionario más importante y completo de español. ¿Por qué es importante conservar la calidad del lenguaje?

Pre-AP Integration: Las innovaciones tecnológicas ¿Conoces algún diccionario importante en línea? ¿Cuál es? ¿Miras este diccionario a menudo?

[1]was founded [2]purity [3]needs [4]speakers

La Real Academia Española en Madrid

¿Cómo te comunicas?

ESCRIBIR, HABLAR EN GRUPO

1 Mira cada dibujo y escribe qué forma de comunicación es. Luego escribe por qué se usa esta forma de comunicación.

Modelo

hablar por teléfono
Casi todos tienen teléfonos.
Es fácil.

¿Recuerdas?
You use the indirect object pronoun *les* to mean "to them" or "for them."

2 Trabaja con un grupo de cinco personas y pregunta a tus compañeros cómo se comunican con otras personas y por qué. Escriban sus respuestas.

Para decir más . . .
eficiente efficient
íntimo, -a personal
rápido, -a quick, fast

Videomodelo

A —*¿Cómo te comunicas con otras personas?*
B —*Les **hablo por teléfono.***
A —*¿Por qué?*
B —*Porque **casi todos tienen teléfonos y es fácil.***

3 Una persona de cada grupo va a escribir en la pizarra la forma preferida de comunicación de su grupo. Según esta información, ¿cuál es la forma de comunicación preferida de la clase?

¿Para qué usas Internet?

LEER, ESCRIBIR, HABLAR Lee el anuncio y luego contesta estas preguntas.

1. ¿Para qué se usa más Internet en Chile, para trabajar o para escribir mensajes? ¿Para hacer tareas o para ver películas?

2. ¿Usas tú Internet a menudo, a veces o nunca? ¿Para qué lo usas?

3. ¿Para qué usan Internet las personas que conoces?

Usar Internet en casa

¿Cuáles son tus razones[1] para tener Internet en casa? En Chile, las razones principales son tener acceso a información, la comunicación y la educación. Curiosamente[2], usar Internet para trabajar y manejar una empresa[3] familiar no son las razones más importantes. Estos resultados son similares en las ciudades y las áreas rurales.

[1]reasons [2]curiously
[3]enterprise

Y tú, ¿que dices?

🎤 **ESCRIBIR, HABLAR**

1. ¿Tienes tú, o tiene tu familia o un(a) amigo(a), una computadora portátil? ¿Qué te parece?

2. ¿A veces tienes miedo de las computadoras? ¿Por qué?

3. ¿Tienes tu propia dirección electrónica? Crea una nueva dirección electrónica "inolvidable" para las personas que nunca recuerdan *(remember)* tu dirección.

4. ¿Qué sabes crear en la computadora?

5. ¿Qué sitio Web conoces mejor? ¿Qué te parece?

Exploración del lenguaje ◄ Using *-mente* to form an adverb

Adverbs are words that describe verbs. They often tell *how* an action is performed. Many adverbs in English end in the letters *-ly: slowly, frequently, happily,* and so on. To form similar adverbs in Spanish, add the ending *-mente* to the feminine singular form of an adjective. This *-mente* ending is equivalent to the *-ly* ending in English.

rápida ➜ rápidamente   fácil ➜ fácilmente   general ➜ generalmente

práctica ➜ prácticamente   feliz ➜ felizmente   especial ➜ especialmente

Note that if the adjective has a written accent, as with *rápida, fácil,* and *práctica,* the accent appears in the same place in the adverb form.

Try it out! Give the adverb for each of the adjectives in the list. Then use each adverb in one of the sentences. Some sentences have more than one possible answer.

normal   total   completo   frecuente   reciente

1. El laboratorio de nuestra escuela es _____ nuevo.

2. _____ les escribo a mis amigos por correo electrónico pero hoy les envío una carta.

3. _____ mis padres nos compraron una nueva computadora.

4. Mi hermano está _____ contento cuando está usando la computadora.

5. _____ grabamos canciones en un disco compacto.

Gramática

OBJECTIVES
▶ Talk and write about asking for help
▶ Discuss what your favorite restaurant serves and give advice about ordering
▶ Discuss an object's use while playing a game

The present tense of *pedir* and *servir*

Pedir and *servir* are stem-changing verbs in which the *e* in the stem of the infinitive changes to *i* in all forms except *nosotros* and *vosotros*.

Here are the present-tense forms of *pedir* and *servir*:

(yo)	pid**o**	(nosotros) (nosotras)	ped**imos**	(yo)	sirv**o**	(nosotros) (nosotras)	serv**imos**
(tú)	pid**es**	(vosotros) (vosotras)	ped**ís**	(tú)	sirv**es**	(vosotros) (vosotras)	serv**ís**
Ud. (él) (ella)	pid**e**	Uds. (ellos) (ellas)	pid**en**	Ud. (él) (ella)	sirv**e**	Uds. (ellos) (ellas)	sirv**en**

Pedir means "to ask for."

    Juan **pide** la dirección electrónica.

    Pedimos más información sobre la Red.

Servir means "to serve" or "to be useful for."

    Servimos refrescos después de la clase.

    Las computadoras **sirven** para mucho.

Más recursos ONLINE
- ▶ *GramActiva* video
- ▶ **Animated** Verbs
- ✎ *GramActiva* Activity

10

En la clase de tecnología

ESCRIBIR En la clase de tecnología hay muchas cosas que los estudiantes no pueden hacer. Por eso le piden ayuda al profesor. Escribe las frases.

Nota
In English you say that you ask *for* help. In Spanish, "for" is implied in the meaning of *pedir* and a separate word is *not* used.

Modelo
Fernando (no poder / bajar los gráficos)
Fernando le pide ayuda al profesor porque no puede bajar los gráficos.

1. Mario (no saber / grabar un disco compacto)

2. nosotros (no comprender / por qué hay un error)

3. tú (querer / crear una canción)

4. Marisol y Elena (no poder / abrir el documento)

5. yo (desear / enviar una foto por correo electrónico)

6. Vicente y yo (no poder / crear nuestro sitio Web)

11 ¿Pides muchas cosas?

HABLAR EN PAREJA Habla con otro(a) estudiante sobre las cosas que les pides a diferentes personas.

1. ropa nueva
2. tiempo libre sin tarea
3. ayuda con . . .
4. tu propio(a) . . .
5. tiempo libre sin quehaceres
6. **¡Respuesta personal!**

Videomodelo

dinero

A —¿A quién le pides **dinero**?
B —Le pido **dinero a mi mejor amiga, Luisa.**
o: —Les pido **dinero a mis padres.**

¿Recuerdas?
The indirect object pronouns *le* and *les* mean "to him, her, you *(pl.),* them." With *pedir,* they refer to the person whom you ask for something.

12 Los mejores restaurantes

HABLAR EN PAREJA, ESCRIBIR

1 Piensa en los restaurantes que conoces. ¿Qué sirven allí que te gusta? Con otro(a) estudiante, habla sobre los restaurantes y la comida que sirven.

2 Ahora hablen con otra pareja de los restaurantes donde Uds. comen, lo que piden y con qué sirven las comidas. Preparen tres o más recomendaciones de restaurantes para presentar a la clase.

Videomodelo

A —¿En qué restaurante comes?
B —Como en el restaurante . . . .
A menudo pido . . . allí. Es muy . . . .
Lo sirven con . . . .

Modelo

Si Uds. quieren comer bien, recomendamos el restaurante Las Palmeras. Siempre pedimos el pescado . . . ¡es delicioso! Lo sirven con arroz. . .

13 Juego

ESCRIBIR, HABLAR EN PAREJA Con otro(a) estudiante, escriban descripciones de tres cosas y expliquen para qué sirven. Lean las frases a otra pareja para ver si ellos pueden identificar las cosas.

 Videomodelo

A —Es una cosa bastante pequeña. Puede estar en tu mochila o pupitre. No cuesta mucho dinero.
B —¿Para qué sirve?
A —Sirve para escribir cartas o composiciones.
B —Es un bolígrafo.

14 Y tú, ¿qué dices?

ESCRIBIR, HABLAR

1. ¿A quién le pides ayuda con la computadora? ¿Le pides ayuda a menudo o sólo a veces?

2. ¿Qué haces cuando tus amigos te piden ayuda con la computadora? ¿Para qué cosas te piden ayuda?

Gramática

OBJECTIVES
▶ Discuss and write about people you know and what you know how to do
▶ Read a timeline and write about technological inventions

Saber and conocer

Sé and sabes come from the verb saber, "to know." There is another verb in Spanish that also means "to know": conocer. Use conocer to talk about people, places, and things that you are familiar with.

Here are the present-tense forms of saber and conocer. Except for the yo forms, they are regular in the present tense.

¿Recuerdas?
You have used (yo) sé and (tú) sabes to talk about knowing a fact and to say what you know how to do.

* ¿**Sabes** dónde está la biblioteca?
* Yo **sé** esquiar bastante bien.

(yo)	**sé**	(nosotros) (nosotras)	sab**emos**
(tú)	sab**es**	(vosotros) (vosotras)	sab**éis**
Ud. (él) (ella)	sab**e**	Uds. (ellos) (ellas)	sab**en**

(yo)	cono**zco**	(nosotros) (nosotras)	conoc**emos**
(tú)	conoc**es**	(vosotros) (vosotras)	conoc**éis**
Ud. (él) (ella)	conoc**e**	Uds. (ellos) (ellas)	conoc**en**

* Conocer is followed by the personal a when the direct object is a person. Direct object pronouns can also be used with conocer.

  ¿Conocen Uds. **a la señora** que trabaja en el laboratorio?

  Sí, **la** conocemos bien. ¿Quieres **conocerla?**

Más recursos ONLINE

▶ *GramActiva* video

▶ **Tutorials:** Adverbs, Adverbial clauses

▶ **Animated verbs**

◀)) *Canción de hip hop:* Tecnología

✎ *GramActiva* Activity

---

15 Lo que sabemos hacer

HABLAR EN PAREJA Habla con otro(a) estudiante sobre quiénes saben hacer las diferentes actividades en los dibujos.

 Videomodelo
A —¿Quién sabe **esquiar?**
B —Mario **sabe esquiar.** Lo hace **a menudo.**

 ❶    ❷    ❸    ❹    ❺    ❻

16

¿Qué lugares conoces?
¿Y a qué personas?

 ESCRIBIR, HABLAR EN PAREJA Si una persona visita tu comunidad y tu escuela, ¿puedes ayudarla a conocer a diferentes personas y lugares? Escribe frases completas con las formas apropiadas del verbo *conocer* y la información necesaria. Después lee tus frases a otro(a) estudiante. ¿Conocen Uds. a las mismas personas y los mismos lugares?

1. (Yo) _____ a muchos de los estudiantes en la clase de . . .

2. Mis amigos y yo (no) _____ a la secretaria de la escuela. Es la Sra. . . .

3. Mi hermano(a) / amigo(a) _____ bastante bien al (a la) profesor(a) de . . .

4. Mis amigos _____ bien el parque de diversiones . . .

5. (Yo) _____ la tienda . . .
   donde me gusta comprar . . .

6. Mi madre (padre) _____
   bien *(un lugar en tu ciudad)* . . .

7. Si la persona necesita usar la computadora, nosotros _____
   el programa de software . . .

España —

¿Conoces la Plaza de España en Sevilla?

17

¿*Saber* o *conocer*?

 HABLAR EN PAREJA Trabaja con otro(a) estudiante para ver lo que sabe y conoce.

1. la hermana de . . .
2. bajar información de la Red
3. el nombre de una canción en español
4. las cámaras digitales
5. España o México
6. la dirección electrónica de . . .
7. un sitio Web interesante
8. enviar fotos por la Red

Videomodelo

la persona que trabaja en la biblioteca de la escuela

A —¿*Conoces a la persona que trabaja en la biblioteca de la escuela?*

B —*Sí, la conozco. Es la Sra. Wilton. Es muy simpática.*

o:—*No, no la conozco.*

Videomodelo

bailar salsa

A —¿*Sabes bailar salsa?*

B —*Sí, sé bailar salsa. Me encanta.*

o:—*No, no sé bailar salsa.*

Knowing how to divide words into syllables will help you sound out a new word. Just as in English, all syllables in Spanish include a vowel. When there is a consonant between two vowels, you divide the word into syllables before the consonant. The letter combinations *ch, ll,* and *rr* are never divided in Spanish.

Listen to and say these words:

ju-gar	pá-gi-na	la-bo-ra-to-rio	na-ve-gar
ca-lle	no-ti-cias	co-mu-ni-dad	a-bu-rri-do

When there are two consonants between vowels, you divide the word between the consonants. Exceptions are the blends *pr, pl, br, bl, fr, fl, tr, dr, cr, cl, gr,* and *gl.* These blends are never divided and go with the following vowel: *pro-ble-ma.* Listen to and say these words:

car-ta	in-fan-til	con-cur-sos	jar-dín
par-que	a-bri-go	des-can-sar	pa-dres

When there are three or more consonants between vowel sounds, the first two go with the vowel that precedes them and the third goes with the vowel that follows them: *trans-por-te.* When the second and third consonants form a blend, however, the first consonant goes with the vowel before it and the other consonants go with the vowel that follows them: *en-tre.*

Listen to and say these words:

es-cri-to-rio	com-pli-ca-do
en-tre-vis-tas	com-pras-te

Try it out! See if you can separate the following words into the correct syllables.

1. emocionante
2. rápidamente
3. computadora
4. problema
5. electrónico
6. comunicamos

18

Los tres cerditos

LEER, ESCRIBIR Lee el anuncio y contesta las preguntas.

1. ¿Conocen los cerditos a la "persona" que está en la ventana? ¿Saben ellos lo que quiere?

2. ¿Tiene tu familia un servicio de identificación de llamadas en su teléfono? ¿Te gusta este servicio, o te gustaría tener este servicio? ¿Por qué?

3. ¿Te parece bien saber quién llama por teléfono? ¿Por qué?

4. ¿Te gusta hablar por teléfono? ¿Con quién te gusta hablar más?

¿Sabes quién es?

Pide el servicio de identificación de llamadas. Si eres cliente de Teléfonos Caribe, es completamente gratis.
. . . .
Así, siempre vas a saber quién está llamando. ¡Pídelo hoy! Llama al teléfono 20-05-617.

Go **Online** to practice

PEARSON
realize™

PearsonSchool.com/Autentico

AUDIO   WRITING

¿Qué inventos conoces?

LEER, ESCRIBIR, DIBUJAR   Mucho antes de la invención de la computadora personal, había *(there were)* otros inventos que nos ayudaron a comunicarnos y que seguimos *(keep)* usando. Mira la línea cronológica y lee la lista de inventos. Luego contesta las preguntas.

Conexiones   La tecnología

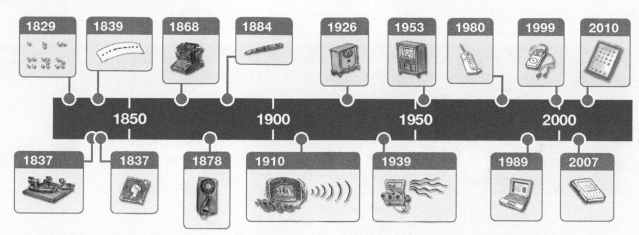

1. Identifica cada invento según el año en que se inventó y explica qué impacto tiene sobre la comunicación.

2. Busca información en la Red o en la biblioteca para identificar los inventores de cada invento de la lista.

3. ¿Cuál de estos inventos te parece el más importante? ¿Por qué?

4. Piensa en un invento que quieres hacer. ¿Para qué sirve? Escribe un párrafo y haz un dibujo para explicar tu invento.

la máquina de escribir	el reproductor de MP3
el teléfono celular	la primera película de sonido
el alfabeto Braille	el telégrafo
el televisor	el sello
el televisor en color	el código Morse
el lector de libro electrónico	el teléfono
la pluma	el walkie-talkie
	la Red
	la tableta digital

El español en el mundo del trabajo

The ability to share information is crucial in the 21st century. Innovations from medicine, science, technology, engineering, manufacturing, and social services need to be communicated across the globe. With a partner, make a list of six ways in which information can be spread. For each, tell how knowing Spanish would be beneficial. Share your ideas with the class.

Lectura

OBJECTIVES
▶ Read about the impact of the Internet on the Spanish language
▶ Use prior knowledge to understand what you read

La invasión del *ciberspanglish*

Lee este artículo sobre Internet. Internet sirve para muchas cosas aquí en los Estados Unidos y también en los otros países donde hablan español. Pero no es siempre fácil traducir[1] los términos técnicos.

Strategy
Using prior knowledge Use what you know about a topic to help you understand what you read. This article is on the Internet and its impact on the Spanish language. List five things you know about the Internet that might help you with this reading.

La invasión del *ciberspanglish*

¿Te gusta usar Internet? La gente de todos los países del mundo usa Internet. Sirve para muchas cosas: para hacer compras, divertirse, educarse, trabajar, buscar información, hacer planes para un viaje y mucho más. Hoy en día uno no puede pensar en una vida sin computadoras o Internet.

Si quieres explorar Internet en español, hay una explosión de portales (sitios que sirven como puerta a Internet) en los Estados Unidos, España y América Latina. Como puedes imaginar, hay una rivalidad[2] grande entre estos portales para atraer[3] a los hispanohablantes. Algunos portales dan la misma información en inglés y español; sólo tienes que hacer clic para cambiarla.

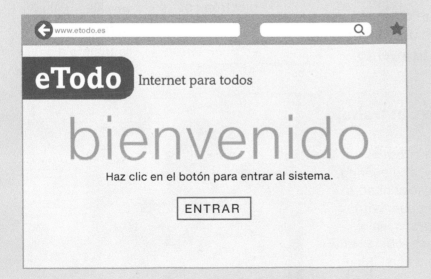

www.etodo.es

eTodo Internet para todos

bienvenido

Haz clic en el botón para entrar al sistema.

ENTRAR

[1]to translate [2]rivalry [3]to attract

Juntos[4], el inglés y el español en Internet dieron origen al *ciberspanglish*. A algunas personas no les gusta este nuevo "idioma"[5]. Piensan que el español es suficientemente rico para poder traducir los términos del inglés. Hay otros que dicen que no hay problema con mezclar[6] los idiomas para comunicarse mejor. Piensan que el *ciberspanglish* es más fácil y lógico porque los términos técnicos vienen del inglés y expresarlos en español es bastante complicado.

Éste es un debate que va a durar[7] mucho tiempo, y no presenta grises.

Términos de ciberspanglish	Términos en español
emailear	mandar por correo electrónico
espam	un bombardeo de grandes cantidades de correo electrónico
chatear	conversar
hacer clic	picar con el ratón
hacer doble clic	picar dos veces con el ratón
rebutear	reiniciar
linkear	enlazar con una página en Internet
crashear	quebrar o chocar
formatear	dar formato a un disco
programar	escribir un programa
escanear	rastrear o digitalizar
surfear	explorar o navegar
hacer un upgrade	actualizar o subir un grado
el clipart	dibujos artísticos
hacer un exit	salir
printear	imprimir
tuitear	escribir en Twitter
bloguear	escribir una entrada de blog
blog	diario digital
post	entrada de un blog

[4]Together [5]language [6]mixing [7]to last

✎ ¿Comprendes?

1. Look at the list you created for the Strategy "Using prior knowledge." Place a check mark next to any pieces of information mentioned in the article.

2. According to the article, how could the Internet help you learn more Spanish?

3. Summarize briefly the main idea of each of the two sides of the argument related to *ciberspanglish*.

4. You have already learned that Spanish borrowed words from languages such as Greek and Arabic. Is *ciberspanglish* different? Why or why not?

5. What do you think the statement *Éste es un debate que . . . no presenta grises* means? Why is it appropriate as the closing statement for this article?

Perspectivas del mundo hispano

¿Para qué usas una computadora?

In many Spanish-speaking countries, the use of computers and access to the Internet are often not as widespread as in the United States. Some homes don't have telephones, computers cost more money, and in some cases, the Internet is not as accessible. Schools and libraries may not have computers or the same access to the Internet as they often do in most communities in the United States. For these reasons, many cybercafés have opened. Cybercafés are nice places for students to meet after school and work on assignments, do research, or e-mail friends. They offer very inexpensive access to the Internet.

In recent years, the number of *portales* (portals) that serve as access points to the Internet has increased and many of these are offered in Spanish as well as English. The number of *buscadores* (search engines) has also increased, making it easier for Spanish speakers to search for information or just surf the Internet.

Usando computadoras para estudiar, México

Haciendo la tarea en la computadora

Online Cultural Reading

Go to Auténtico ONLINE to see a ski resorts guide in Chile.

Identificar Name three ways that you think Spanish-language Internet sites could help you learn more Spanish and understand the perspectives of Spanish speakers.

Comparación cultural Survey five of your friends. Over the course of one week, how much time do they spend using a computer and for what reasons? Then complete the following statement and share it with your class:
Mis amigos(as) usan la computadora _____ horas a la semana. Mis amigos(as) usan la computadora para _____, para _____, y para _____.

Presentación escrita

OBJECTIVES
▸ Write an e-mail about your computer use
▸ Use examples to support a persuasive argument

La computadora en mi vida

TASK Your parents think you spend too much time on the computer. You disagree. Send an e-mail to your best friend in Mexico explaining your position and how you plan to defend your computer use.

1 Prewrite In a chart, list at least three ways you use computers and the benefit *(la ventaja)* to you.

Cómo uso la computadora	La ventaja
Busco información para mis clases en Internet.	*Aprendo mucho y es muy interesante.*

Strategy

Using supporting examples When preparing a persuasive argument, you should first clearly state your position and then provide examples to support it. Making a list of your arguments will help you make a strong statement.

2 Draft Use the information from the chart to write the first draft of your e-mail. Here are some expressions you might include:

pienso que . . .   tengo que . . .
creo que . . .   primero (segundo, tercero), . . .

3 Revise Check for spelling, accent marks, verb forms, pronouns, and vocabulary use. Share the e-mail with a partner. Your partner should check the following:

• Is the paragraph easy to read and understand?

• Does it provide good support for your position?

• What could you add to give more information, or change to make it clearer?

• Are there any errors?

4 Publish Rewrite the e-mail, making necessary changes. Share with your teacher and add it to your portfolio.

5 Evaluation The following rubric will be used to grade your e-mail.

Rubric	Score 1	Score 3	Score 5
Amount of information you provided	You list one way and benefit.	You list two ways and benefits.	Your list of ways and benefits is complete.
Presentation of reason and benefit	Your reason and support for your position lack clarity.	Your reasons and support for your position are clear, but not forceful.	You are clear and persuasive in your reasons and support for your position.
Vocabulary, spelling, grammar	Your vocabulary use is limited with several errors in spelling and grammar.	Your vocabulary use is somewhat extensive, but you have many errors in spelling and grammar.	You have very few errors in spelling and grammar and use varied vocabulary.

Auténtico

Partnered with ⬤IDB

¿Cómo los juegos mayas llegan a la era digital?

Antes de escuchar

Usa la estrategia: Listen for Key Words

As you listen to the audio, don't try to catch every word. Instead, listen for key words and phrases to help you identify the key details and get a general understanding.

Read this Key Vocabulary

de qué se trata = What it is about

empresa = company

a través de = through

dispositivos móviles = mobile devices

descargas = downloads

nos dimos cuenta = we realized

desafío = challenge

desarrollo = development

reto = challenge

▶ Escucha el audio

Listen to the creator of the startup Digital Partners explain his vision and his project, which uses digital games to promote culture to young people in Guatemala. Use cognates and words you understand to infer meaning of new words in the audio.

Go to **PearsonSchool.com/Autentico** and listen to the audio *¿Cómo los juegos mayas llegan a la era digital?* to learn about a startup's attempt to engage youth in their local culture.

Completa las actividades

Mientras escuchas Identifica estas palabras e ideas clave mientras escuchas el audio. Indica cuando escuchas cada una, y corrige frases incorrectas.

- **Es una empresa textual.**
- **Los jóvenes aprecian el valor de la cultura.**
- **Usan la tecnología digital para llegar a los jóvenes.**
- **Permite creatividad con mensajes políticos o sociales.**
- **Era difícil hacer una idea una realidad.**
- **En Guatemala existe una industria del desarrollo de videojuegos.**

Integración

Después de escuchar ¿Qué puedes inferir del audio? Contesta las preguntas para demostrar tu comprensión.

1. ¿Cuál es el propósito *(goal)* de Digital Partners?

2. ¿Por qué son los videojuegos una plataforma creativa para enseñar cultura a los jóvenes?

3. What is the main challenge that is mentioned in the audio? Based on this challenge, what can you infer about the video games available to young people in Guatemala?

 For more activities, go to the *Authentic Resources Workbook*.

La comunicación y la tecnología

Expansión Busca otros recursos en *Auténtico* en línea. Después, contesta las preguntas.

 9B Auténtico

Integración de ideas Los recursos auténticos de este capítulo informan sobre aspectos de la comunicación y la tecnología en el mundo hispanohablante. ¿Qué usos diferentes de la tecnología puedes identificar en la información?

Comparación cultural Compara la comunicación y el uso de la tecnología en el mundo hispanohablante con los de tu cultura.

Repaso del capítulo

OBJECTIVES
▶ Review the vocabulary and grammar
▶ Demonstrate you can perform the tasks on p. 471

◀)) Vocabulario

to talk about communication

cara a cara	face-to-face
la carta	letter
comunicarse (yo) me comunico (tú) te comunicas	to communicate (with)
enviar	to send
la tarjeta	card

to talk about computer-related activities

bajar	to download
buscar	to search (for)
la cámara digital	digital camera
la canción, pl. las canciones	song
la composición, pl. las composiciones	composition
la computadora portátil	laptop computer
crear	to create
el curso tomar un curso	course to take a course
la diapositiva	slide
la dirección electrónica	e-mail address
el documento	document
escribir por correo electrónico	to send an e-mail message
estar en línea	to be online
grabar un disco compacto	to burn a CD
los gráficos	graphics
la información	information
el informe	report
el laboratorio	laboratory
navegar en la Red	to surf the Web
la página Web	Web page
la presentación, pl. las presentaciones	presentation
el sitio Web	Web site
visitar salones de chat	to visit chat rooms

For *Vocabulario adicional,* see pp. 472–473.

other useful expressions

complicado, -a	complicated
¿Para qué sirve?	What's it (used) for?
¿Qué te parece?	What do you think?
rápidamente	quickly
Sirve para . . .	It's used for . . .
tener miedo (de)	to be afraid (of)

Gramática

pedir *(e → i)* *to ask for*

pido	pedimos
pides	pedís
pide	piden

servir *(e → i)* *to serve, to be useful for*

sirvo	servimos
sirves	servís
sirve	sirven

saber *to know (how)*

sé	sabemos
sabes	sabéis
sabe	saben

conocer *to know, to be acquainted with*

conozco	conocemos
conoces	conocéis
conoce	conocen

Preparación para el examen

Más recursos   PearsonSchool.com/Autentico

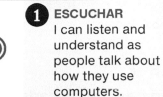

Games   Flashcards   Instant check

Tutorials   *Gram*Activa videos   Animated verbs

What you need to be able to do for the exam . . .	Here are practice tasks similar to those you will find on the exam . . .	For review go to your print or digital textbook . . .
Interpretive		
1 ESCUCHAR I can listen and understand as people talk about how they use computers.	You overhear some people expressing their opinions about computers. Tell whether each person likes or dislikes using computers.	**pp. 450–454** *Vocabulario en contexto* **p. 451** Actividades 1–2 **p. 455** Actividad 5
Interpersonal		
2 HABLAR I can ask and answer questions about computers and the Internet.	A local Internet company wants to interview you to work as a telephone tech support assistant. To prepare, you and your partner take turns interviewing each other. Ask if your partner: a) knows how to surf the Web; b) is familiar with Web sites for teens; c) knows how to use the computer to create music; d) knows how to make graphics. Then switch roles.	**pp. 450–454** *Vocabulario en contexto* **p. 454** Actividad 4 **p. 457** Actividad 9 **p. 459** Actividad 14 **p. 460** Actividad 15 **p. 461** Actividad 17
Interpretive		
3 LEER I can read and understand part of an online conversation in a chat room.	A teen in the chat room *Mis padres y yo* is upset. According to the teenager, what do his parents not understand? What is his parents' opinion? **¡Yo soy muy impaciente! Para hacer la tarea, me gusta tener la información que necesito rápidamente. Mis padres dicen que puedo ir a la biblioteca y buscar libros allí para hacer mi tarea, pero me gustaría tener mi propia computadora. Ellos piensan que las computadoras sólo sirven para jugar videojuegos. ¿Qué hago?**	**pp. 450–454** *Vocabulario en contexto* **p. 454** Actividad 4 **p. 455** Actividad 6 **p. 456** Actividad 8 **pp. 464–465** *Lectura*
Presentational		
4 ESCRIBIR I can write my personal profile *(perfil)* for a Web survey.	You are completing a Web survey online for *MundoChat*. Provide answers to the following questions: a) what you like to do; b) your favorite Web site; c) how often you visit chat rooms; d) how much time you spend online each day.	**p. 458** Actividad 10 **p. 459** Actividad 14 **p. 461** Actividad 16 **p. 467** *Presentación escrita*
Cultures		
5 COMPARAR I can demonstrate an understanding of cultural perspectives regarding technology.	Explain why cybercafés are so popular in many Spanish-speaking countries. Compare how you use computers to the way in which teenagers might use them in these countries. If you were to live in one of these countries, how might you approach homework differently?	**p. 466** *Perspectivas del mundo hispano*

Vocabulario adicional

Tema 1

Las actividades

coleccionar sellos / monedas to collect stamps / coins

jugar al ajedrez to play chess

patinar sobre hielo to ice-skate

practicar artes marciales *(f.)* to practice martial arts

tocar to play *(an instrument)*

el bajo bass

la batería drums

el clarinete clarinet

el oboe oboe

el saxofón *pl.* **los saxofones** saxophone

el sintetizador synthesizer

el trombón *pl.* **los trombones** trombone

la trompeta trumpet

la tuba tuba

el violín *pl.* **los violines** violin

Tema 2

Las clases

el alemán German

el álgebra *(f.)* algebra

el anuario yearbook

la banda band

la biología biology

el cálculo calculus

el drama drama

la fotografía photography

el francés French

la geografía geography

la geometría geometry

el latín Latin

la química chemistry

la trigonometría trigonometry

Las cosas para la clase

la grapadora stapler

las grapas staples

el sacapuntas *pl.* **los sacapuntas** pencil sharpener

el sujetapapeles *pl.* **los sujetapapeles** paper clip

las tijeras scissors

Tema 3

Las comidas

Las frutas

el aguacate avocado

la cereza cherry

la ciruela plum

el coco coconut

el durazno peach

la frambuesa raspberry

el limón *pl.* **los limones** lemon

el melón *pl.* **los melones** melon

la pera pear

la sandía watermelon

la toronja grapefruit

Las verduras

el apio celery

el brócoli broccoli

la calabaza pumpkin

el champiñón *pl.* **los champiñones** mushroom

la col cabbage

la coliflor cauliflower

los espárragos asparagus

las espinacas spinach

el pepino cucumber

La carne

la chuleta de cerdo pork chop

el cordero lamb

la ternera veal

Los condimentos

la mayonesa mayonnaise

la mostaza mustard

la salsa de tomate ketchup

Otro tipo de comidas

los fideos noodles

Tema 4

Los lugares y actividades

el banco bank

el club club

el equipo de . . . ___ team

la farmacia pharmacy

la oficina office

la práctica de . . . ___ practice

la reunión *pl.* **las reuniones de . . .** ___ meeting

el supermercado supermarket

Tema 5

Los animales

el conejillo de Indias guinea pig

el conejo rabbit

el gerbo gerbil

el hámster *pl.* **los hámsters** hamster

el hurón *pl.* **los hurones** ferret

el loro parrot

el pez *pl.* **los peces** fish

la serpiente snake

la tortuga turtle

Los miembros de la familia

el bisabuelo, la bisabuela great-grandfather, great-grandmother

el nieto, la nieta grandson, granddaughter

el sobrino, la sobrina nephew, niece

Las descripciones de personas

llevar anteojos to wear glasses

ser
- **calvo, -a** bald
- **delgado, -a** thin
- **gordo, -a** fat

tener
- **la barba** beard
- **el bigote** moustache
- **las pecas** freckles
- **el pelo lacio** straight hair
- **el pelo rizado** curly hair
- **las trenzas** braids

Tema 6

Las partes de la casa y cosas en la casa

el balcón pl. **los balcones** balcony

la estufa stove

el jardín pl. **los jardines** garden

el lavadero laundry room

la lavadora washing machine

el lavaplatos pl. **los lavaplatos** dishwasher

el microondas pl. **los microondas** microwave oven

los muebles furniture

el patio patio

el refrigerador refrigerator

la secadora clothes dryer

el sillón pl. **los sillones** armchair

el sofá sofa

el tocador dressing table

Los quehaceres

quitar
- **la nieve con la pala** to shovel snow
- **los platos de la mesa** to clear the table

rastrillar las hojas to rake leaves

Los colores

(azul) claro light (blue)

(azul) marino navy (blue)

(azul) oscuro dark (blue)

Tema 7

Las expresiones para las compras

ahorrar to save

el dinero en efectivo cash

gastar to spend

la(s) rebaja(s) sale(s)

regatear to bargain

se vende for sale

La ropa

la bata bathrobe

el chaleco vest

las pantimedias pantyhose

el paraguas pl. **los paraguas** umbrella

el pijama pajamas

la ropa interior underwear

el saco loose-fitting jacket

los tenis tennis shoes

las zapatillas slippers

los zapatos atléticos athletic shoes

los zapatos de tacón alto high-heeled shoes

Tema 8

Las expresiones para los viajes

el aeropuerto airport

la agencia de viajes travel agency

los cheques de viajero travelers' checks

el equipaje luggage

hacer una reservación to make a reservation

el lugar de interés place of interest

el pasaporte passport

volar (o → ue) to fly

Los animales del zoológico

el ave (f.) pl. **las aves** bird

el canguro kangaroo

la cebra zebra

el cocodrilo crocodile

el delfín pl. **los delfines** dolphin

el elefante elephant

la foca seal

el gorila gorilla

el hipopótamo hippopotamus

la jirafa giraffe

el león pl. **los leones** lion

el oso bear

el oso blanco polar bear

el pingüino penguin

el tigre tiger

Tema 9

Las expresiones para las computadoras

la búsqueda search

comenzar (e → ie) **la sesión** to log on

el disco duro hard disk

la impresora printer

imprimir to print

el marcapáginas pl. **los marcapáginas** bookmark

multimedia multimedia

la página inicial home page

la tecla de borrar delete key

la tecla de intro enter key

Resumen de gramática

Grammar Terms

Adjectives describe nouns: *a red* car.

Adverbs usually describe verbs; they tell when, where, or how an action happens: *He read it quickly*. Adverbs can also describe adjectives or other adverbs: *very tall, quite well*.

Articles are words in Spanish that can tell you whether a noun is masculine, feminine, singular, or plural. In English, the articles are *the*, *a*, and *an*.

Commands are verb forms that tell people to do something: *Study!, Work!*

Comparatives compare people or things.

Conjugations are verb forms that add endings to the stem in order to tell who the subject is and what tense is being used: *escribo, escribiste*.

Conjunctions join words or groups of words. The most common ones are *and*, *but*, and *or*.

Direct objects are nouns or pronouns that receive the action of a verb: *I read the book. I read it*.

Gender in Spanish tells you whether a noun, pronoun, or article is masculine or feminine.

Indirect objects are nouns or pronouns that tell you to whom / what or for whom / what something is done: *I gave him the book*.

Infinitives are the basic forms of verbs. In English, infinitives have the word "to" in front of them: *to walk*.

Interrogatives are words that ask questions: *What is that? Who are you?*

Nouns name people, places, or things: *students, Mexico City, books*.

Number tells you if a noun, pronoun, article, or verb is singular or plural.

Prepositions show relationship between their objects and another word in the sentence: *He is in the classroom*.

Present tense is used to talk about actions that always take place, or that are happening now: *I always take the bus; I study Spanish*.

Present progressive tense is used to emphasize that an action is happening *right now*: *I am doing my homework; he is finishing dinner*.

Preterite tense is used to talk about actions that were completed in the past: *I took the train yesterday; I studied for the test*.

Pronouns are words that take the place of nouns: *She is my friend*.

Subjects are the nouns or pronouns that perform the action in a sentence: *John sings*.

Superlatives describe which things have the most or least of a given quality: *She is the best student*.

Verbs show action or link the subject with a word or words in the predicate (what the subject does or is): *Ana writes; Ana is my sister*.

Nouns, Number, and Gender

Nouns refer to people, animals, places, things, and ideas. Nouns are singular or plural. In Spanish, nouns have gender, which means that they are either masculine or feminine.

Singular Nouns		Plural Nouns	
Masculine	Feminine	Masculine	Feminine
libro	carpeta	libros	carpetas
pupitre	casa	pupitres	casas
profesor	noche	profesores	noches
lápiz	ciudad	lápices	ciudades

Definite Articles

El, *la*, *los*, and *las* are definite articles and are the equivalent of "the" in English. *El* is used with masculine singular nouns; *los* with masculine plural nouns. *La* is used with feminine singular nouns; *las* with feminine plural nouns. When you use the words *a* or *de* before *el*, you form the contractions *al* and *del*: *Voy al centro; Es el libro del profesor*.

Masculine	
Singular	**Plural**
el libro	los libros
el pupitre	los pupitres
el profesor	los profesores
el lápiz	los lápices

Feminine	
Singular	**Plural**
la carpeta	las carpetas
la casa	las casas
la noche	las noches
la ciudad	las ciudades

Indefinite Articles

Un and *una* are indefinite articles and are the equivalent of "a" and "an" in English. *Un* is used with singular masculine nouns; *una* is used with singular feminine nouns. The plural indefinite articles are *unos* and *unas*.

Masculine	
Singular	**Plural**
un libro	unos libros
un escritorio	unos escritorios
un baile	unos bailes

Feminine	
Singular	**Plural**
una revista	unas revistas
una mochila	unas mochilas
una bandera	unas banderas

Pronouns

Subject pronouns tell who is doing the action. They replace nouns or names in a sentence. Subject pronouns are often used for emphasis or clarification: *Gregorio escucha música. Él escucha música.*

A *direct object* tells who or what receives the action of the verb. To avoid repeating a direct object noun, you can replace it with a *direct object pronoun*. Direct object pronouns have the same gender and number as the nouns they replace: *¿Cuándo compraste el libro? Lo compré ayer.*

An *indirect object* tells to whom or for whom an action is performed. *Indirect object pronouns* are used to replace an indirect object noun: *Les doy dinero. (I give money to them.)* Because *le* and *les* have more than one meaning, you can make the meaning clear, or show emphasis, by adding *a* + the corresponding name, noun, or pronoun: *Les doy el dinero a ellos.*

After most prepositions, you use *mí* and *ti* for "me" and "you." The forms change with the preposition *con: conmigo, contigo.* For all other persons, you use subject pronouns after prepositions.

The Personal a

When the direct object is a person, a group of people, or a pet, use the word *a* before the object. This is called the "personal a": *Visité a mi abuela. Busco a mi perro, Capitán.*

Subject Pronouns		Direct Object Pronouns		Indirect Object Pronouns		Objects of Prepositions	
Singular	**Plural**	**Singular**	**Plural**	**Singular**	**Plural**	**Singular**	**Plural**
yo	nosotros, nosotras	me	nos	me	nos	(para) mí, conmigo	nosotros, nosotras
tú	vosotros, vosotras	te	os	te	os	(para) ti, contigo	vosotros, vosotras
usted (Ud.)	ustedes (Uds.)	lo, la	los, las	le	les	Ud.	Uds.
él, ella	ellos, ellas					él, ella	ellos, ellas

Adjectives

Words that describe people and things are called adjectives. In Spanish, most adjectives have both masculine and feminine forms, as well as singular and plural forms. Adjectives must agree with the noun they describe in both gender and number. When an adjective describes a group including both masculine and feminine nouns, use the masculine plural form.

Masculine		Feminine	
Singular	**Plural**	**Singular**	**Plural**
alto	altos	alta	altas
inteligente	inteligentes	inteligente	inteligentes
trabajador	trabajadores	trabajadora	trabajadoras
fácil	fáciles	fácil	fáciles

Shortened Forms of Adjectives

When placed before masculine singular nouns, some adjectives change into a shortened form.

One adjective, *grande*, changes to a shortened form before any singular noun: *una **gran** señora, un **gran** libro.*

bueno	buen chico
malo	mal día
primero	prímer trabajo
tercero	tercer plato
grande	gran señor

Possessive Adjectives

Possessive adjectives are used to tell what belongs to someone or to show relationships. Like other adjectives, possessive adjectives agree in number with the nouns that follow them.

Only *nuestro* and *vuestro* have different masculine and feminine endings. *Su* and *sus* can have many different meanings: *his, her, its, your,* or *their.*

Singular	Plural
mi	mis
tu	tus
su	sus
nuestro, -a	nuestros, -as
vuestro, -a	vuestros, -as
su	sus

Demonstrative Adjectives

Like other adjectives, demonstrative adjectives agree in gender and number with the nouns that follow them. Use *este, esta, estos, estas* ("this" / "these") before nouns that name people or things that are close to you. Use *ese, esa, esos, esas* ("that" / "those") before nouns that name people or things that are at some distance from you.

Singular	Plural	Singular	Plural
este libro	estos libros	ese niño	esos niños
esta casa	estas casas	esa manzana	esas manzanas

Interrogative Words

You use interrogative words to ask questions. When you ask a question with an interrogative word, you put the verb before the subject. All interrogative words have a written accent mark.

¿Adónde?	¿Cuándo?	¿Dónde?
¿Cómo?	¿Cuánto, -a?	¿Por qué?
¿Con quién?	¿Cuántos, -as?	¿Qué?
¿Cuál?	¿De dónde?	¿Quién?

Comparatives and Superlatives

Comparatives Use *más . . . que* or *menos . . . que* to compare people or things: *más interesante que . . . , menos alta que . . .*

When talking about number, use *de* instead of *que: Tengo **más de** cien monedas en mi colección.*

Superlatives Use this pattern to express the idea of "most" or "least."

el
la + noun + más / menos + adjective
los
las

Es la chica más seria de la clase.
Son los perritos más pequeños.

Several adjectives are irregular when used with comparatives and superlatives.

older	mayor
younger	menor
better	mejor
worse	peor

Affirmative and Negative Words

To make a sentence negative in Spanish, *no* usually goes in front of the verb or expression. To show that you do not like either of two choices, use *ni . . . ni.*

Alguno, alguna, algunos, algunas and *ninguno, ninguna* match the number and gender of the noun to which they refer. *Ningunos* and *ningunas* are rarely used. When *alguno* and *ninguno* come before a masculine singular noun, they change to *algún* and *ningún.*

Affirmative	Negative
algo	nada
alguien	nadie
algún	ningún
alguno, -a, -os, -as	ninguno, -a, -os, -as
siempre	nunca
también	tampoco

Adverbs

To form an adverb in Spanish, *-mente* is added to the feminine singular form of an adjective. This *-mente* ending is equivalent to the "-ly" ending in English. If the adjective has a written accent, such as *rápida, fácil,* and *práctica,* the accent appears in the same place in the adverb form.

general	→	generalmente
especial	→	especialmente
fácil	→	fácilmente
feliz	→	felizmente
rápida	→	rápidamente
práctica	→	prácticamente

Verbos

Regular Present and Preterite Tenses

Here are the conjugations for regular -ar, -er, and -ir verbs in the present and preterite tense.

Infinitive	Present		Preterite	
estudiar	estudio	estudiamos	estudié	estudiamos
	estudias	estudiáis	estudiaste	estudiasteis
	estudia	estudian	estudió	estudiaron
correr	corro	corremos	corrí	corrimos
	corres	corréis	corriste	corristeis
	corre	corren	corrió	corrieron
escribir	escribo	escribimos	escribí	escribimos
	escribes	escribís	escribiste	escribisteis
	escribe	escriben	escribió	escribieron

Present Progressive

When you want to emphasize that an action is happening *right now*, you use the present progressive tense.

estudiar	estoy	estudiando	estamos	estudiando
	estás	estudiando	estáis	estudiando
	está	estudiando	están	estudiando
correr	estoy	corriendo	estamos	corriendo
	estás	corriendo	estáis	corriendo
	está	corriendo	están	corriendo
escribir	estoy	escribiendo	estamos	escribiendo
	estás	escribiendo	estáis	escribiendo
	está	escribiendo	están	escribiendo

Affirmative tú Commands

When telling a friend, a family member, or a young person to do something, use an affirmative *tú* command. To give these commands for most verbs, use the same present-tense forms that are used for *Ud., él, ella.* Some verbs have an irregular affirmative *tú* command.

Regular	Irregular	
¡Estudia!	decir	di
¡Corre!	hacer	haz
¡Escribe!	ir	ve
	poner	pon
	salir	sal
	ser	sé
	tener	ten
	venir	ven

Stem-changing Verbs

Here is an alphabetical list of the stem-changing verbs. Next year, you will learn the preterite verb forms that are shown here in italic type.

Infinitive and Present Participle	Present		Preterite	
costar (o → ue) costando	cuesta	cuestan	costó	costaron
doler (o → ue) doliendo	duele	duelen	dolió	dolieron
dormir (o → ue) *durmiendo*	duermo duermes duerme	dormimos dormís duermen	dormí dormiste *durmió*	dormimos dormisteis *durmieron*
empezar (e → ie) empezando	empiezo empiezas empieza	empezamos empezáis empiezan	*empecé* empezaste empezó	empezamos empezasteis empezaron
jugar (u → ue) jugando	juego juegas jueg	jugamos jugáis juegan	jugué jugaste jugó	jugamos jugasteis jugaron
llover (o → ue) lloviendo	llueve		llovió	
nevar (e → ie) nevando	nieva		nevó	
pedir (e → i) *pidiendo*	pido pides pide	pedimos pedís piden	pedí pediste *pidió*	pedimos pedisteis *pidieron*
pensar (e → ie) pensando	pienso piensas piensa	pensamos pensáis piensan	pensé pensaste pensó	pensamos pensasteis pensaron
preferir (e → ie) *prefiriendo*	prefiero prefieres prefiere	preferimos preferís prefieren	preferí preferiste *prefirió*	preferimos preferisteis *prefirieron*
sentir (e → ie) *sintiendo*	*See* **preferir**			
servir (e → i) *sirviendo*	*See* **pedir**			

Spelling-changing Verbs

These verbs have spelling changes in different tenses. The spelling changes are indicated in black. Next year, you will learn the preterite verb forms that are shown here in italic type.

Infinitive and Present Participle	Present		Preterite	
buscar (c → qu) **buscando**	*See regular verbs*		**busqué** buscaste buscó	buscamos buscasteis buscaron
comunicarse (c → qu) *comunicándose*	*See reflexive verbs*		*See reflexive verbs and* **buscar**	
conocer (c → zc) **conociendo**	**conozco** conoces conoce	conocemos conocéis conocen	*See regular verbs*	
creer (i → y) *creyendo*	*See regular verbs*		creí creíste *creyó*	creímos creísteis *creyeron*
empezar (z → c) **empezando**	*See stem-changing verbs*		**empecé** empezaste empezó	empezamos empezasteis empezaron
enviar (i → í) **enviando**	**envío** **envías** **envía**	**enviamos** **enviáis** **envían**	*See regular verbs*	
esquiar (i → í) **esquiando**	*See* **enviar**		*See regular verbs*	
jugar (g → gu) **jugando**	*See stem-changing verbs*		**jugué** jugaste jugó	jugamos jugasteis jugaron
leer (i → y) **leyendo**	*See regular verbs*		*See* **creer**	
pagar (g → gu) **pagando**	*See regular verbs*		*See* **jugar**	
parecer (c → zc) **pareciendo**	*See* **conocer**		*See regular verbs*	
practicar (c → qu) **practicando**	*See regular verbs*		*See* **buscar**	
recoger (g → j) **recogiendo**	**recojo** recoges recoge	recogemos recogéis recogen	*See regular verbs*	
sacar (c → qu) **sacando**	*See regular verbs*		*See* **buscar**	
tocar (c → qu) **tocando**	*See regular verbs*		*See* **buscar**	

Irregular Verbs

These verbs have irregular patterns. Next year, you will learn the preterite verb forms that are shown here in italic type.

Infinitive and Present Participle	Present		Preterite	
dar dando	doy das da	damos dais dan	di diste dio	dimos disteis dieron
decir *diciendo*	digo dices dice	decimos decís dicen	*dije* *dijiste* *dijo*	*dijimos* *dijisteis* *dijeron*
estar estando	estoy estás está	estamos estáis están	*estuve* *estuviste* *estuvo*	*estuvimos* *estuvisteis* *estuvieron*
hacer haciendo	hago haces hace	hacemos hacéis hacen	hice hiciste hizo	hicimos hicisteis hicieron
ir *yendo*	voy vas va	vamos vais van	fui fuiste fue	fuimos fuisteis fueron
poder *pudiendo*	puedo puedes puede	podemos podéis pueden	*pude* *pudiste* *pudo*	*pudimos* *pudisteis* *pudieron*
poner poniendo	pongo pones pone	ponemos ponéis ponen	*puse* *pusiste* *puso*	*pusimos* *pusisteis* *pusieron*
querer queriendo	quiero quieres quiere	queremos queréis quieren	*quise* *quisiste* *quiso*	*quisimos* *quisisteis* *quisieron*
saber sabiendo	sé sabes sabe	sabemos sabéis saben	*supe* *supiste* *supo*	*supimos* *supisteis* *supieron*
salir saliendo	salgo sales sale	salimos salís salen	salí saliste salió	salimos salisteis salieron
ser siendo	soy eres es	somos sois son	fui fuiste fue	fuimos fuisteis fueron
tener teniendo	tengo tienes tiene	tenemos tenéis tienen	*tuve* *tuviste* *tuvo*	*tuvimos* *tuvisteis* *tuvieron*

Irregular Verbs (continued)

Next year, you will learn the preterite verb forms that are shown here in italic type.

Infinitive and Present Participle	Present		Preterite	
traer *trayendo*	traigo traes trae	traemos traéis traen	*traje* *trajiste* *trajo*	*trajimos* *trajisteis* *trajeron*
venir *viniendo*	vengo vienes viene	venimos venís vienen	*vine* *viniste* *vino*	*vinimos* *vinisteis* *vinieron*
ver *viendo*	veo ves ve	vemos veis ven	vi viste vio	vimos visteis vieron

Reflexive Verbs

Next year, you will learn the preterite verb forms that are shown here in italic type.

Infinitive and Present Participle	Present	
comunicarse *comunicándose*	me comunico te comunicas *se comunica*	nos comunicamos os comunicáis *se comunican*
Affirmative Familiar *(tú)* Command	**Preterite**	
comunícate	*me comuniqué* *te comunicaste* *se comunicó*	*nos comunicamos* *os comunicasteis* *se comunicaron*

Expresiones útiles para conversar

The following are expressions that you can use when you find yourself in a specific situation and need help to begin, continue, or end a conversation.

Greeting Someone
Buenos días. Good morning.
Buenas tardes. Good afternoon.
Buenas noches. Good evening. Good night.

Making Introductions
Me llamo . . . My name is . . .
Soy . . . I'm . . .
¿Cómo te llamas? What's your name?
Éste es mi amigo *m.* . . . This is my friend . . .
Ésta es mi amiga *f.* . . . This is my friend . . .
Se llama. . . His / Her name is . . .
¡Mucho gusto! It's a pleasure!
Encantado, -a. Delighted.
Igualmente. Likewise.

Asking How Someone Is
¿Cómo estás? How are you?
¿Cómo andas? How's it going?
¿Cómo te sientes? How do you feel?
¿Qué tal? How's it going?
Estoy bien, gracias. I'm fine, thank you.
Muy bien. ¿Y tú? Very well. And you?
Regular. Okay. Alright.
Más o menos. More or less.
(Muy) mal. (Very) bad.
¡Horrible! Awful!
¡Excelente! Great!

Talking on the Phone
Aló. Hello.
Diga. Hello.
Bueno. Hello.
¿Quién habla? Who's calling?
Habla. . . It's [name of person calling].
¿Está. . . , por favor? Is . . . there, please?

¿De parte de quién? Who is calling?
¿Puedo dejar un recado? May I leave a message?
Un momento. Just a moment.
Llamo más tarde. I'll call later.
¿Cómo? No le oigo. What? I can't hear you.

Making Plans
¿Adónde vas? Where are you going?
Voy a. . . I'm going to . . .
¿Estás listo, -a? Are you ready?
Tengo prisa. I'm in a hurry.
¡Date prisa! Hurry up!
Sí, ahora voy. OK, I'm coming.
Todavía necesito. . . I still need . . .
¿Te gustaría. . . ? Would you like to . . . ?
Sí, me gustaría. . . Yes, I'd like to . . .
¡Claro que sí (no)! Of course (not)!
¿Quieres. . . ? Do you want to . . . ?
Quiero. . . I want to . . .
¿Qué quieres hacer hoy? What do you want to do today?
¿Qué haces después de las clases? What do you do after school (class)?
¿Qué estás haciendo? What are you doing?
Te invito. It's my treat.
¿Qué tal si. . . ? What about . . . ?
Primero. . . First . . .
Después. . . Later . . .
Luego. . . Then . . .

Making an Excuse
Estoy ocupado, -a. I'm busy.
Lo siento, pero no puedo. I'm sorry, but I can't.
¡Qué lástima! What a shame!
Ya tengo planes. I already have plans.
Tal vez otro día. Maybe another day.

Being Polite
Con mucho gusto. With great pleasure.
De nada. You're welcome.

Disculpe. Excuse me.
Lo siento. I'm sorry.
Muchísimas gracias. Thank you very much.
Te (Se) lo agradezco mucho. I appreciate it a lot.
Muy amable. That's very kind of you.
Perdón. Pardon me.
¿Puede Ud. repetirlo? Can you repeat that?
¿Puede Ud. hablar más despacio? Can you speak more slowly?

Keeping a Conversation Going
¿De veras? Really?
¿Verdad? Isn't that so? Right?
¿En serio? Seriously?
¡No lo puedo creer! I don't believe it!
¡No me digas! You don't say!
Y entonces, ¿qué? And then what?
¿Qué hiciste? What did you do?
¿Qué dijiste? What did you say?
¿Crees que. . . ? Do you think that . . .?
Me parece bien. It seems alright.
Perfecto. Perfect.
¡Qué buena idea! What a good idea!
¡Cómo no! Of course!
De acuerdo. Agreed.
Está bien. It's all right.

Giving a Description When You Don't Know the Name of Someone or Something
Se usa para. . . It's used to / for . . .
Es la palabra que significa. . . It's the word that means . . .
Es la persona que. . . It's the person who . . .

Ending a Conversation
Bueno, tengo que irme. Well, I have to go.
Chao. (Chau.) Bye.
Hasta pronto. See you soon.
Hasta mañana. See you tomorrow.

Vocabulario español-inglés

The *Vocabulario español–inglés* contains all active vocabulary from the text, including vocabulary presented in the grammar sections.

A dash (—) represents the main entry word. For example, **pasar la —** after **la aspiradora** means **pasar la aspiradora.**

The number following each entry indicates the chapter in which the word or expression is presented. The letter P following an entry refers to the *Para empezar* section.

The following abbreviations are used in this list: *adj.* (adjective), *dir. obj.* (direct object), *f.* (feminine), *fam.* (familiar), *ind. obj.* (indirect object), *inf.* (infinitive), *m.* (masculine), *pl.* (plural), *prep.* (preposition), *pron.* (pronoun), *sing.* (singular).

A

a to (prep.) (4A)

— **...le gusta(n)** he/she likes (5A)

— **...le encanta(n)** he/she loves (5A)

— **casa** (to) home (4A)

— **la derecha (de)** to the right (of) (6A)

— **la izquierda (de)** to the left (of) (6A)

— **la una de la tarde** at one (o'clock) in the afternoon (4B)

— **las ocho de la mañana** at eight (o'clock) in the morning (4B)

— **las ocho de la noche** at eight (o'clock) in the evening / at night (4B)

— **menudo** often (8B)

— **mí también** I do (like to) too (1A)

— **mí tampoco** I don't (like to) either (1A)

¿— **qué hora?** (At) what time? (4B)

— **veces** sometimes (1B)

— **ver** Let's see (2A)

el abrigo coat (7A)

abril April (P)

abrir to open (5A)

la abuela, el abuelo grandmother, grandfather (5A)

los abuelos grandparents (5A)

aburrido, -a boring (2A)

me aburre(n) it bores me (they bore me) (9A)

aburrir to bore (9A)

acabar de + *inf.* to have just ...(9A)

el actor actor (9A)

la actriz *pl.* **las actrices** actress (9A)

acuerdo:

Estoy de —. I agree. (3B)

No estoy de —. I don't agree. (3B)

¡Adiós! Good-bye! (P)

¿Adónde? (To) where? (4A)

agosto August (P)

el agua *f.* water (3A)

ahora now (5B)

al *(a + el)*, **a la,** to the (4A)

al lado de next to (2B)

la alfombra rug (6A)

algo something (3B)

¿— **más?** Anything else? (5B)

allí there (2B)

el almacén *pl.* **los almacenes** department store (7B)

el almuerzo lunch (2A)

en el — for lunch (3A)

alto, -a tall (5B)

amarillo, -a yellow (6A)

el amigo male friend (1B)

la amiga female friend (1B)

anaranjado, -a orange (6A)

la anciana, el anciano older woman, older man (8B)

los ancianos older people (8B)

el anillo ring (7B)

el animal animal (8A)

anoche last night (7B)

los anteojos de sol sunglasses (7B)

antes de before (9A)

el año year (P)

el — pasado last year (7B)

¿Cuántos años tiene(n) ...? How old is/are ...? (5A)

Tiene(n) ... años. He/She is / They are ... (years old). (5A)

el apartamento apartment (6B)

aprender (a) to learn (to) (8A)

aquí here (2B)

el árbol tree (8A)

los aretes earrings (7B)

el armario closet (6A)

arreglar el cuarto to straighten up the room (6B)

el arroz rice (3B)

el arte:

la clase de — art class (2A)

artístico, -a artistic (1B)

asco:

¡Qué —! How awful! (3A)

la atracción *pl.* **las atracciones** attraction(s) (8A)

atrevido, -a daring (1B)

el autobús *pl.* **los autobuses** bus (8A)

el avión *pl.* **los aviones** airplane (8A)

¡Ay! ¡Qué pena! Oh! What a shame/pity! (4B)

ayer yesterday (7B)

ayudar to help (6B)

el azúcar sugar (5B)

azul blue (6A)

B

bailar to dance (1A)

el **baile** dance (4B)

bajar (información) to download (9B)

bajo, -a short (5B)

la **bandera** flag (2B)

el **baño** bathroom (6B)

el **traje de —** swimsuit (7A)

barato, -a inexpensive, cheap (7B)

el **barco** boat, ship (8A)

el **barrio** neighborhood (8B)

el **básquetbol: jugar al —** to play basketball (4B)

bastante enough, rather (6B)

beber to drink (3A)

las **bebidas** beverages (3B)

béisbol: jugar al — to play baseball (4B)

la **biblioteca** library (4A)

bien well (P)

el **bistec** steak (3B)

blanco, -a white (6A)

la **blusa** blouse (7A)

la **boca** mouth (P)

el **boleto** ticket (8A)

el **bolígrafo** pen (P)

la **bolsa** bag, sack (8B)

el **bolso** purse (7B)

bonito, -a pretty (6A)

las **botas** boots (7A)

el **bote: pasear en —** to go boating (8A)

la **botella** bottle (8B)

el **brazo** arm (P)

bucear to scuba dive, to snorkel (8A)

bueno (buen), -a good (1B)

Buenas noches. Good evening. (P)

Buenas tardes. Good afternoon. (P)

Buenos días. Good morning. (P)

buscar to look for (7A); to search (for) (9B)

C

el **caballo: montar a —** to ride horseback (8A)

la **cabeza** head (P)

cada día every day (3B)

la **cadena** chain (7B)

el **café** coffee (3A); café (4A)

la **caja** box (8B)

los **calcetines** socks (7A)

la **calculadora** calculator (2A)

la **calle** street, road (8B)

calor:

Hace —. It's hot. (P)

tener — to be warm (5B)

la **cama** bed (6A)

hacer la — to make the bed (6B)

la **cámara** camera (5A)

la **— digital** digital camera (9A)

el **camarero,** la **camarera** waiter, waitress (5B)

caminar to walk (3B)

la **camisa** shirt (7A)

la **camiseta** T-shirt (7A)

el **campamento** camp (8B)

el **campo** countryside (4A)

el **canal** (TV) channel (9A)

la **canción** pl. **las canciones** song (9B)

canoso: pelo — gray hair (5B)

cansado, -a tired (4B)

cantar to sing (1A)

cara a cara face-to-face (9B)

la **carne** meat (3B)

caro, -a expensive (7B)

la **carpeta** folder (P)

la **— de argollas** three-ring binder (2A)

la **carta** letter (9B)

el **cartel** poster (2B)

la **cartera** wallet (7B)

el **cartón** cardboard (8B)

la **casa** home, house (4A)

a — (to) home (4A)

en — at home (4A)

casi almost (9A)

castaño: pelo — brown (chestnut) hair (5B)

catorce fourteen (P)

la **cebolla** onion (3B)

celebrar to celebrate (5A)

la **cena** dinner (3B)

el **centro:**

el **— comercial** mall (4A)

el **— de reciclaje** recycling center (8B)

cerca (de) close (to), near (6B)

el **cereal** cereal (3A)

los **cereales** grains (3B)

cero zero (P)

la **chaqueta** jacket (7A)

la **chica** girl (1B)

el **chico** boy (1B)

cien one hundred (P)

las **ciencias:**

la **clase de — naturales** science class (2A)

la **clase de — sociales** social studies class (2A)

cinco five (P)

cincuenta fifty (P)

el **cine** movie theater (4A)

la **ciudad** city (8A)

la **clase** class (2A)

la **sala de clases** classroom (P)

¿Qué — de...? What kind of ...? (9A)

el **coche** car (6B)

la **cocina** kitchen (6B)

cocinar to cook (6B)

el **collar** necklace (7B)

el **color** pl. **los colores** (6A)

¿De qué — ...? What color ... ? (6A)

la **comedia** comedy (9A)

el **comedor** dining room (6B)

comer to eat (3A)

cómico, -a funny, comical (9A)

la **comida** food, meal (3A)

como like, as (8A)

¿cómo?:

¿**— eres?** What are you like? (1B)

¿**— es?** What is he/she like? (1B)

¿**— está Ud.?** How are you? *formal* (P)

¿**— estás?** How are you? *fam.* (P)

¿**— lo pasaste?** How was it (for you)? (8A)

¿**— se dice ...?** How do you say ...? (P)

¿**— se escribe ...?** How is ... spelled? (P)

¿**— se llama?** What's his/her name? (1B)

¿**— te llamas?** What is your name? (P)

¿**— te queda(n)?** How does it (do they) fit you? (7A)

la **cómoda** dresser (6A)

compartir to share (3A)

complicado, -a complicated (9B)

la **composición** *pl.* **las composiciones** composition (9B)

comprar to buy (7A)

comprar recuerdos to buy souvenirs (8A)

comprender to understand (3A)

la **computadora** computer (2B)

la **— portátil** laptop computer (9B)

usar la — to use the computer (1A)

comunicarse to communicate (9B)

(tú) te comunicas you communicate (9B)

(yo) me comunico I communicate (9B)

la **comunidad** community (8B)

con with (3A)

— mis/tus amigos with my/your friends (4A)

¿**— quién?** With whom? (4A)

el **concierto** concert (4B)

conmigo with me (4B)

conocer to know, to be acquainted with (9B)

contento, -a happy (4B)

contigo with you (4B)

la **corbata** tie (7B)

correr to run (1A)

cortar el césped to cut/to mow the lawn (6B)

las **cortinas** curtains (6A)

corto, -a short (5B)

los pantalones cortos shorts (7A)

la **cosa** thing (6A)

costar (o → ue) to cost (7A)

¿**Cuánto cuesta(n) ... ?** How much does (do) ... cost? (7A)

crear to create (9B)

creer to think (3B)

Creo que ... I think ... (3B)

Creo que no. I don't think so. (3B)

Creo que sí. I think so. (3B)

el **cuaderno** notebook (P)

el **cuadro** painting (6A)

¿**Cuál?** Which?, What? (3A)

¿**— es la fecha?** What is the date? (P)

¿**Cuándo?** When? (4A)

¿**cuánto?:** ¿**— cuesta(n) ... ?** How much does (do) ... cost? (7A)

¿**cuántos, -as?** how many? (P)

¿**Cuántos años tiene(n) ...?** How old is/are ...? (5A)

cuarenta forty (P)

el **cuarto** room (6B)

cuarto, -a fourth (2A)

y — *(time)* quarter past (P)

menos — *(time)* quarter to (P)

cuatro four (P)

cuatrocientos, -as four hundred (7A)

la **cuchara** spoon (5B)

el **cuchillo** knife (5B)

la **cuenta** bill (5B)

el **cumpleaños** birthday (5A)

¡Feliz —! Happy birthday! (5A)

el **curso: tomar un curso** to take a course (9B)

dar to give (6B)

— + *movie or TV program* to show (9A)

— de comer al perro to feed the dog (6B)

de of (2B); from (4A)

¿**— dónde eres?** Where are you from? (4A)

— la mañana/la tarde/la noche in the morning /afternoon / evening (4B)

— nada. You're welcome. (5B)

— plato principal as a main dish (5B)

— postre for dessert (5B)

¿**— qué color ...?** What color ...? (6A)

¿**— veras?** Really? (9A)

debajo de underneath (2B)

deber should, must (3B)

decidir to decide (8B)

décimo, -a tenth (2A)

decir to say, to tell (8B)

¿**Cómo se dice ...?** How do you say ...? (P)

dime tell me (8A)

¡No me digas! You don't say! (4A)

¿**Qué quiere — ...?** What does ... mean? (P)

Quiere — ... It means ... (P)

Se dice ... You say ... (P)

las **decoraciones** decorations (5A)

decorar to decorate (5A)

el **dedo** finger (P)

delante de in front of (2B)

delicioso, -a delicious (5B)

los **demás, las demás** others (8B)

demasiado too (4B)

el **dependiente, la dependienta** salesperson (7A)

deportista sports-minded (1B)

derecha: a la — (de) to the right (of) (6A)

el **desayuno** breakfast (3A)

en el — for breakfast (3A)

descansar to rest, to relax (8A)

los **descuentos: la tienda de —** discount store (7B)

desear to wish (5B)

¿Qué desean (Uds.)? What would you like? (5B)

desordenado, -a messy (1B)

el **despacho** office (home) (6B)

el **despertador** alarm clock (6A)

después afterwards (4A)

después (de) after (4A)

detrás de behind (2B)

el **día** day (P)

Buenos —s . Good morning. (P)

cada — every day (3B)

¿Qué — es hoy? What day is today? (P)

todos los —s every day (3A)

la **diapositiva** slide (9B)

dibujar to draw (1A)

el **diccionario** dictionary (2A)

diciembre December (P)

diecinueve nineteen (P)

dieciocho eighteen (P)

dieciséis sixteen (P)

diecisiete seventeen (P)

diez ten (P)

difícil difficult (2A)

digital: la cámara — digital camera (9B)

dime tell me (8A)

el **dinero** money (6B)

la **dirección electrónica** e-mail address (9B)

el **disco compacto** compact disc (6A)

grabar un disco compacto to burn a CD (9B)

divertido, -a amusing, fun (2A)

doce twelve (P)

el **documento** document (9B)

doler (o → ue) to hurt (9A)

domingo Sunday (P)

dónde:

¿—? Where? (2B)

¿De — eres? Where are you from? (4A)

dormir (o → ue) to sleep (6A)

el **dormitorio** bedroom (6A)

dos two (P)

los/las dos both (7A)

doscientos, -as two hundred (7A)

el **drama** drama (9A)

los **dulces** candy (5A)

durante during (8A)

durar to last (9A)

E

la **educación física: la clase de —** physical education class (2A)

el **ejercicio: hacer —** to exercise (3B)

el **** the *m. sing.* (1B)

él **** he (1B)

los **electrodomésticos: la tienda de —** household appliance store (7B)

electrónico, -a: la dirección — e-mail address (9B)

ella she (1B)

ellas they *f. pl.* (2A)

ellos they *m. pl.* (2A)

emocionante touching (9A)

empezar (e → ie) to begin, to start (9A)

en in, on (2B)

— + *vehicle* by, in, on (8A)

— casa at home (4A)

— la ... hora in the ... hour (class period) (2A)

— la Red online (7B)

¿— qué puedo servirle? How can I help you? (7A)

encantado, -a delighted (P)

encantar to please very much, to love (9A)

a él/ella le encanta(n) he/she loves (5A)

me/te encanta(n) ... I/you love ... (3A)

encima de on top of (2B)

enero January (P)

enfermo, -a sick (4B)

la **ensalada** salad (3A)

la — de frutas fruit salad (3A)

enseñar to teach (2A)

entonces then (4B)

entrar to enter (7A)

enviar (i → í) to send (9B)

el **equipo de sonido** sound (stereo) system (6A)

¿Eres...? Are you ...? (1B)

es is (P); (he/she/it) is (1B)

— el *(number)* de *(month)* it is the ... of ... *(in telling the date)* (P)

— el primero de *(month)*. It is the first of ... (P)

— la una. It is one o'clock. (P)

— necesario. It's necessary. (8B)

— un(a) ... it's a ... (2B)

la **escalera** stairs, stairway (6B)

escribir:

¿Cómo se escribe ...? How is ... spelled? (P)

— cuentos to write stories (1A)

— por correo electrónico to write e-mail (9B)

Se escribe ... It's spelled ... (P)

el **escritorio** desk (2B)

escuchar música to listen to music (1A)

la **escuela primaria** primary school (8B)

ese, esa that (7A)

eso: por — that's why, therefore (9A)

esos, esas those (7A)

los **espaguetis** spaghetti (3B)

el **español: la clase de —** Spanish class (2A)

especialmente especially (9A)

el **espejo** mirror (6A)

la **esposa** wife (5A)

el **esposo** husband (5A)

esquiar (i → í) to ski (1A)

la **estación** *pl.* **las estaciones** season (P)

el **estadio** stadium (8A)

el estante shelf, bookshelf (6A)

estar to be (2B)

¿Cómo está Ud.? How are you? *formal* (P)

¿Cómo estás? How are you? *fam.* (P)

— + *present participle to be + present participle* (6B)

— en línea to be online (9B)

Estoy de acuerdo. I agree. (3B)

No estoy de acuerdo. I don't agree. (3B)

este, esta this (7A)

esta noche this evening (4B)

esta tarde this afternoon (4B)

este fin de semana this weekend (4B)

el estómago stomach (P)

estos, estas these (7A)

Estoy de acuerdo. I agree. (3B)

el/la estudiante student (P)

estudiar to study (2A)

estudioso, -a studious (1B)

la experiencia experience (8B)

F

fácil easy (2A)

la falda skirt (7A)

faltar to be missing (9A)

la familia family (1B)

fantástico, -a fantastic (8A)

fascinante fascinating (9A)

favorito, -a favorite (2A)

febrero February (P)

la fecha: ¿Cuál es la —? What is the date? (P)

¡Feliz cumpleaños! Happy birthday! (5A)

feo, -a ugly (6A)

la fiesta party (4B)

el fin de semana:

este — this weekend (4B)

los fines de semana on weekends (4A)

la flor *pl.* **las flores** flower (5A)

la foto photo (5A)

las fresas strawberries (3A)

frío:

Hace —. It's cold. (P)

tener — to be cold (5B)

fue it was (8A)

— un desastre. It was a disaster. (8A)

el fútbol: jugar al — to play soccer (4B)

el fútbol americano: jugar al — to play football (4B)

G

la galleta cookie (3A)

el garaje garage (6B)

el gato cat (5A)

generalmente generally (4A)

¡Genial! Great! (4B)

la gente people (8B)

el gimnasio gym (4A)

el globo balloon (5A)

el golf: jugar al — to play golf (4B)

la gorra cap (7A)

grabar un disco compacto to burn a CD (9B)

gracias thank you (P)

gracioso, -a funny (1B)

los gráficos computer graphics (9B)

grande large (6A)

las grasas fats (3B)

gris gray (6A)

los guantes gloves (7B)

guapo, -a good-looking (5B)

los guisantes peas (3B)

gustar:

a él/ella le gusta(n) he/she likes (5A)

(A mí) me gusta ... I like to ... (1A)

(A mí) me gusta más ... I like to ... better (I prefer to ...) (1A)

(A mí) me gusta mucho ... I like to ... a lot (1A)

(A mí) no me gusta ... I don't like to ... (1A)

(A mí) no me gusta nada ... I don't like to ... at all. (1A)

Le gusta ... He/She likes ... (1B)

Me gusta ... I like ... (3A)

Me gustaría ... I would like ... (4B)

Me gustó. I liked it. (8A)

No le gusta ... He/She doesn't like ... (1B)

¿Qué te gusta hacer? What do you like to do? (1A)

¿Qué te gusta hacer más? What do you like better (prefer) to do? (1A)

Te gusta ... You like ... (3A)

¿Te gusta ...? Do you like to ...? (1A)

¿Te gustaría ...? Would you like ... ? (4B)

¿Te gustó? Did you like it? (8A)

H

hablar to talk (2A)

— por teléfono to talk on the phone (1A)

hacer to do (3B)

hace + *time expression* ago (7B)

Hace calor. It's hot. (P)

Hace frío. It's cold. (P)

Hace sol. It's sunny. (P)

— ejercicio to exercise (3B)

— la cama to make the bed (6B)

— un video to videotape (5A)

haz *(command)* do, make (6B)

¿Qué hiciste? What did you do? (8A)

¿Qué tiempo hace? What's the weather like? (P)

(yo) hago I do (3B)

(tú) haces you do (3B)

hambre: Tengo —. I'm hungry. (3B)

la **hamburguesa** hamburger (3A)

hasta:

    — **luego.** See you later. (P)

    — **mañana.** See you tomorrow. (P)

Hay There is, There are (P, 2B)

    — **que** one must (8B)

el **helado** ice cream (3B)

el **hermano, la hermana** brother, sister (5A)

el **hermanastro, la hermanastra** stepbrother, stepsister (5A)

los **hermanos** brothers; brother(s) and sister(s) (5A)

el **hijo, la hija** son, daughter (5A)

los **hijos** children; sons (5A)

la **hoja de papel** sheet of paper (P)

¡Hola! Hello! (P)

el **hombre** man (5B)

la **hora:**

    en la ... — in the ... hour (class period) (2A)

    ¿A qué hora? At what time? (4B)

el **horario** schedule (2A)

horrible horrible (3B)

el **horror: la película de —** horror movie (9A)

el **hospital** hospital (8B)

el **hotel** hotel (8A)

hoy today (P)

los **huevos** eggs (3A)

I

la **iglesia** church (4A)

igualmente likewise (P)

impaciente impatient (1B)

importante important (6A)

impresionante impressive (8A)

increíble incredible (8B)

infantil childish (9A)

la **información** information (9B)

el **informe** report (9B)

el **inglés: la clase de —** English class (2A)

inolvidable unforgettable (8B)

inteligente intelligent (1B)

interesante interesting (2A)

interesar to interest (9A)

    me interesa(n) it interests me (they interest me) (9A)

el **invierno** winter (P)

ir to go (4A)

    — **a** + *inf.* to be going to + *verb* (4B)

    — **a la escuela** to go to school (1A)

    — **de camping** to go camping (4B)

    — **de compras** to go shopping (4A)

    — **de pesca** to go fishing (4B)

    — **de vacaciones** to go on vacation (8A)

    ¡Vamos! Let's go! (7A)

izquierda: a la — (de) to the left (of) (6A)

J

el **jardín** *pl.* **los jardines** garden, yard (8B)

los **jeans** jeans (7A)

el **joven, la joven** young man, young woman (5B)

joven *adj.* young (5B)

la **joyería** jewelry store (7B)

las **judías verdes** green beans (3B)

jueves Thursday (P)

jugar (a) (u → ue) to play (games, sports) (4B)

    — **al básquetbol** to play basketball (4B)

    — **al béisbol** to play baseball (4B)

    — **al fútbol** to play soccer (4B)

    — **al fútbol americano** to play football (4B)

    — **al golf** to play golf (4B)

    — **al tenis** to play tennis (4B)

    — **al vóleibol** to play volleyball (4B)

    — **videojuegos** to play video games (1A)

el **jugo:**

    — **de manzana** apple juice (3A)

    — **de naranja** orange juice (3A)

el **juguete** toy (8B)

julio July (P)

junio June (P)

L

la the *f. sing.* (1B); it, her *f. dir. obj. pron.* (7B)

el **laboratorio** laboratory (9B)

lado: al — de next to, beside (2B)

el **lago** lake (8A)

la **lámpara** lamp (6A)

el **lápiz** *pl.* **los lápices** pencil (P)

largo, -a long (5B)

las the *f. pl.* (2B); them *f. dir. obj. pron.* (7B)

    — **dos, los dos** both (7A)

la **lata** can (8B)

lavar to wash (6B)

    — **el coche** to wash the car (6B)

    — **la ropa** to wash the clothes (6B)

    — **los platos** to wash the dishes (6B)

le (to/for) him, her, (*formal*) you *sing. ind. obj. pron.* (8B)

    — **gusta ...** He/She likes ... (1B)

    — **traigo ...** I will bring you ... (5B)

    No — gusta ... He/She doesn't like ... (1B)

la **lección** *pl.* **las lecciones de piano** piano lesson (class) (4A)

la **leche** milk (3A)

la **lechuga** lettuce (3B)

el **lector DVD** DVD player (6A)

leer revistas to read magazines (1A)

lejos (de) far (from) (6B)

les (to/for) them, (*formal*) you *pl. ind. obj. pron.* (8B)

levantar pesas to lift weights (3B)

la librería bookstore (7B)

el libro book (P)

la limonada lemonade (3A)

limpiar el baño to clean the bathroom (6B)

limpio, -a clean (6B)

línea: estar en — to be online (9B)

llamar:

>**¿Cómo se llama?** What's his/her name? (1B)

>**¿Cómo te llamas?** What is your name? (P)

>**Me llamo ...** My name is ... (P)

el llavero key chain (7B)

llevar to wear (7A); to take, to carry, to bring (8B)

llover (o → ue): Llueve. It's raining. (P)

lo it, him *m. dir. obj. pron.* (7B)

>**— siento.** I'm sorry. (4B)

los the *m. pl.* (2B); them *m. dir. obj. pron* (7B)

>**— dos, las dos** both (7A)

>**— fines de semana** on weekends (4A)

>**— lunes, los martes ...** on Mondays, on Tuesdays ... (4A)

el lugar place (8A)

lunes Monday (P)

>**los lunes** on Mondays (4A)

la luz *pl.* **las luces** light (5A)

M

la madrastra stepmother (5A)

la madre (mamá) mother (5A)

mal bad, badly (4B)

malo, -a bad (3B)

la mano hand (P)

mantener: para — la salud to maintain one's health (3B)

la mantequilla butter (3B)

la manzana apple (3A)

>**el jugo de —** apple juice (3A)

mañana tomorrow (P)

la mañana:

>**a las ocho de la —** at eight (o'clock) in the morning (4B)

>**de la —** in the morning (4B)

el mar sea (8A)

marrón *pl.* **marrones** brown (6A)

martes Tuesday (P)

>**los martes** on Tuesdays (4A)

marzo March (P)

más:

>**¿Qué —?** What else? (8B)

>**— ... que** more ... than (2A)

>**— de** more than (9A)

>**— o menos** more or less (3A)

las matemáticas: la clase de — mathematics class (2A)

mayo May (P)

mayor older (5A)

me (to/for) me *ind. obj. pron.* (8B)

>**— aburre(n)** it/they bore(s) me (9A)

>**— falta(n) ...** I need ... (5B)

>**— gustaría** I would like (4B)

>**— gustó.** I liked it. (8A)

>**— interesa(n)** it/they interest(s) me (9A)

>**— llamo ...** My name is ... (P)

>**— queda(n) bien/mal.** It/They fit(s) me well/poorly. (7A)

>**— quedo en casa.** I stay at home. (4A)

>**¿— trae ...?** Will you bring me ...? (5B)

media, -o half (P)

>**y —** thirty, half-past (P)

mejor:

>**el/la —, los/las —es** the best (6A)

>**—(es) que** better than (6A)

menor younger (5A)

menos:

más o — more or less (3A)

>**— ... que** less/fewer ... than (6A)

>**— de** less/fewer than (9A)

el menú menu (5B)

>**menudo: a —** often (8B)

el mes month (P)

la mesa table (2B)

>**poner la —** to set the table (6B)

la mesita night table (6A)

la mezquita mosque (4A)

mi, mis my (2B, 5A)

mí:

>**a — también** I do (like to) too (1A)

>**a — tampoco** I don't (like to) either (1A)

>**para —** in my opinion, for me (6A)

miedo: tener — (de) to be scared (of), to be afraid (of) (9B)

miércoles Wednesday (P)

mil a thousand (7A)

mirar to look (at) (7B)

mismo, -a same (6A)

la mochila bookbag, backpack (2B)

el momento: un — a moment (6B)

el mono monkey (8A)

las montañas mountains (4A)

montar:

>**— a caballo** to ride horseback (8A)

>**— en bicicleta** to ride a bicycle (1A)

>**— en monopatín** to skateboard (1A)

el monumento monument (8A)

morado, -a purple (6A)

mucho a lot (2A)

>**— gusto** pleased to meet you (P)

muchos, -as many (3B)

la mujer woman (5B)

el museo museum (8A)

muy very (1B)

>**—bien** very well (P)

nada nothing (P)

   (A mí) no me gusta — ... I don't like to ... at all. (1A)

   De —. You're welcome. (5B)

nadar to swim (1A)

la **naranja: el jugo de —** orange juice (3A)

la **nariz** *pl.* **las narices** nose (P)

navegar en la Red to surf the Web (9B)

necesario: Es —. It's necessary. (8B)

necesitar:

   (yo) necesito I need (2A)

   (tú) necesitas you need (2A)

negro, –a black (6A)

   el pelo — black hair (5B)

nevar (e → ie) Nieva. It's snowing. (P)

ni ... ni neither ... nor, not ... or (1A)

el **niño, la niña** young boy, young girl (8B)

los **niños** children (8B)

No estoy de acuerdo. I don't agree. (3B)

¡No me digas! You don't say! (4A)

no soy I am not (1A)

noche:

   a las ocho de la — at eight (o'clock) in the evening, at night (4B)

   Buenas —s. Good evening. (P)

   de la — in the evening, at night (4B)

   esta — this evening (4B)

nos (to/for) us *ind. obj. pron.* (8B)

¡— vemos! See you later! (P)

nosotros, -as we (2A)

novecientos, -as nine hundred (7A)

noveno, -a ninth (2A)

noventa ninety (P)

noviembre November (P)

el **novio, la novia** boyfriend, girlfriend (7B)

nuestro(s), -a(s) our (5A)

nueve nine (P)

nuevo, -a new (7A)

nunca never (3A)

o or (1A)

la **obra de teatro** play (8A)

ochenta eighty (P)

ocho eight (P)

ochocientos, -as eight hundred (7A)

octavo, -a eighth (2A)

octubre October (P)

ocupado, -a busy (4B)

el **ojo** eye (P)

once eleven (P)

ordenado, -a neat (1B)

os (to/for) you *pl. fam. ind. obj. pron.* (8B)

el **otoño** fall, autumn (P)

otro, -a other, another (5B)

   otra vez again (8B)

¡Oye! Hey! (4B)

paciente patient (1B)

el **padrastro** stepfather (5A)

el **padre (papá)** father (5A)

los **padres** parents (5A)

pagar (por) to pay (for) (7B)

la **página Web** Web page (9B)

el **país** country (8A)

el **pájaro** bird (8A)

el **pan** bread (3A)

   el — tostado toast (3A)

la **pantalla** (computer) screen (2B)

los **pantalones** pants (7A)

   los — cortos shorts (7A)

las **papas** potatoes (3B)

   las — fritas French fries (3A)

el **papel picado** cut-paper decorations (5A)

la **papelera** wastepaper basket (2B)

para for (2A)

   — + inf. in order to + inf. (4A)

   — la salud for one's health (3B)

   — mantener la salud to maintain one's health (3B)

   — mí in my opinion, for me (6A)

   ¿ — qué sirve? What's it (used) for? (9B)

   — ti in your opinion, for you (6A)

la **pared** wall (6A)

el **parque** park (4A)

   el — de diversiones amusement park (8A)

   el — nacional national park (8A)

el **partido** game, match (4B)

pasar:

   ¿Cómo lo pasaste? How was it (for you)? (8A)

   — la aspiradora to vacuum (6B)

   — tiempo con amigos to spend time with friends (1A)

   ¿Qué pasa? What's happening? (P)

   ¿Qué te pasó? What happened to you? (8A)

   pasear en bote to go boating (8A)

el **pastel** cake (5A)

los **pasteles** pastries (3B)

patinar to skate (1A)

pedir (e → i) to order (5B); to ask for (9B)

la **película** film, movie (9A)

   la — de ciencia ficción science fiction movie (9A)

   la — de horror horror movie (9A)

   la — policíaca crime movie, mystery (9A)

   la — romántica romantic movie (9A)

   ver una — to see a movie (4A)

pelirrojo, -a red-haired (5B)

el pelo hair (5B)

    el — canoso gray hair (5B)

    el — castaño brown (chestnut) hair (5B)

    el — negro black hair (5B)

    el — rubio blond hair (5B)

pensar (e → ie) to plan, to think (7A)

peor:

    el/la —, los/las —es the worst (6A)

    —(es) que worse than (6A)

pequeño, -a small (6A)

Perdón. Excuse me. (7A)

perezoso, -a lazy (1B)

el perfume perfume (7B)

el periódico newspaper (8B)

pero but (1B)

el perrito caliente hot dog (3A)

el perro dog (5A)

la persona person (5A)

    pesas: levantar — to lift weights (3B)

el pescado fish (3B)

el pie foot (P)

la pierna leg (P)

la pimienta pepper (5B)

la piñata piñata (5A)

la piscina pool (4A)

el piso story, floor (6B)

    primer — second floor (6B)

    segundo — third floor (6B)

la pizza pizza (3A)

la planta baja ground floor (6B)

el plástico plastic (8B)

el plátano banana (3A)

el plato plate, dish (5B)

    de — principal as a main dish (5B)

    el — principal main dish (5B)

la playa beach (4A)

pobre poor (8B)

poco: un — (de) a little (4B)

poder (o → ue) to be able (6A)

    (yo) puedo I can (4B)

    (tú) puedes you can (4B)

policíaca: la película — crime movie, mystery (9A)

el pollo chicken (3B)

poner to put, to place (6B)

    pon (*command*) put, place (6B)

    — la mesa to set the table (6B)

    (yo) pongo I put (6B)

    (tú) pones you put (6B)

por:

    — eso that's why, therefore (9A)

    — favor please (P)

    ¿— qué? Why? (3B)

    — supuesto of course (3A)

porque because (3B)

la posesión *pl.* **las posesiones** possession (6A)

el postre dessert (5B)

    de — for dessert (5B)

practicar deportes to play sports (1A)

práctico, -a practical (2A)

el precio price (7A)

preferir (e → ie) to prefer (7A)

    (yo) prefiero I prefer (3B)

    (tú) prefieres you prefer (3B)

preparar to prepare (5A)

la presentación *pl.* **las presentaciones** presentation (9B)

la primavera spring (P)

primer (primero), -a first (2A)

    — piso second floor (6B)

el primo, la prima cousin (5A)

los primos cousins (5A)

el problema problem (8B)

el profesor, la profesora teacher (P)

el programa program, show (9A)

    el — de concursos game show (9A)

    el — de dibujos animados cartoon (9A)

    el — de entrevistas interview program (9A)

    el — de la vida real reality program (9A)

    el — de noticias news program (9A)

    el — deportivo sports program (9A)

    el — educativo educational program (9A)

    el — musical musical program (9A)

propio, -a own (6A)

el proyecto de construcción construction project (8B)

puedes: (tú) — you can (4B)

puedo: (yo) — I can (4B)

la puerta door (2B)

pues well (*to indicate pause*) (1A)

la pulsera bracelet (7B)

    el reloj — watch (7B)

el pupitre student desk (P)

Q

que who, that (5A)

qué:

    ¿Para — sirve? What's it (used) for? (9B)

    ¡— + adj.! How ...! (5B)

    ¡— asco! How awful! (3A)

    ¡— buena idea! What a good/nice idea! (4B)

    ¿— clase de ...? What kind of ... ? (9A)

    ¿— desean (Uds.)? What would you like? (5B)

    ¿— día es hoy? What day is today? (P)

    ¿— es esto? What is this? (2B)

    ¿— hiciste? What did you do? (8A)

    ¿— hora es? What time is it? (P)

    ¿— más? What else? (8B)

    ¿— pasa? What's happening? (P)

    ¡— pena! What a shame/pity! (4B)

    ¿— quiere decir ... ? What does ... mean? (P)

¿— **tal?** How are you? (P)

¿— **te gusta hacer?** What do you like to do? (1A)

¿— **te gusta más?** What do you like better (prefer) to do? (1A)

¿— **te parece?** What do you think (about it)? (9B)

¿— **te pasó?** What happened to you? (8A)

¿— **tiempo hace?** What's the weather like? (P)

quedar to fit (7A), to stay (4A)

¿Cómo me queda? How does it fit (me)? (7A)

Me / te queda bien. It fits me / you well. (7A)

Me quedo en casa. I stay home. (4A)

el quehacer (de la casa) (household) chore (6B)

querer (e → ie) to want (7A)

¿Qué quiere decir ...? What does ... mean? (P)

Quiere decir ... It means ... (P)

quisiera I would like (5B)

(yo) quiero I want (4B)

(tú) quieres you want (1B)

el queso cheese (3A)

¿Quién? Who? (2A)

quince fifteen (P)

quinientos, -as five hundred (7A)

quinto, -a fifth (2A)

quisiera I would like (5B)

quitar el polvo to dust (6B)

quizás maybe (7A)

R

rápidamente quickly (9B)

el ratón pl. **los ratones** (computer) mouse (2B)

razón: tener — to be correct (7A)

realista realistic (9A)

recibir to receive (6B)

reciclar to recycle (8B)

recoger (g → j) to collect, to gather (8B)

los recuerdos souvenirs (8A)

comprar recuerdos to buy souvenirs (8A)

la Red:

en la — online (7B)

navegar en la — to surf the Web (9B)

el refresco soft drink (3A)

el regalo gift, present (5A)

regresar to return (8A)

regular okay, so-so (P)

el reloj clock (2B)

el — pulsera watch (7B)

reservado, -a reserved, shy (1B)

el restaurante restaurant (4A)

rico, -a rich, tasty (5B)

el río river (8B)

rojo, -a red (6A)

romántico, -a: la película — romantic movie (9A)

romper to break (5A)

la ropa: la tienda de — clothing store (7B)

rosado, -a pink (6A)

rubio, -a blond (5B)

S

sábado Saturday (P)

saber to know (how) (9B)

(yo) sé I know (how to) (4B)

(tú) sabes you know (how to) (4B)

sabroso, -a tasty, flavorful (3B)

el sacapuntas pencil sharpener (2B)

sacar:

— fotos to take photos (5A)

— la basura to take out the trash (6B)

la sal salt (5B)

la sala living room (6B)

la sala de clases classroom (P)

la salchicha sausage (3A)

salir to leave, to go out (8A)

la salud:

para la — for one's health (3B)

para mantener la — to maintain one's health (3B)

el sándwich de jamón y queso ham and cheese sandwich (3A)

sé: (yo) — I know (how to) (1B)

sed: Tengo —. I'm thirsty. (3B)

según according to (1B)

— mi familia according to my family (1B)

segundo, -a second (2A)

— piso third floor (6B)

seis six (P)

seiscientos, -as six hundred (7A)

la semana week (P)

este fin de — this weekend (4B)

la — pasada last week (7B)

los fines de — on weekends (4A)

señor (Sr.) sir, Mr. (P)

señora (Sra.) madam, Mrs. (P)

señorita (Srta.) miss, Miss (P)

separar to separate (8B)

septiembre September (P)

séptimo, -a seventh (2A)

ser to be (3B)

¿Eres ...? Are you ...? (1B)

es he/she is (1B)

fue it was (8A)

no soy I am not (1B)

soy I am (1B)

serio, -a serious (1B)

la servilleta napkin (5B)

servir (e → i) to serve, to be useful (9B)

¿En qué puedo servirle? How can I help you? (7A)

¿Para qué sirve? What's it (used) for? (9B)

Sirve para ... It's used for ... (9B)

sesenta sixty (P)

setecientos, -as seven hundred (7A)

setenta seventy (P)

sexto, -a sixth (2A)

si if, whether (6B)

sí yes (1A)

siempre always (3A)

siento: lo — I'm sorry (4B)

siete seven (P)

la **silla** chair (2B)

simpático, -a nice, friendly (1B)

sin without (3A)

la **sinagoga** synagogue (4A)

el **sitio Web** Web site (9B)

sobre about (9A)

sociable sociable (1B)

el **software** software (7B)

el **sol:**

    Hace —. It's sunny. (P)

    los anteojos de — sunglasses (7B)

    tomar el — to sunbathe (8A)

sólo only (5A)

solo, -a alone (4A)

Son las ... It's ... (*time*) (P)

la **sopa de verduras** vegetable soup (3A)

el **sótano** basement (6B)

soy I am (1B)

su, sus his, her, your *formal*, their (5A)

sucio, -a dirty (6B)

la **sudadera** sweatshirt (7A)

sueño: tener — to be sleepy (5B)

el **suéter** sweater (7A)

supuesto: por — of course (3A)

T

tal: ¿Qué — ? How are you? (P)

talentoso, -a talented (1B)

también also, too (1A)

    a mí — I do (like to) too (1A)

tampoco: a mí — I don't (like to) either (1A)

tanto so much (7A)

tarde late (8A); afternoon (4B)

a la una de la — at one (o'clock) in the afternoon (4B)

Buenas —s. Good afternoon. (P)

de la tarde in the afternoon (4B)

esta — this afternoon (4B)

la **tarea** homework (2A)

la **tarjeta** card (9B)

la **taza** cup (5B)

te (to/for) you *sing. ind. obj. pron.* (8B)

    ¿— gusta ...? Do you like to ... ? (1A)

    ¿— gustaría ...? Would you like ...? (4B)

    ¿— gustó? Did you like it? (8A)

el **té** tea (3A)

    el — helado iced tea (3A)

el **teatro** theater (8A)

el **teclado** (computer) keyboard (2B)

la **tecnología** technology/ computers (2A)

    la clase de — technology/ computer class (2A)

la **telenovela** soap opera (9A)

el **televisor** television set (6A)

el **templo** temple; Protestant church (4A)

temprano early (8A)

el **tenedor** fork (5B)

tener to have (5A)

    (yo) tengo I have (2A)

    (tú) tienes you have (2A)

    ¿Cuántos años tiene(n) ...? How old is/are ... ? (5A)

    — calor to be warm (5B)

    — frío to be cold (5B)

    — miedo (de) to be scared (of), to be afraid (of) (9B)

    — razón to be correct (7A)

    — sueño to be sleepy (5B)

    Tengo hambre. I'm hungry. (3B)

    Tengo que ... I have to ... (4B)

    Tengo sed. I'm thirsty. (3B)

Tiene(n) ... años. He/She is/ They are ... years old. (5A)

el **tenis: jugar al —** to play tennis (4B)

tercer (tercero), -a third (2A)

terminar to finish, to end (9A)

ti you *fam. after prep.*

    ¿Y a —? And you? (1A)

    para — in your opinion, for you (6A)

el **tiempo:**

    el — libre free time (4A)

    pasar — con amigos to spend time with friends (1A)

    ¿Qué — hace? What's the weather like? (P)

la **tienda** store (7A)

    la — de descuentos discount store (7B)

    la — de electrodomésticos household appliance store (7B)

    la — de ropa clothing store (7A)

Tiene(n) ... años. He/She is / They are ... (years old). (5A)

el **tío, la tía** uncle, aunt (5A)

los **tíos** uncles; aunt(s) and uncle(s) (5A)

    tocar la guitarra to play the guitar (1A)

el **tocino** bacon (3A)

todos, -as all (3B)

    — los días every day (3A)

tomar:

    — el sol to sunbathe (8A)

    — un curso to take a course (9B)

los **tomates** tomatoes (3B)

tonto, -a silly, stupid (9A)

trabajador, -a hardworking (1B)

trabajar to work (1A)

el **trabajo** work, job (4A)

    el — voluntario volunteer work (8B)

traer:

    Le traigo ... I will bring you ... (5B)

    ¿Me trae ...? Will you bring me ...? (5B)

el **traje** suit (7A)

    el — de baño swimsuit (7A)

trece thirteen (P)

treinta thirty (P)

treinta y uno thirty-one (P)

tremendo, -a tremendous (8A)

el **tren** train (8A)

tres three (P)

trescientos, as three hundred (7A)

triste sad (4B)

tu, tus your (2B, 5A)

tú you *fam.* (2A)

Ud. (usted) you *formal sing.* (2A)

Uds. (ustedes) you *formal pl.* (2A)

¡Uf! Ugh!, Yuck! (7B)

un, una a, an (1B)

    un poco (de) a little (4B)

la **una: a la —** at one o'clock (4B)

uno one (P)

unos, -as some (2B)

usado, -a used (8B)

usar la computadora to use the computer (1A)

usted (Ud.) you *formal sing.* (2A)

ustedes (Uds.) you *formal pl.* (2A)

las **uvas** grapes (3B)

las **vacaciones: ir de —** to go on vacation (8A)

    ¡Vamos! Let's go! (7A)

el **vaso** glass (5B)

veinte twenty (P)

veintiuno (veintiún) twenty-one (P)

vender to sell (7B)

venir to come (5B)

la **ventana** window (2B)

    ver to see (8A)

        a — ... Let's see (2A)

        ¡Nos vemos! See you later! (P)

        — la tele to watch television (1A)

        — una película to see a movie (4A)

el **verano** summer (P)

    veras: ¿De —? Right? (9A)

    ¿Verdad? Right? (3A)

    verde green (6A)

el **vestido** dress (7A)

la **vez,** *pl.* **las veces** time (8B)

    a veces sometimes (1B)

    otra — again (8B)

    vi I saw (8A)

    viajar to travel (8A)

el **viaje** trip (8A)

el **video** video (5A)

los **videojuegos: jugar —** to play video games (1A)

el **vidrio** glass (8B)

    viejo, -a old (5B)

    viernes Friday (P)

    violento, -a violent (9A)

    visitar to visit (8A)

        — salones de chat to visit chat rooms (9B)

¿Viste? Did you see? (8A)

vivir to live (6B)

el **vóleibol: jugar al —** to play volleyball (4B)

el **voluntario, la voluntaria** volunteer (8B)

vosotros, -as you *pl.* (2A)

vuestro(s), -a(s) your (5A)

Y

y and (1A)

    ¿— a ti? And you? (1A)

    — cuarto quarter past (P)

    — media thirty, half-past (*in telling time*) (P)

    ¿— tú? And you? *fam.* (P)

    ¿— usted (Ud.)? And you? *formal* (P)

ya already (9A)

yo I (1B)

el **yogur** yogurt (3A)

Z

las **zanahorias** carrots (3B)

la **zapatería** shoe store (7B)

los **zapatos** shoes (7A)

el **zoológico** zoo (8A)

English-Spanish Vocabulary

The *English-Spanish Vocabulary* contains all active vocabulary from the text, including vocabulary presented in the grammar sections.

A dash (—) represents the main entry word. For example, **to play** — after **baseball** means **to play baseball.**

The number following each entry indicates the chapter in which the word or expression is presented. The letter *P* following an entry refers to the *Para empezar* section.

The following abbreviations are used in this list: *adj.* (adjective), *dir. obj.* (direct object), *f.* (feminine), *fam.*(familiar), *ind. obj.* (indirect object), *inf.* (infinitive), *m.* (masculine), *pl.* (plural), *prep.* (preposition), *pron.* (pronoun), *sing.* (singular).

A

a, an un, una (1B)

  a little un poco (de) (4B)

  a lot mucho, -a (2A)

  a thousand mil (7A)

able: to be — poder (o → ue) (6A)

about sobre (9A)

according to según (1B)

  — my family según mi familia (1B)

acquainted: to be — with conocer (9B)

actor el actor (9A)

actress la actriz *pl.* las actrices (9A)

address: e-mail — la dirección electrónica (9B)

afraid: to be — (of) tener miedo (de) (9B)

after después (de) (4A)

afternoon:

  at one (o'clock) in the afternoon a la una de la tarde (4B)

  Good —. Buenas tardes. (P)

  in the — de la tarde (4B)

  this — esta tarde (4B)

afterwards después (4A)

again otra vez (8B)

ago hace + *time expression* (7B)

agree:

  I —. Estoy de acuerdo. (3B)

  I don't —. No estoy de acuerdo. (3B)

airplane el avión *pl.* los aviones (8A)

alarm clock el despertador (6A)

all todos, -as (3B)

almost casi (9A)

alone solo, -a (4A)

already ya (9A)

also también (1A)

always siempre (3A)

am:

  I — (yo) soy (1B)

  I — not (yo) no soy (1B)

amusement park el parque de diversiones (8A)

amusing divertido, -a (2A)

and y (1A)

  ¿— you? ¿Y a ti? *fam.* (1A); ¿Y tú? *fam.* (P); ¿Y usted (Ud.)? *formal* (P)

animal el animal (8A)

another otro, -a (5B)

Anything else? ¿Algo más? (5B)

apartment el apartamento (6B)

apple la manzana (3A)

  — juice el jugo de manzana (3A)

April abril (P)

Are you ... ? ¿Eres ... ? (1B)

arm el brazo (P)

art class la clase de arte (2A)

artistic artístico, -a (1B)

as como (8A)

  — a main dish de plato principal (5B)

to ask for pedir (e → i) (9B)

at:

  — eight (o'clock) a las ocho (4B)

  — eight (o'clock) at night a las ocho de la noche (4B)

  — eight (o'clock) in the evening a las ocho de la noche (4B)

  — eight (o'clock) in the morning a las ocho de la mañana (4B)

  — home en casa (4A)

  — one (o'clock) a la una (4B)

  — one (o'clock) in the afternoon a la una de la tarde (4B)

  — what time? ¿A qué hora? (4B)

attraction(s) la atracción *pl.* las atracciones (8A)

August agosto (P)

aunt la tía (5A)

aunt(s) and uncle(s) los tíos (5A)

autumn el otoño (P)

B

backpack la mochila (2B)

bacon el tocino (3A)

bad malo, -a (3B); mal (4B)

badly mal (4B)

bag la bolsa (8B)

balloon el globo (5A)

banana el plátano (3A)

baseball: to play — jugar al béisbol (4B)

basement el sótano (6B)

basketball: to play — jugar al básquetbol (4B)

bathroom el baño (6B)

to be ser (3B); estar (2B)

    He/She is / They are … years old. Tiene(n) … años. (5A)

    How old is/are … ? ¿Cuántos años tiene(n) … ? (5A)

    to — + *present participle* estar + *present participle* (6B)

    to — able poder (o → ue) (6A)

    to — acquainted with conocer (9B)

    to — afraid (of) tener miedo (de) (9B)

    to — cold tener frío (5B)

    to — correct tener razón (7A)

    to — going to + *verb* ir a + *inf.* (4B)

    to — online estar en línea (9B)

    to — scared (of) tener miedo (de) (9B)

    to — sleepy tener sueño (5B)

    to — useful servir (e → i) (9B)

    to — warm tener calor (5B)

beach la playa (4A)

bear el oso (8A)

because porque (3B)

bed la cama (6A)

    to make the — hacer la cama (6B)

bedroom el dormitorio (6A)

beefsteak el bistec (3B)

before antes de (9A)

to begin empezar (e → ie) (9A)

    behind detrás de (2B)

    best: the — el/la mejor, los/las mejores (6A)

    better than mejor(es) que (6A)

    beverages las bebidas (3B)

    bicycle: to ride a — montar en bicicleta (1A)

    bill la cuenta (5B)

    binder: three-ring — la carpeta de argollas (2A)

    bird el pájaro (8A)

    birthday el cumpleaños (5A)

    Happy —! ¡Feliz cumpleaños! (5A)

    black negro (6A)

    black hair el pelo negro (5B)

---

blond hair el pelo rubio (5B)

blouse la blusa (7A)

blue azul (6A)

boat el barco (8A)

boating: to go — pasear en bote (8A)

book el libro (P)

bookbag la mochila (2B)

bookshelf el estante (6A)

bookstore la librería (7B)

boots las botas (7A)

to bore aburrir (9A)

    it/they —(s) me me aburre(n) (9A)

boring aburrido, -a (2A)

both los dos, las dos (7A)

bottle la botella (8B)

box la caja (8B)

boy el chico (1B)

    —friend el novio (7B)

    young — el niño (8B)

bracelet la pulsera (7B)

bread el pan (3A)

to break romper (5A)

    breakfast el desayuno (3A)

    for — en el desayuno (3A)

to bring traer (5B); llevar (8B)

    I will — you … Le traigo … (5B)

    Will you — me … ? ¿Me trae … ? (5B)

brother el hermano (5A)

brothers; brother(s) and sister(s) los hermanos (5A)

brown marrón *pl.* marrones (6A)

    — (chestnut) hair el pelo castaño (5B)

to burn a CD grabar un disco compacto (9B)

bus el autobús *pl.* los autobuses (8A)

busy ocupado, -a (4B)

but pero (1B)

butter la mantequilla (3B)

to buy comprar (7A)

    to — souvenirs comprar recuerdos (8A)

by + *vehicle* en + *vehicle* (8A)

---

café el café (4A)

cake el pastel (5A)

calculator la calculadora (2A)

camera la cámara (5A)

    digital — la cámara digital (9B)

camp el campamento (8B)

can la lata (8B)

can:

    I — (yo) puedo (4B)

    you — (tú) puedes (4B)

candy los dulces (5A)

cap la gorra (7A)

car el coche (6B)

card la tarjeta (9B)

cardboard el cartón (8B)

carrots las zanahorias (3B)

to carry llevar (8B)

    cartoon el programa de dibujos animados (9A)

    cat el gato (5A)

    CD: to burn a CD grabar un disco compacto (9B)

to celebrate celebrar (5A)

    cereal el cereal (3A)

    chain la cadena (7B)

    chair la silla (2B)

    channel (TV) el canal (9A)

    cheap barato, -a (7B)

    cheese el queso (3A)

    chicken el pollo (3B)

    childish infantil (9A)

    children los hijos (5A); los niños (8B)

    chore: household — el quehacer (de la casa) (6B)

    church la iglesia (4A)

    Protestant — el templo (4A)

city la ciudad (8A)

class la clase (2A)

classroom la sala de clases (P)

clean limpio, -a (6B)

to clean the bathroom limpiar el baño (6B)

    clock el reloj (2B)

    close (to) cerca (de) (6B)

    closet el armario (6A)

    clothing store la tienda de ropa (7A)

---

coat el abrigo (7A)

coffee el café (3A)

cold:

It's —. Hace frío. (P)

to be — tener frío (5B)

to collect recoger (g → j) (8B)

color:

What — ...? ¿De qué color ...? (6A)

—s los colores (6A)

to come venir (5B)

comedy la comedia (9A)

comical cómico, -a (9A)

to communicate comunicarse (9B)

I — (yo) me comunico (9B)

you — (tú) te comunicas (9B)

community la comunidad (8B)

compact disc el disco compacto (6A)

to burn a — grabar un disco compacto (9B)

complicated complicado, -a (9B)

composition la composición *pl.* las composiciones (9B)

computer la computadora (2B)

— graphics los gráficos (9B)

— keyboard el teclado (2B)

— mouse el ratón (2B)

— screen la pantalla (2B)

—s/technology la tecnología (2B)

laptop — la computadora portátil (9B)

to use the — usar la computadora (1A)

concert el concierto (4B)

construction project el proyecto de construcción (8B)

to cook cocinar (6B)

cookie la galleta (3A)

correct: to be — tener razón (7A)

to cost costar (o → ue) (7A)

How much does (do) ... — ? ¿Cuánto cuesta(n)? (7A)

country el país (8A)

countryside el campo (4A)

course: to take a course tomar un curso (9B)

cousin el primo, la prima (5A)

—s los primos (5A)

to create crear (9B)

crime movie la película policíaca (9A)

cup la taza (5B)

curtains las cortinas (6A)

to cut the lawn cortar el césped (6B)

cut-paper decorations el papel picado (5A)

D

dance el baile (4B)

to dance bailar (1A)

daring atrevido, -a (1B)

date: What is the —? ¿Cuál es la fecha? (P)

daughter la hija (5A)

day el día (P)

every — todos los días (3A); cada día (3B)

What — is today? ¿Qué día es hoy? (P)

December diciembre (P)

to decide decidir (8B)

to decorate decorar (5A)

decorations las decoraciones (5A)

delicious delicioso, -a (5B)

delighted encantado, -a (P)

department store el almacén *pl.* los almacenes (7B)

desk el pupitre (P); el escritorio (2B)

dessert el postre (5B)

for — de postre (5B)

dictionary el diccionario (2A)

Did you like it? ¿Te gustó? (8A)

difficult difícil (2A)

digital camera la cámara digital (9B)

dining room el comedor (6B)

dinner la cena (3B)

dirty sucio, -a (6B)

disaster: It was a —. Fue un desastre. (8A)

discount store la tienda de descuentos (7B)

dish el plato (5B)

as a main — de plato principal (5B)

main — el plato principal (5B)

to do hacer (3B)

— (command) haz (6B)

— you like to ...? ¿Te gusta ...? (1A)

I — (yo) hago (3B)

What did you —? ¿Qué hiciste? (8A)

you — (tú) haces (3B)

document el documento (9B)

dog el perro (5A)

to feed the — dar de comer al perro (6B)

door la puerta (2B)

to download bajar (información) (9B)

drama el drama (9A)

to draw dibujar (1A)

dress el vestido (7A)

dresser la cómoda (6A)

to drink beber (3A)

during durante (8A)

to dust quitar el polvo (6B)

DVD player el lector DVD (6A)

E

e-mail:

— address la dirección electrónica (9B)

to write an — message escribir por correo electrónico (9B)

early temprano (8A)

earrings los aretes (7B)

easy fácil (2A)

to eat comer (3A)

educational program el programa educativo (9A)

eggs los huevos (3A)

eight ocho (P)

eight hundred ochocientos, -as (7A)

eighteen dieciocho (P)

eighth octavo, -a (2A)

eighty ochenta (P)

either tampoco (1A)

    I don't (like to) — a mí tampoco (1A)

eleven once (P)

else:

    Anything —? ¿Algo más? (5B)

        What —? ¿Qué más? (8B)

to end terminar (9A)

    English class la clase de inglés (2A)

    enough bastante (6B)

to enter entrar (7A)

    especially especialmente (9A)

    evening:

        Good —. Buenas noches. (P)

        in the — de la noche (4B)

        this — esta noche (4B)

    every day cada día (3B); todos los días (3A)

    Excuse me. Perdón. (7A)

to exercise hacer ejercicio (3B)

    expensive caro, -a (7B)

    experience la experiencia (8B)

    eye el ojo (P)

F

face-to-face cara a cara (9B)

fall el otoño (P)

family la familia (1B)

fantastic fantástico, -a (8A)

far (from) lejos (de) (6B)

fascinating fascinante (9A)

fast rápidamente (9B)

father el padre (papá) (5A)

fats las grasas (3B)

favorite favorito, -a (2A)

February febrero (P)

to feed the dog dar de comer al perro (6B)

fewer:

    — ... than menos ... que (6A)

    — than ... menos de ... (9A)

fifteen quince (P)

fifth quinto, -a (2A)

fifty cincuenta (P)

film la película (9A)

finger el dedo (P)

to finish terminar (9A)

    first primer (primero), -a (2A)

    fish el pescado (3B)

    to go —ing ir de pesca (4B)

to fit:

    How does it (do they) fit me / you? ¿Cómo me / te queda(n)? (7A)

    It / They —(s) me well / poorly. Me queda(n) bien / mal. (7A)

five cinco (P)

five hundred quinientos, -as (7A)

flag la bandera (2B)

flavorful sabroso, -a (3B)

floor el piso (6B)

    ground — la planta baja (6B)

    second — el primer piso (6B)

    third — el segundo piso (6B)

flower la flor *pl.* las flores (5A)

folder la carpeta (P)

food la comida (3A)

foot el pie (P)

football: to play — jugar al fútbol americano (4B)

for para (2A)

    — breakfast en el desayuno (3A)

    — lunch en el almuerzo (3A)

    — me para mí (6A)

    — you para ti (6A)

fork el tenedor (5B)

forty cuarenta (P)

four cuatro (P)

four hundred cuatrocientos, -as (7A)

fourteen catorce (P)

fourth cuarto, -a (2A)

free time el tiempo libre (4A)

French fries las papas fritas (3A)

Friday viernes (P)

friendly simpático, -a (1B)

from de (4A)

    Where are you —? ¿De dónde eres? (4A)

fruit salad la ensalada de frutas (3A)

fun divertido, -a (2A)

funny gracioso, -a (1B); cómico, -a (9A)

G

game el partido (4B)

    — show el programa de concursos (9A)

garage el garaje (6B)

garden el jardín *pl.* los jardines (8B)

to gather recoger (g → j) (8B)

    generally generalmente (4A)

    gift el regalo (5A)

    girl la chica (1B)

    —friend la novia (7B)

    young — la niña (8B)

to give dar (6B)

    glass el vaso (5B); el vidrio (8B)

    gloves los guantes (7B)

to go ir (4A)

    Let's —! ¡Vamos! (7A)

        to be —ing to + *verb* ir a + *inf.* (4B)

        to — boating pasear en bote (8A)

        to — camping ir de camping (4B)

        to — fishing ir de pesca (4B)

        to — on vacation ir de vacaciones (8A)

        to — shopping ir de compras (4A)

        to — to school ir a la escuela (1A)

        to — out salir (8A)

golf: to play — jugar al golf (4B)

good bueno (buen), -a (1B)

    — afternoon. Buenas tardes. (P)

    — evening. Buenas noches. (P)

    — morning. Buenos días. (P)

Good-bye! ¡Adiós! (P)

good-looking guapo, -a (5B)

grains los cereales (3B)

grandfather el abuelo (5A)

grandmother la abuela (5A)

grandparents los abuelos (5A)

grapes las uvas (3B)

graphics los gráficos (9B)

gray gris (6A)

— **hair** el pelo canoso (5B)

Great! ¡Genial! (4B)

green verde (6A)

— **beans** las judías verdes (3B)

ground floor la planta baja (6B)

guitar: to play the — tocar la guitarra (1A)

gym el gimnasio (4A)

hair el pelo (5B)

    black — el pelo negro (5B)

    blond — el pelo rubio (5B)

    brown (chestnut) — el pelo castaño (5B)

    gray — el pelo canoso (5B)

half media, -o (P)

    — **-past** y media (P)

ham and cheese sandwich el sándwich de jamón y queso (3A)

hamburger la hamburguesa (3A)

hand la mano (P)

happy contento, -a (4B)

    — **birthday!** ¡Feliz cumpleaños! (5A)

hardworking trabajador, -a (1B)

to have tener (5A)

    to — **just ...** acabar de + *inf.* (9A)

    I — **to ...** tengo que + *inf.* (4B)

he él (1B)

he/she is es (1B)

    He/She is / They are ... years old. Tiene(n) ... años. (5A)

head la cabeza (P)

health:

    for one's — para la salud (3B)

    to maintain one's — para mantener la salud (3B)

Hello! ¡Hola! (P)

to help ayudar (6B)

    How can I — **you?** ¿En qué puedo servirle? (7A)

her su, sus *possessive adj.* (5A); la *dir. obj. pron.* (7B); le *ind. obj. pron.* (8B)

here aquí (2B)

Hey! ¡Oye! (4B)

him lo *dir. obj. pron.* (7B); le *ind. obj. pron.* (8B)

his su, sus (5A)

home la casa (4A)

    at — en casa (4A)

    — **office** el despacho (6B)

    (to) — a casa (4A)

homework la tarea (2A)

horrible horrible (3B)

horror movie la película de horror (9A)

horseback: to ride — montar a caballo (8A)

hospital el hospital (8B)

hot:

    — **dog** el perrito caliente (3A)

    It's —. Hace calor. (P)

hotel el hotel (8A)

hour: in the ... — en la ... hora (class period) (2A)

house la casa (4A)

household:

    — **chore** el quehacer (de la casa) (6B)

    — **appliance store** la tienda de electrodomésticos (7B)

how:

    — + *adj.*! ¡Qué + *adj.*! (5B)

    — **awful!** ¡Qué asco! (3A)

how? ¿cómo? (P)

    — **are you?** ¿Cómo está Ud.? *formal* (P); ¿Cómo estás? *fam.* (P); ¿Qué tal? *fam.* (P)

    — **can I help you?** ¿En qué puedo servirle? (7A)

    — **do you say ... ?** ¿Cómo se dice ...? (P)

    — **does it (do they) fit (you)?** ¿Cómo te queda(n)? (7A)

    — **is ... spelled?** ¿Cómo se escribe ...? (P)

    — **many?** ¿cuántos, -as? (P)

    — **much does (do) ... cost?** ¿Cuánto cuesta(n) ...? (7A)

    — **old is/are ... ?** ¿Cuántos años tiene(n) ...? (5A)

    — **was it (for you)?** ¿Cómo lo pasaste? (8A)

hundred: one — cien (P)

hungry: I'm —. Tengo hambre. (3B)

to hurt doler (o → ue) (9A)

husband el esposo (5A)

I

I yo (1B)

    — **am** soy (1B)

    — **am not** no soy (1B)

    — **do too** a mí también (1A)

    — **don't either** a mí tampoco (1A)

    — **don't think so.** Creo que no. (3B)

    — **stay at home.** Me quedo en casa. (4A)

    — **think ...** Creo que ... (3B)

    — **think so.** Creo que sí. (3B)

    — **will bring you ...** Le traigo ... (5B)

    — **would like ...** Me gustaría (4B); quisiera (5B)

    —**'m hungry.** Tengo hambre. (3B)

    —**'m sorry.** Lo siento. (4B)

    —**'m thirsty.** Tengo sed. (3B)

ice cream el helado (3B)

iced tea el té helado (3A)

if si (6B)

impatient impaciente (1B)

important importante (6A)

impressive impresionante (8A)

in en (P, 2B)

    — **front of** delante de (2B)

    — **my opinion** para mí (6A)

    — **order to** para + *inf.* (4A)

    — **the ... hour** en la ... hora (class period) (2A)

    — **your opinion** para ti (6A)

incredible increíble (8B)

inexpensive barato, -a (7B)

information la información (9B)

intelligent inteligente (1B)

to interest interesar (9A)

    it/they interest(s) me me interesa(n) (9A)

interesting interesante (2A)

interview program el programa de entrevistas (9A)

is es (P)

    he/she — es (1B)

it la, lo *dir. obj. pron.* (7B)

    — fits (they fit) me well/ poorly. Me queda(n) bien/ mal. (7A)

    — is ... Son las *(in telling time)* (P)

    — is one o'clock. Es la una. (P)

    — is the ... of ... Es el *(number)* de *(month)* *(in telling the date)* (P)

    — is the first of ... Es el primero de *(month).* (P)

    — was fue (8A)

    — was a disaster. Fue un desastre. (8A)

    —'s a ... es un/una ... (2B)

    —'s cold. Hace frío. (P)

    —'s hot. Hace calor. (P)

    —'s necessary. Es necesario. (8B)

    —'s raining. Llueve. (P)

    —'s snowing. Nieva. (P)

    —'s sunny. Hace sol. (P)

J

jacket la chaqueta (7A)

January enero (P)

jeans los jeans (7A)

jewelry store la joyería (7B)

job el trabajo (4A)

juice:

    apple — el jugo de manzana (3A)

    orange — el jugo de naranja (3A)

July julio (P)

June junio (P)

just: to have — (done something) acabar de + *inf.* (9A)

K

key chain el llavero (7B)

keyboard (computer) el teclado (2B)

kind: What — of ... ? ¿Qué clase de ...? (9A)

kitchen la cocina (6B)

knife el cuchillo (5B)

to know saber (4B, 9B); conocer (9B)

    I — (yo) conozco (9B)

    I — (how to) (yo) sé (4B)

    you — (tú) conoces (9B)

    you — (how to) (tú) sabes (4B)

L

laboratory el laboratorio (9B)

lake el lago (8A)

lamp la lámpara (6A)

laptop computer la computadora portátil (9B)

large grande (6A)

last:

    — night anoche (7B)

    — week la semana pasada (7B)

    — year el año pasado (7B)

to last durar (9A)

late tarde (8A)

later: See you — ¡Hasta luego!, ¡Nos vemos! (P)

lazy perezoso, -a (1B)

to learn aprender (a) (8A)

to leave salir (8A)

    left: to the — (of) a la izquierda (de) (6A)

leg la pierna (P)

lemonade la limonada (3A)

less:

less ... than menos ... que (6A)

less than menos de (9A)

Let's go! ¡Vamos! (7A)

Let's see A ver ... (2A)

letter la carta (9B)

lettuce la lechuga (3B)

library la biblioteca (4A)

to lift weights levantar pesas (3B)

    light la luz *pl.* las luces (5A)

    like como (8A)

to like:

    Did you — it? ¿Te gustó? (8A)

    Do you — to ...? ¿Te gusta ...? (1A)

    He/She doesn't — ... No le gusta ... (1B)

    He/She —s ... Le gusta ... (1B); A él/ella le gusta(n) ... (5A)

    I don't — to ... (A mí) no me gusta ... (1A)

    I don't — to ... at all. (A mí) no me gusta nada ... (1A)

    I — ... Me gusta ... (3A)

    I — to ... (A mí) me gusta ... (1A)

    I — to ... a lot (A mí) me gusta mucho ... (1A)

    I — to ... better (A mí) me gusta más ... (1A)

    I —d it. Me gustó. (8A)

    I would — Me gustaría (4B); quisiera (5B)

    What do you — better (prefer) to do? ¿Qué te gusta más? (1A)

    What do you — to do? ¿Qué te gusta hacer? (1A)

    What would you —? ¿Qué desean (Uds.)? (5B)

    Would you —? ¿Te gustaría? (4B)

    You — ... Te gusta ... (3A)

  likewise igualmente (P)

to listen to music escuchar música (1A)

    little: a — un poco (de) (4B)

to live vivir (6B)

    living room la sala (6B)

    long largo, -a (5B)

to look:

    to — (at) mirar (7B)

    to — for buscar (7A)

    lot: a — mucho, -a (2A)

to love encantar (9A)

    He/She —s ... A él/ella le encanta(n) ... (5A)

I/You — ... Me/Te encanta(n)... (3A)

lunch el almuerzo (2A)

for — en el almuerzo (3A)

M

madam (la) señora (Sra.) (P)

main dish el plato principal (5B)

as a — de plato principal (5B)

to maintain one's health para mantener la salud (3B)

make (command) haz (6B)

to make the bed hacer la cama (6B)

mall el centro comercial (4A)

man el hombre (5B)

older — el anciano (8B)

many muchos, -as (3B)

how — ¿cuántos, -as? (P)

March marzo (P)

match el partido (4B)

mathematics class la clase de matemáticas (2A)

May mayo (P)

maybe quizás (7A)

me me ind. obj. pron (8B)

for — para mí (6A), me (8B)

— too a mí también (1A)

to — me (8B)

with — conmigo (4B)

meal la comida (3A)

to mean:

It —s ... Quiere decir ... (P)

What does ... — ? ¿Qué quiere decir ... ? (P)

meat la carne (3B)

menu el menú (5B)

messy desordenado, -a (1B)

milk la leche (3A)

mirror el espejo (6A)

miss, Miss (la) señorita (Srta.) (P)

missing: to be — faltar (9A)

moment: a — un momento (6B)

Monday lunes (P)

on Mondays los lunes (4A)

money el dinero (6B)

monkey el mono (8A)

month el mes (P)

monument el monumento (8A)

more:

— ... than más ... que (2A)

— or less más o menos (3A)

— than más de (9A)

morning:

Good —. Buenos días. (P)

in the — de la mañana (4B)

mosque la mezquita (4A)

mother la madre (mamá) (5A)

mountains las montañas (4A)

mouse (computer) el ratón (2B)

mouth la boca (P)

movie la película (9A)

to see a — ver una película (4A)

— theater el cine (4A)

to mow the lawn cortar el césped (6B)

Mr. (el) señor (Sr.) (P)

Mrs. (la) señora (Sra.) (P)

much: so — tanto (7A)

museum el museo (8A)

music:

to listen to — escuchar música (1A)

—al program el programa musical (9A)

must deber (3B)

one — hay que (8B)

my mi (2B); mis (5A)

— name is ... Me llamo ... (P)

mystery la película policíaca (9A)

N

name:

My — is ... Me llamo ... (P)

What is your —? ¿Cómo te llamas? (P)

What's his/her —? ¿Cómo se llama? (1B)

napkin la servilleta (5B)

national park el parque nacional (8A)

near cerca (de) (6B)

neat ordenado, -a (1B)

necessary: It's —. Es necesario. (8B)

necklace el collar (7B)

to need

I — necesito (2A)

I — ... Me falta(n) ... (5B)

you — necesitas (2A)

neighborhood el barrio (8B)

neither ... nor ni ... ni (1A)

never nunca (3A)

new nuevo, -a (7A)

news program el programa de noticias (9A)

newspaper el periódico (8B)

next to al lado de (2B)

nice simpático, -a (1B)

night:

at — de la noche (4B)

last — anoche (7B)

night table la mesita (6A)

nine nueve (P)

nine hundred novecientos, -as (7A)

nineteen diecinueve (P)

ninety noventa (P)

ninth noveno, -a (2A)

nose la nariz pl. las narices (P)

not ... or ni ... ni (1A)

notebook el cuaderno (P)

nothing nada (P)

November noviembre (P)

now ahora (5B)

O

o'clock:

at eight — a las ocho (4B)

at one — a la una (4B)

It's one —. Es la una. (P)

It's ... — Son las ... (P)

October octubre (P)

of de (2B)

— course por supuesto (3A)

office (home) el despacho (6B)

often a menudo (8B)

Oh! What a shame/pity! ¡Ay! ¡Qué pena! (4B)

okay regular (P)

old viejo, -a (5B)

    He/She is / They are ... years —. Tiene(n) ... años. (5A)

    How — is/are ... ? ¿Cuántos años tiene(n) ... ? (5A)

    —er mayor (5A)

    —er man el anciano (8B)

    —er people los ancianos (8B)

    —er woman la anciana (8B)

on en (2B)

    — Mondays, on Tuesdays ... los lunes, los martes ... (4A)

    — top of encima de (2B)

    — weekends los fines de semana (4A)

one uno (un), -a (P)

    at — (o'clock) a la una (4B)

one hundred cien (P)

one must hay que (8B)

onion la cebolla (3B)

online en la Red (7B)

    to be — estar en línea (9B)

only sólo (5A)

to open abrir (5A)

    opinion:

    in my — para mí (6A)

    in your — para tí (6A)

    or o (1A)

orange anaranjado, -a (6A)

    — juice el jugo de naranja (3A)

to order pedir (e → i) (5B)

other otro, -a (5B)

others los/las demás (8B)

our nuestro(s), -a(s) (5A)

own propio, -a (6A)

P

painting el cuadro (6A)

pants los pantalones (7A)

paper: sheet of — la hoja de papel (P)

parents los padres (5A)

park el parque (4A)

    amusement — el parque de diversiones (8A)

    national — el parque nacional (8A)

party la fiesta (4B)

pastries los pasteles (3B)

patient paciente (1B)

to pay (for) pagar (por) (7B)

peas los guisantes (3B)

pen el bolígrafo (P)

pencil el lápiz *pl.* los lápices (P)

    — sharpener el sacapuntas (2B)

people la gente (8B)

    older — los ancianos (8B)

pepper la pimienta (5B)

perfume el perfume (7B)

person la persona (5A)

phone: to talk on the — hablar por teléfono (1A)

photo la foto (5A)

    to take —s sacar fotos (5A)

physical education class la clase de educación física (2A)

piano lesson (class) la lección *pl.* las lecciones de piano (4A)

pink rosado, -a (6A)

piñata la piñata (5A)

pizza la pizza (3A)

place el lugar (8A)

to place poner (6B)

to plan pensar (e → ie) (7A)

    plastic el plástico (8B)

    plate el plato (5B)

    play la obra de teatro (8A)

to play jugar (a) (u → ue) (4B); tocar (1A)

    to — baseball jugar al béisbol (4B)

    to — basketball jugar al básquetbol (4B)

    to — football jugar al fútbol americano (4B)

    to — golf jugar al golf (4B)

    to — soccer jugar al fútbol (4B)

    to — sports practicar deportes (1A)

    to — tennis jugar al tenis (4B)

    to — the guitar tocar la guitarra (1A)

    to — video games jugar videojuegos (1A)

    to — volleyball jugar al vóleibol (4B)

please por favor (P)

to please very much encantar (9A)

    pleased to meet you mucho gusto (P)

pool la piscina (4A)

poor pobre (8B)

possession la posesión *pl.* las posesiones (6A)

poster el cartel (2B)

potatoes las papas (3B)

practical práctico, -a (2A)

to prefer preferir (e → ie) (7A)

    I — (yo) prefiero (3B)

    I — to ... (a mí) me gusta más ... (1A)

    you — (tú) prefieres (3B)

to prepare preparar (5A)

    present el regalo (5A)

    presentation la presentación *pl.* las presentaciones (9B)

    pretty bonito, -a (6A)

    price el precio (7A)

    primary school la escuela primaria (8B)

    problem el problema (8B)

    program el programa (9A)

    purple morado, -a (6A)

    purse el bolso (7B)

to put poner (6B)

    I — (yo) pongo (6B)

    — (command) pon (6B)

    you — (tú) pones (6B)

Q

quarter past y cuarto (P)

quarter to menos cuarto

quickly rápidamente (9B)

R

rain: It's —ing. Llueve. (P)

rather bastante (6B)

to read magazines leer revistas (1A)

realistic realista (9A)

reality program el programa de la vida real (9A)

Really? ¿De veras? (9A)

to receive recibir (6B)

to recycle reciclar (8B)

recycling center el centro de reciclaje (8B)

red rojo, -a (6A)

—-haired pelirrojo, -a (5B)

to relax descansar (8A)

report el informe (9B)

reserved reservado, -a (1B)

to rest descansar (8A)

restaurant el restaurante (4A)

to return regresar (8A)

rice el arroz (3B)

rich rico, -a (5B)

to ride:

to — a bicycle montar en bicicleta (1A)

to — horseback montar a caballo (8A)

right: to the — (of) a la derecha (de) (6A)

Right? ¿Verdad? (3A)

ring el anillo (7B)

river el río (8B)

road la calle (8B)

romantic movie la película romántica (9A)

room el cuarto (6B)

to straighten up the — arreglar el cuarto (6B)

rug la alfombra (6A)

to run correr (1A)

S

sack la bolsa (8B)

sad triste (4B)

salad la ensalada (3A)

fruit — la ensalada de frutas (3A)

salesperson el dependiente, la dependienta (7A)

salt la sal (5B)

same mismo, -a (6A)

sandwich: ham and cheese — el sándwich de jamón y queso (3A)

Saturday sábado (P)

sausage la salchicha (3A)

to say decir (8B)

How do you —? ¿Cómo se dice? (P)

You — ... Se dice ... (P)

You don't —! ¡No me digas! (4A)

scared: to be — (of) tener miedo (de) (9B)

schedule el horario (2A)

science:

— class la clase de ciencias naturales (2A)

— fiction movie la película de ciencia ficción (9A)

screen: computer — la pantalla (2B)

to scuba dive bucear (8A)

sea el mar (8A)

to search (for) buscar (9B)

season la estación *pl.* las estaciones (P)

second segundo, -a (2A)

— floor el primer piso (6B)

to see ver (8A)

Let's — A ver ... (2A)

— you later! ¡Nos vemos!, Hasta luego. (P)

— you tomorrow. Hasta mañana. (P)

to — a movie ver una película (4A)

to sell vender (7B)

to send enviar (i → í) (9B)

to separate separar (8B)

September septiembre (P)

serious serio, -a (1B)

to serve servir (e → i) (9B)

to set the table poner la mesa (6B)

seven siete (P)

seven hundred setecientos, -as (7A)

seventeen diecisiete (P)

seventh séptimo, -a (2A)

seventy setenta (P)

to share compartir (3A)

she ella (1B)

sheet of paper la hoja de papel (P)

shelf el estante (6A)

ship el barco (8A)

shirt la camisa (7A)

T- — la camiseta (7A)

shoe store la zapatería (7B)

shoes los zapatos (7A)

short bajo, -a; corto, -a (5B)

shorts los pantalones cortos (7A)

should deber (3B)

show el programa (9A)

to show + *movie or TV program* dar (9A)

shy reservado, -a (1B)

sick enfermo, -a (4B)

silly tonto, -a (9A)

to sing cantar (1A)

sir (el) señor (Sr.) (P)

sister la hermana (5A)

site: Web — el sitio Web (9B)

six seis (P)

six hundred seiscientos, -as (7A)

sixteen dieciséis (P)

sixth sexto, -a (2A)

sixty sesenta (P)

to skate patinar (1A)

to skateboard montar en monopatín (1A)

to ski esquiar (i fi í) (1A)

skirt la falda (7A)

to sleep dormir (o → ue) (6A)

sleepy: to be — tener sueño (5B)

slide la diapositiva (9B)

small pequeño, -a (6A)

to snorkel bucear (8A)

snow: It's —ing. Nieva. (P)

so much tanto (7A)

so-so regular (P)

soap opera la telenovela (9A)

soccer: to play — jugar al fútbol (4B)

sociable sociable (1B)

social studies class la clase de ciencias sociales (2A)

socks los calcetines (7A)

soft drink el refresco (3A)

software el software (7B)

some unos, -as (2B)

something algo (3B)

sometimes a veces (1B)

son el hijo (5A)

    —s; —(s) and daughter(s) los hijos (5A)

song la canción *pl.* las canciones (9B)

sorry: I'm —. Lo siento. (4B)

sound (stereo) system el equipo de sonido (6A)

soup: vegetable — la sopa de verduras (3A)

souvenirs los recuerdos (8A)

    to buy — comprar recuerdos (8A)

spaghetti los espaguetis (3B)

Spanish class la clase de español (2A)

to spell:

    How is ... spelled? ¿Cómo se escribe ... ? (P)

    It's spelled ... Se escribe ... (P)

to spend time with friends pasar tiempo con amigos (1A)

spoon la cuchara (5B)

sports:

    to play — practicar deportes (1A)

    — -minded deportista (1B)

    — show el programa deportivo (9A)

spring la primavera (P)

stadium el estadio (8A)

stairs, stairway la escalera (6B)

to start empezar (e → ie) (9A)

to stay: I — at home. Me quedo en casa. (4A)

stepbrother el hermanastro (5A)

stepfather el padrastro (5A)

stepmother la madrastra (5A)

stepsister la hermanastra (5A)

stereo system el equipo de sonido (6A)

stomach el estómago (P)

store la tienda (7A)

    book— la librería (7B)

    clothing — la tienda de ropa (7A)

    department — el almacén *pl.* los almacenes (7B)

    discount — la tienda de descuentos (7B)

    household appliance — la tienda de electrodomésticos (7B)

    jewelry — la joyería (7B)

    shoe — la zapatería (7B)

story el piso (6B)

stories: to write — escribir cuentos (1A)

to straighten up the room arreglar el cuarto (6B)

    strawberries las fresas (3A)

street la calle (8B)

student el/la estudiante (P)

studious estudioso, -a (1B)

to study estudiar (2A)

    stupid tonto, -a (9A)

sugar el azúcar (5B)

suit el traje (7A)

summer el verano (P)

to sunbathe tomar el sol (8A)

    Sunday domingo (P)

sunglasses los anteojos de sol (7B)

sunny: It's —. Hace sol. (P)

to surf the Web navegar en la Red (9B)

    sweater el suéter (7A)

    sweatshirt la sudadera (7A)

to swim nadar (1A)

    swimming pool la piscina (4A)

    swimsuit el traje de baño (7A)

    synagogue la sinagoga (4A)

T

    T-shirt la camiseta (7A)

table la mesa (2B)

to set the — poner la mesa (6B)

    to take llevar (8B)

to — a course tomar un curso (9B)

    to — out the trash sacar la basura (6B)

    to — photos sacar fotos (5A)

    talented talentoso, -a (1B)

to talk hablar (2A)

    to — on the phone hablar por teléfono (1A)

    tall alto, -a (5B)

    tasty sabroso, -a (3B); rico, -a (5B)

    tea el té (3A)

    iced — el té helado (3A)

to teach enseñar (2A)

    teacher el profesor, la profesora (P)

    technology/computers la tecnología (2A)

    technology/computer class la clase de tecnología (2A)

    television: to watch — ver la tele (1A)

    television set el televisor (6A)

to tell decir (8B)

    — me dime (8A)

    temple el templo (4A)

    ten diez (P)

    tennis: to play — jugar al tenis (4B)

    tenth décimo, -a (2A)

    thank you gracias (P)

    that que (5A); ese, esa (7A)

    —'s why por eso (9A)

the el, la (1B); los, las (2B)

    — best el/la mejor, los/las mejores (6A)

    — worst el/la peor, los/las peores (6A)

    theater el teatro (8A)

    movie — el cine (4A)

    their su, sus (5A)

    them las, los *dir. obj. pron.* (7B); les *ind. obj. pron.* (8B)

    then entonces (4B)

    there allí (2B)

    — is/are hay (P, 2B)

    therefore por eso (9A)

these estos, estas (7A)

they ellos, ellas (2A)

thing la cosa (6A)

to think creer (3B)

    pensar (e → ie) (7A)

    I don't — so. Creo que no. (3B)

    I — ... Creo que ... (3B)

    I — so. Creo que sí. (3B)

    What do you — (about it)? ¿Qué te parece? (9B)

third tercer (tercero), -a (2A)

third floor el segundo piso (6B)

thirsty: I'm —. Tengo sed. (3B)

thirteen trece (P)

thirty treinta (P); y media *(in telling time)* (P)

thirty-one treinta y uno (P)

this este, esta (7A)

    — afternoon esta tarde (4B)

    — evening esta noche (4B)

    — weekend este fin de semana (4B)

    What is — ? ¿Qué es esto? (2B)

those esos, esas (7A)

thousand: a — mil (7A)

three tres (P)

three hundred trescientos, -as (7A)

three-ring binder la carpeta de argollas (2A)

Thursday jueves (P)

ticket el boleto (8A)

tie la corbata (7B)

time la vez *pl.* las veces (8B)

    At what —? ¿A qué hora? (4B)

    free — el tiempo libre (4A)

    to spend — with friends pasar tiempo con amigos (1A)

    What — is it? ¿Qué hora es? (P)

tired cansado, -a (4B)

to a *(prep.)* (4A)

    in order — para + *inf.* (4A)

    — the a la, al (4A)

    — the left (of) a la izquierda (de) (6A)

    — the right (of) a la derecha (de) (6A)

toast el pan tostado (3A)

today hoy (P)

tomatoes los tomates (3B)

tomorrow mañana (P)

    See you —. Hasta mañana. (P)

too también (1A); demasiado (4B)

    I do (like to) — a mí también (1A)

    me — a mí también (1A)

top: on — of encima de (2B)

touching emocionante (9A)

toy el juguete (8B)

train el tren (8A)

to travel viajar (8A)

    tree el árbol (8A)

    tremendous tremendo, -a (8A)

    trip el viaje (8A)

    Tuesday martes (P)

    on —s los martes (4A)

    TV channel el canal (9A)

    twelve doce (P)

    twenty veinte (P)

    twenty-one veintiuno (veintiún) (P)

    two dos (P)

    two hundred doscientos, -as (7A)

U

Ugh! ¡Uf! (7B)

ugly feo, -a (6A)

uncle el tío (5A)

uncles; uncle(s) and aunt(s) los tíos (5A)

underneath debajo de (2B)

to understand comprender (3A)

    unforgettable inolvidable (8B)

    us: (to/for) — nos *ind. obj. pron.* (8B)

to use:

    to — the computer usar la computadora (1A)

    What's it — d for? ¿Para qué sirve? (9B)

used usado, -a (8B)

useful:

    to be — servir (9B)

    is — for sirve para (9B)

V

vacation: to go on — ir de vacaciones (8A)

to vacuum pasar la aspiradora (6B)

    vegetable soup la sopa de verduras (3A)

    very muy (1B)

    — well muy bien (P)

    video el video (5A)

    video games: to play — jugar videojuegos (1A)

to videotape hacer un video (5A)

    violent violento, -a (9A)

to visit visitar (8A)

to — chat rooms visitar salones de chat (9B)

    volleyball: to play — jugar al vóleibol (4B)

    volunteer el voluntario, la voluntaria (8B)

    — work el trabajo voluntario (8B)

W

    waiter, waitress el camarero, la camarera (5B)

to walk caminar (3B)

    wall la pared (6A)

    wallet la cartera (7B)

to want querer (e → ie) (7A)

    I — (yo) quiero (4B)

    you — (tú) quieres (4B)

    warm: to be — tener calor (5B)

    was fue (8B)

to wash lavar (6B)

    to — the car lavar el coche (6B)

    to — the clothes lavar la ropa (6B)

    to — the dishes lavar los platos (6B)

    wastepaper basket la papelera (2B)

    watch el reloj pulsera (7B)

to watch television ver la tele (1A)

    water el agua *(f.)* (3A)

    we nosotros, -as (2A)

to wear llevar (7A)

weather: What's the — like? ¿Qué tiempo hace? (P)

Web:

    to surf the — navegar en la Red (9B)

    — page la página Web (9B)

    — site el sitio Web (9B)

Wednesday miércoles (P)

week la semana (P)

    last — la semana pasada (7B)

weekend:

    on —s los fines de semana (4A)

    this — este fin de semana (4B)

welcome: You're —. De nada. (5B)

well bien (P); pues ... *(to indicate pause)* (1A)

    very — muy bien (P)

what? ¿cuál? (3A)

    — are you like? ¿Cómo eres? (1B)

    (At) — time? ¿A qué hora? (4B)

    — color ... ? ¿De qué color ... ? (6A)

    — day is today? ¿Qué día es hoy? (P)

    — did you do? ¿Qué hiciste? (8A)

    — do you like better (prefer) to do? ¿Qué te gusta hacer más? (1A)

    — do you like to do? ¿Qué te gusta hacer? (1A)

    — do you think (about it)? ¿Qué te parece? (9B)

    — does ... mean? ¿Qué quiere decir ... ? (P)

    — else? ¿Qué más? (8B)

    — happened to you? ¿Qué te pasó? (8A)

    — is she/he like? ¿Cómo es? (1B)

    — is the date? ¿Cuál es la fecha? (P)

    — is this? ¿Qué es esto? (2B)

    — is your name? ¿Cómo te llamas? (P)

    — kind of ... ? ¿Qué clase de...? (9A)

    — time is it? ¿Qué hora es? (P)

    — would you like? ¿Qué desean (Uds.)? (5B)

    —'s happening? ¿Qué pasa? (P)

    —'s his/her name? ¿Cómo se llama? (1B)

    —'s it (used) for? ¿Para qué sirve? (9B)

    —'s the weather like? ¿Qué tiempo hace? (P)

what!:

    — a good/nice idea! ¡Qué buena idea! (4B)

    — a shame/pity! ¡Qué pena! (4B)

When? ¿Cuándo? (4A)

Where? ¿Dónde? (2B)

    — are you from? ¿De dónde eres? (4A)

    (To) —? ¿Adónde? (4A)

whether si (6B)

which? ¿cuál? (3A)

white blanco, -a (6A)

who que (5A)

Who? ¿Quién? (2A)

Why? ¿Por qué? (3B)

wife la esposa (5A)

Will you bring me ... ? ¿Me trae ... ? (5B)

window la ventana (2B)

winter el invierno (P)

with con (3A)

    — me conmigo (4B)

    — my/your friends con mis/ tus amigos (4A)

    — whom? ¿Con quién? (4A)

    — you contigo (4B)

without sin (3A)

woman la mujer (5B)

    older woman la anciana (8B)

work el trabajo (4A)

volunteer — el trabajo voluntario (8B)

to work trabajar (1A)

worse than peor(es) que (6A)

worst: the — el/la peor, los/las peores (6A)

Would you like ...? ¿Te gustaría ...? (4B)

to write:

    to — e-mail escribir por correo electrónico (9B)

    to — stories escribir cuentos (1A)

yard el jardín *pl.* los jardines (8B)

year el año (P)

    He/She is / They are ... —s old. Tiene(n) ... años. (5A)

    last — el año pasado (7B)

yellow amarillo, -a (6A)

yes sí (1A)

yesterday ayer (7B)

yogurt el yogur (3A)

you fam. *sing.* tú (2A); *formal sing.* usted (Ud.) (2A); *fam. pl.* vosotros, -as (2A); *formal pl.* ustedes (Uds.) (2A); *fam. after prep.* ti (1A); *sing. ind. obj. pron.* te (8B); *pl. fam. ind. obj. pron.* os (8B); *ind. obj. pron.* le, les (8B)

    And — ? ¿Y a ti? (1A)

    for — para ti (6A)

    to/for — *fam. pl.* os (8B)

    to/for — *fam. sing.* te (8B)

    with — contigo (4B)

    — don't say! ¡No me digas! (4A)

    — say ... Se dice ... (P)

You're welcome De nada (5B)

young joven (5B)

    — boy/girl el niño, la niña (8B)

    — man el joven (5B)

    — woman la joven (5B)

    —er menor (5A)

your *fam.* tu (2B); *fam.* tus, vuestro(s), -a(s) (5A); *formal* su, sus (5A)

Yuck! ¡Uf! (7B)

Z

zero cero (P)

zoo el zoológico (8A)

Grammar Index

Structures are most often presented first in A *primera vista*, where they are practiced lexically. They are then explained later in a *Gramática* section or a *Nota*. Light-face numbers refer to the pages where structures are initially presented or, after explanation, where student reminders occur. **Bold-face numbers** refer to pages where structures are explained or are otherwise highlighted.

a 26–29, 180
+ definite article 172–173, **177**
+ indirect object **410**
after **jugar** 200, **208**
in telling time 198
personal **387**
personal after **conocer 460**
with **ir** + infinitive 199, **206**
aburrir 426, **436**
acabar de 428, **434**
accent marks 13, **183**
in interrogative words **184**
in preterite **356**, **383**
over weak vowels **380**
adjectives:
agreement and formation 50–51, **55**, 70, **156**, 168, 252, 306
comparative 75, 272–273, **278**, 294
demonstrative 198–199, 324–325, **332**
ending in **-ísimo** 255
plural. *See* adjectives: agreement and formation
position of **62**
possessive 28, 100, 120, 224, **232**, 244
superlative 272, **280**, 294
adverbs:
Using **-mente** to form **457**
affirmative **tú** commands 300, **305**, 318
age 222, **228**, 244
alphabet 12

-ar verbs 32
present 75, 76–77, **84**, 96, 132
preterite 347, **354**, **356**, 370
spelling-changing 347, 349, **356**, 370
articles:
definite 11, **60**, 70, **110**, 120
definite, with **a** 172–173, **177**
definite, with days of the week 173, 178
definite, with titles of respect 78
indefinite **60**, 70, **110**, 120

-car and **-gar** verbs, preterite 347, 349, **356**, 370
cognates **34**, 57
commands **(tú)**, affirmative 300, **305**, 318
comparison 75, 272–273, **278**, 294, **432**
compound subject **82**
conocer 452, **460**, 470

dar 301, **304**, 318
preterite 402, **412**, 422
dates 14–15, **358**
de:
in compound nouns **130**
in prepositional phrases 101, 105
possessive 101, **111**, **232**
decir 401, **408**, 422
derivation of words 81, 160, 178, 205, 389, 435
diminutives **235**

direct object pronouns **360**, 404
See also pronouns
with personal **a**, **387**
doler 9, **436**
dormir 274, **284**, 294

encantar 125, **135**, 229, **436**
-er verbs 32
present 124–125, **132**, 144
preterite 374, **383**, 396
estar 100–101, **107**, 120, 351
use of in present progressive 300, **308**, 318
vs. **ser 258**, **260**, 277
Exploración del lenguaje:
Adjectives ending in **-ísimo 255**
Cognates **34**
Cognates that begin with **es-** + consonant **57**
Connections between Latin, English, and Spanish **81**
Diminutives **235**
Language through gestures **106**
Nonverbal language **333**
Nouns that end in **-dad**, **-tad**, **-ción**, and **-sión 406**
Nouns that end in **-io** and **-eo 389**
Nouns that end in **-ería 353**
Origins of the Spanish days of the week **178**
Similar nouns **307**
Spanish words borrowed from English **205**
Tú vs. **usted** 4, **5**, 82
Using a noun to modify another noun **130**

Using **-mente** to form adverbs **457**

Using root words **286**

Where did it come from? **160**

Words of Greek and Arabic origin **435**

faltar 250, 254, **436**

gender **11**

of adjectives agreeing with nouns **55**, 70, **156**, 168, 232, 252, 306

of articles **60**, 70

of pronouns **82**

gustar 26, 50, **135**, 229, **436**

hace + time 347, **355,** 370

hacer 26, 149

preterite 402, **412**, 422

tú affirmative command form 300, **305**, 318

use of in weather expressions 18

hay 14

+ **que** 402

indirect object **410**. *See also* pronouns

infinitive **32**

+ object pronoun 360, 460

after **acabar de** 428, **434**

after **gustar 436**

after **ir a** 199, **206**

after **para** 172

after **pensar/querer/preferir 330**

after **poder** 284

after **tener que** 199

interesar 426, **436**

interrogative words **184**

ir 29, 172, **180**, 194

+ **a** + infinitive 199, **206**

preterite 374, **385**, 396

with future meaning 199, **206**

-ir verbs 32

present 126, **132**, 144

preterite 374, **383**, 396

jugar 27, 198, **208**, 218

preterite **356**

negative 27, **36**, **38**, 62

nada used for emphasis 27, **36**

ni . . . ni 27, **36**

tampoco 27, **38**

nouns **11**

compound **130**

diminutive **235**

plural **110**, 156

used with **gustar/encantar 135**

numbers 7, 311, 323

in dates 15, **358**

in telling time **8**

ordinal **74,** 298, **302**

parecer 453

pedir 251, 451, **458**, 470

pensar 323, 325, **330**, 342

plural:

of adjectives **156**, 168

of nouns **110**, 156

poder 199, 275, **284**, 294

poner 299, 301, **303**, 318

tú affirmative command form 300, **305**, 318

possession:

adjectives 28, 100, 224, **232**, 244

with **de** 101, **111**, **232**

with **tener 228**

preferir 150, 322, **330**, 342

prepositions 101

present. *See individual verb listings*

present progressive 300, **308**, 318

preterite:

of **-ar** verbs 347, **354**, **356**, 368

of **dar** 402, **412**, 422

of **-er/-ir** verbs 375, **383**, 396

of **hacer** 402, **412**, 422

of **ir** 374, **385**, 396

of spelling-changing verbs **356**, 370

of **ver** 374, **383**, 396

pronouns:

conmigo/contigo 199

direct object 347, **360**, 370, **387**, 401

indirect object 250–251, 322, **410**, 451, **456**. *See also* **aburrir /doler /encantar / faltar/gustar /interesar / quedar**

prepositional, used for agreement, clarity, or emphasis 26–27, **38**, 229, 274, **436**, **456**

subject 52–53, **82**, 96

subject, omission of **84**

subject, use of for clarification or emphasis **84**

pronunciation:

a, e, i **39**

accent marks **183**

b/v **257**

c **89**

d **210**

diphthongs **380**

g **113**

gue/gui **357**

h/j **136**

l/ll **155**

linking words **438**

n/ñ **310**

o/u **61**

p/t/q **236**

que/qui **357**

r/rr **285**

stress **183**

word division **462**

x **414**

z **329**

punctuation marks **13**

Acknowledgments

Cover A Rogdy Espinoza Photography/Getty Images

Cover B Jeremy Woodhouse/Spaces Images/Corbis

Chapter FM i,iii,T1 & T3: RM Floral/Alamy Stock Photo; **ixB:** Steve Debenport/E+/Getty Images; **ixT:** Monkey Business/Fotolia; **viii:** Image Source Plus/Alamy Stock Photo; **xxiiC:** Noche/Fotolia; **xxiiiC:** Esancai/Fotolia; **xxiiiL:** Noche/Fotolia; **xxiiiR:** Dikobrazik/Fotolia; **xxiiL:** Noche/Fotolia; xxiiR: Noche/Fotolia; **xxii xxiii:** Colin D. Young/Alamy Stock Photo; **xxiv:** Steve Russell/Toronto Star/Getty Images; **xxivC:** Noche/Fotolia; **xxivL:** Noche/Fotolia; **xxivR:** Vector Icon/Fotolia; **xxixC:** Noche/Fotolia; **xxixL:** Noche/Fotolia; **xxixR:** Noche/Fotolia; **xxvBL:** Noche/Fotolia; **xxviiC:** Globe Turner/Shutterstock; **xxviii:** Noche/Fotolia; **xxviii xxix:** Rolf Schulten/ImageBroker/Alamy Stock Photo; **xxviiL:** Noche/Fotolia; **xxviiR:** Noche/Fotolia; **xxviL:** Noche/Fotolia; **xxviR:** Noche/Fotolia; **xxvi xxvii:** Buena Vista Images/The Image Bank/Getty Images; **xxx:** Backyard Productions/Alamy Stock Photo; **xxxiii:** Noche/Fotolia; **xxxii xxxiii:** Efrain Padro/Alamy Stock Photo; **xxxiL:** Noche/Fotolia; **xxxiR:** Stakes/Shutterstock; **xx xxi:** Ethan Welty/Aurora Photos/Alamy Stock Photo; **xxx xxxi:** Sean Pavone/Alamy Stock Photo

Para Empezar Level A 001: Philip Scalia/Alamy Stock Photo; **002C:** Moodboard_Images/Brand X Pictures/Getty Images; **002C:** Moodboard_ImagesCLOSED/Brand X Pictures/Getty Images; **002L:** Marc Romanelli/Blend Images/Alamy Stock Photo; **002R:** Simmi Simons/E+/Getty Images; **004BL:** Pearson Education, Inc.; **004BR:** Pearson Education, Inc.; **004TC:** Pearson Education, Inc.; **004TL:** Pearson Education, Inc.; **004TR:** Fredrick Kippe/Alamy Stock Photo; **006BC:** Andres Rodriguez/Alamy Stock Photo; **006BL:** DCPhoto/Alamy Stock Photo; **006BR:** Deposit Photos/Glow Images; **006TL:** Kablonk/Golden Pixels LLC/Alamy Stock Photo; **006TR:** Juice Images/Alamy Stock Photo; **007:** Jeff Morgan 06/Alamy Stock Photo; **008:** The Museum of Modern Art/Licensed by SCALA/Art Resource, NY; **009L:** Alan Bailey/Rubberball/Getty Images; **009R:** Pearson Education, Inc.; **010BC:** Pearson Education, Inc.; **010BL:** Pearson Education, Inc.; **010BR:** Pearson Education, Inc.; **010CL:** Maksym Yemelyanov/Alamy Stock Photo; **010CML:** Pearson Education, Inc.; **010CMR:** Pearson Education, Inc.; **010CR:** Pearson Education, Inc.; **010TL:** Ronnie Kaufman/Flame/Corbis; **010TR:** Sam Bloomberg Rissman/Blend Images/Getty Images; **011BC:** Pearson Education, Inc.; **011BCL:** Ajr Images/Fotolia; **011BCR:** Maksym Yemelyanov/Alamy Stock Photo; **011BL:** Pearson Education, Inc.; **011BR:** Pearson Education, Inc.; **011T:** Pearson Education, Inc.; **012BC:** Pearson Education, Inc.; **012BCL:** Pearson Education, Inc.; **012BL:** Pearson Education, Inc.; **012BR:** Pearson Education, Inc.; **012C:** Pearson Education, Inc.; **012T:** David Fischer/Ocean/Corbis; **013:** Mayan/Museo Nacional de Antropologia, Mexico City, Mexico/Bridgeman Images; **014:** Pearson Education, Inc; **014:** Pearson Education, Inc.; **015:** Pearson Education, Inc.; **016:** Pedro Armestre/AFP/Getty Images; **017:** f9photos/Shutterstock; **017:** F9photos/Shutterstock; **018:** George Glod/SuperStock; **018BL:** George Glod/SuperStock; **018BR:** George Glod/SuperStock; **018L:** George Glod/SuperStock; **018MC:** Barry Diomede/Alamy Stock Photo; **018ML:** Frank and Helena/Cultura RM/Alamy Stock Photo; **018MR:** LWA/Dann Tardif/Blend Images/Alamy Stock Photo; **018TC:** RosaIreneBetancourt 9/Alamy Stock Photo; **018TL:** DreamPictures/Blend Images/Corbis; **018TR:** Radius Images/Alamy Stock Photo; **019:** George Glod/SuperStock; **019ML:** Megastocker/Fotolia; **019MR:** Javier Larrea/AGE Fotostock/Alamy Stock Photo; **019R:** Blend Images REB Images/Brand X Pictures/Getty Images; **020BL:** Anna Stowe/LOOP IMAGES/Corbis; **020BR:** John Elk III/Alamy Stock Photo; **020C:** NASA Visible Earth; **020TL:** Comstock/Stockbyte/Getty Images; **020TR:** Sharon Day/Shutterstock

Chapter 01A 003: Hisham Ibrahim/PhotoV/Alamy Stock Photo; **024:** ©2016 Estate of Pablo Picasso/Artists Rights Society (ARS), New York; **024B:** The Museum of Modern Art/Licensed by SCALA/Art Resource, NY; **024T:** Pearson Education, Inc.; **025:** Emile D'Edesse/Impact/HIP/The Image Works; **026:** Anthony Hatley/Alamy Stock Photo; **026:** Jacek Chabraszewski/Shutterstock; **026BC:** DragonImages/Fotolia; **026BL:** Michael Robinson Chavez/Los Angeles Times/Getty Images; **026BR:** Jeff Greenberg/Alamy Stock Photo; **026C:** Anthony Hatley/Alamy Stock Photo; **026CL:** Jacek Chabraszewski/Shutterstock; **026CR:** YanLev/Shutterstock; **026ML:** Ranplett/E+/Getty Images; **026MR:** Nikokvfrmoto/Fotolia; **026TL:** Pearson Education, Inc.; **026TR:** Pearson Education, Inc.; **027BC:** Hero Images/Getty Images; **027BL:** Jon Sparks/Alamy Stock Photo; **027BR:** Monkey Business/Fotolia; **027TC:** Denis Radovanovic/Shutterstock; **027TL:** Iryna Tiumentseva/Fotolia; **027TR:** Monkey Business/Fotolia; **028B:** KidStock/Blend Images/Alamy Stock Photo; **028C:** Ace Stock Limited/Alamy Stock Photo; **028MR:** RosaIreneBetancourt 3/Alamy Stock Photo; **028T:** Blend Images/Corbis; **029L:** Solvin Zankl/Nature Picture Library/Alamy Stock Photo; **029R:** David Cayless/Alamy Stock Photo; **030:** Hero Images/Getty Images; **030BCL:** Jon Sparks/Alamy Stock Photo; **030BCR:** Jeff Greenberg/Alamy Stock Photo; **030BML:** Anthony Hatley/Alamy Stock Photo;

030BMR: Jacek Chabraszewski/Shutterstock; **030BR:** Nikokvfrmoto/Fotolia; **030T:** Ranplett/E+/Getty Images; **031:** Denis Radovanovic/Shutterstock; **031B:** Arch White/Alamy Stock Photo; **031BCL:** Jeff Greenberg/Alamy Stock Photo; **031BCR:** Jacek Chabraszewski/Shutterstock; **031BL:** Ronnie Kaufman/Larry/Blend Images/AGE Fotostock; **031BR:** Monkey Business/Fotolia; **031TCL:** Anthony Hatley/Alamy Stock Photo; **031TCR:** Michael Robinson Chavez/Los Angeles Times/Getty Images; **031TL:** Monkey Business/Fotolia; **031TR:** RosalreneBetancourt 10/Alamy Stock Photo; **032BC:** Jacek Chabraszewski/Shutterstock; **032BL:** YanLev/Shutterstock; **032BR:** Iryna Tiumentseva/Fotolia; **032MC:** Monkey Business/Fotolia; **032MR:** Michael Robinson Chavez/Los Angeles Times/Getty Images; **032TC:** BlueSkyImages/Fotolia; **032TL:** Anthony Hatley/Alamy Stock Photo; **032TR:** Ronnie Kaufman/Larry/Blend Images/AGE Fotostock; **034B:** Museo Bellapart; **034T:** Pearson Education, Inc.; **035BL:** Hugh Sitton/Comet/Corbis; **035BR:** Jan Sochor/Alamy Stock Photo; **035TC:** Dmitri Alexander/National Geographic Creative/Corbis; **035TL:** Richard Cummins/Encyclopedia/Corbis; **035TR:** Catherine Karnow/Terra/Corbis; **037:** Anthony Hatley/Alamy Stock Photo; **037BCL:** Ronnie Kaufman/Larry/Blend Images/AGE Fotostock; **037BCR:** Monkey Business/Fotolia; **037BL:** Monkey Business/Fotolia; **037BR:** RosalreneBetancourt 10/Alamy Stock Photo; **037CBL:** BlueSkyImages/Fotolia; **037CBR:** Denis Radovanovic/Shutterstock; **037CML:** Jeff Greenberg/Alamy Stock Photo; **037CR:** Nikokvfrmoto/Fotolia; **037ML:** Hero Images/Getty Images; **037MR:** Mark Scott/The Image Bank/Getty Images; **037TC:** Jon Sparks/Alamy Stock Photo; **037TCL:** Doug Menuez/Photodisc/Getty Images; **037TCR:** YanLev/Shutterstock; **037TR:** Iryna Tiumentseva/Fotolia; **039B:** Alexander Tamargo/WireImage/Getty Images; **039T:** Pearson Education, Inc.; **040B:** ©Jimmy Dorantes/LatinFocus.com; **040T:** Myrleen Pearson/PhotoEdit, Inc.; **041B:** ©Marisol Diaz/LatinFocus.com; **041T:** Hola Images/Collage/Corbis; **042:** Mikhail Kondrashov "fotomik"/Alamy Stock Photo; 44 45: Spencer Grant/Science Source;

Chapter 01B 048B: Albright Knox Art Gallery/Art Resource, NY; **048T:** Pearson Education, Inc.; **049:** 2016 Banco de México Diego Rivera Frida Kahlo Museums Trust, Mexico, D.F./Artists Rights Society (ARS), New York; **049:** Egon Bömsch/ImageBroker/Alamy Stock Photo; **050BL:** Klaus Vedfelt/Taxi/Getty Images; **050BR:** RosalreneBetancourt 3/Alamy Stock Photo; **050MC:** VadimGuzhva/Fotolia; **050ML:** Ben Welsh/Design Pics RM/AGE Fotostock; **050MR:** Yeko Photo Studio/Shutterstock; **050TC:** Randy Faris/Cardinal/Corbis; **050TR:** Germanskydive110/Fotolia; **051BL:** Photofusion/UIG/Universal Images Group/AGE Fotostock; **051BR:** Ackermann/DigitalVision/

Getty Images; **051TL:** David Molina G/Shutterstock; **051TR:** Spencer Grant/PhotoEdit, Inc.; **052BL:** Erich Schlegel/Corbis News/Corbis; **052BR:** Ariel Skelley/Blend Images/AGE Fotostock; **052T:** JGI/Jamie Gril/Blend Images/Getty Images; **053:** Juice Images/Alamy Stock Photo; **053:** Pearson Education, Inc.; **054BL:** B Christopher/Alamy Stock Photo; **054BR:** Yeko Photo Studio/Shutterstock; **054ML:** Anne Ackermann/DigitalVision/Getty Images; **054MR:** Germanskydive110/Fotolia; **054T:** Sophie Bluy/Pearson Education, Inc.; **054TC:** Sophie Bluy/Pearson Education, Inc.; **054TL:** RosalreneBetancourt 3/Alamy Stock Photo; **054TR:** Photofusion/UIG/Universal Images Group/AGE Fotostock; **056BC:** Photofusion/UIG/Universal Images Group/AGE Fotostock; **056BL:** Randy Faris/Cardinal/Corbis; **056BR:** Germanskydive110/Fotolia; **056T:** RosalreneBetancourt 10/Alamy Stock Photo; **056TC:** Anne Ackermann/DigitalVision/Getty Images; **056TL:** Klaus Vedfelt/Taxi/Getty Images; **056TR:** Antoniodiaz/Shutterstock; **057:** Monkey Business/Fotolia; **058:** Ackermann/DigitalVision/Getty Images; **058:** Anthony Hatley/Alamy Stock Photo; **058:** Antoniodiaz/Shutterstock; **058:** Jacek Chabraszewski/Shutterstock; **058:** Jeff Greenberg/Alamy Stock Photo; **058:** Ranplett/E+/Getty Images; **058:** Spencer Grant/PhotoEdit, Inc.; **058:** Yeko Photo Studio/Shutterstock; **058B:** Simon Bolivar(1783 1830)(chromolitho)/Private Collection/Archives Charmet/Bridgeman Images; **058BCL:** Kim Karpeles/Alamy Stock Photo; **058CL:** Monkey Business/Fotolia; **058MCL:** Nikokvfrmoto/Fotolia; **058ML:** RosalreneBetancourt 10/Alamy Stock Photo; **058TCL:** Ranplett/E+/Getty Images; **058TL:** RosalreneBetancourt 10/Alamy Stock Photo; **059:** Germanskydive110/Fotolia; **061BC:** Pearson Education, Inc.; **061BCL:** Robnroll/Shutterstock; **061BCR:** Pearson Education, Inc.; **061BL:** Pearson Education, Inc.; **061BR:** Pearson Education, Inc.; **061TCL:** Pearson Education, Inc.; **061TCR:** Pearson Education, Inc.; **061TL:** Piotr Marcinski/Shutterstock; **061TR:** Pearson Education, Inc.; **063BR:** Jennifer Paley/Pearson Education, Inc.; **063MC:** Blend Images Rolf Bruderer/Brand X Pictures/Getty Images; **063TC:** Rudi Von Briel/PhotoEdit, Inc.; **063TL:** Jupiterimages/Brand X Pictures/Stockbyte/Getty Images; **063TR:** Wavebreakmedia/Shutterstock; **065:** Cindy Miller Hopkins/DanitaDelimont/Newscom; **066L:** Graham Oliver/123RF; **066R:** Comstock/Stockbyte/Getty Images; 068 **069:** Univision.

Chapter 02A 072B: Cortada, Xavier/Private Collection/Bridgeman Images; **072T:** Pearson Education, Inc.; **073:** Marcia Chambers/dbimages/Alamy Stock Photo; **074:** Image Source/Getty Images; **074BCL:** Ifong/Shutterstock; **074BCR:** Sila Tiptanatoranin/123RF; **074BL:** Hurst Photo/

Shutterstock; **074BR:** David Hanlon/iStock/Getty Images; **074CL:** Image Source/Getty Images; **074MC:** Bikeriderlondon/Shutterstock; **074TC:** Ian Shaw/ Alamy Stock Photo; **074TL:** John R. Kreul/Independent Picture Service/Alamy Stock Photo; **074TR:** Marmaduke St. John/Alamy Stock Photo; **075:** Pearson Education; **075:** Pearson Education, Inc.; **076B:** ZUMA Press Inc/Alamy Stock Photo; **076C:** KidStock/Blend Images/Corbis; **076T:** Felix Mizioznikov/Shutterstock; **077L:** Ian Shaw/Alamy Stock Photo; **077R:** Kaveh Kazemi/Getty Images News/Getty Images; **079BC:** John R. Kreul/Independent Picture Service/Alamy Stock Photo; **079BL:** Ian Shaw/Alamy Stock Photo; **079BR:** Hurst Photo/Shutterstock; **079CL:** Marmaduke St. John/Alamy Stock Photo; **079CML:** David Hanlon/ iStock/Getty Images; **079CR:** Bikeriderlondon/ Shutterstock; **079TR:** Sila Tiptanatoranin/123RF; **080:** Keith Dannemiller/Corbis; **081:** Design Pics/Newscom; **083BCL:** Monkey Business Images/Shutterstock; **083BCR:** Andy Dean/Fotolia; **083BL:** Creatas/Getty Images; **083BR:** Rob Marmion/Shutterstock; **083TCL:** Holbox/Shutterstock; **083TCR:** Panos Pictures; **083TL:** Tetra Images/Getty Images; **083TR:** Bill Bachmann/ Alamy Stock Photo; **085BL:** David Hanlon/iStock/Getty Images; **085BR:** Hurst Photo/Shutterstock; **085ML:** Ian Shaw/Alamy Stock Photo; **085MR:** Ifong/Shutterstock; **085TC:** Andrea Danti/Shutterstock; **085TL:** Sila Tiptanatoranin/123RF; **085TR:** Marmaduke St. John/ Alamy Stock Photo; **086:** Rosemary Harris/Alamy Stock Photo; **089:** Jochem Wijnands/Horizons WWP/ AGE Fotostock; **090B:** Martin Shields/Alamy Stock Photo; **090T:** Jose Fuste Raga/Encyclopedia/Corbis; **091B:** Krista Rossow/National Geographic Creative/ Alamy Stock Photo; **091T:** Ron Niebrugge/Alamy Stock Photo; **092:** John Vizcaino/Reuters/Landov LLC; 094 **095:** Wavebreakmedia/Shutterstock;

Chapter 02B 098: SUN/Newscom; **099:** Frederic Soreau/Photononstop/Passage/Corbis; **100C:** Pearson Education, Inc.; **100L:** Pearson Education, Inc.; **100R:** Pearson Education, Inc.; **101:** Pearson Education; **101:** Pearson Education, Inc.; **102L:** Stockbroker/MBI/Alamy Stock Photo; **102R:** Bruna/Shutterstock; **103L:** Bill Bachmann/Alamy Stock Photo; **103R:** Bill Bachmann/ Alamy Stock Photo; **104BCR:** Pearson Education, Inc.; **104BR:** Pearson Education, Inc.; **104MCR:** Pearson Education, Inc.; **105:** Pearson Education; **105:** Pearson Education, Inc.; **106B:** Flashover/Alamy Stock Photo; **106T:** Pearson Education, Inc.; **107BC:** Ian Shaw/ Alamy Stock Photo; **107BL:** David Hanlon/iStock/Getty Images; **107BR:** John R. Kreul/Independent Picture Service/Alamy Stock Photo; **107C:** Bikeriderlondon/ Shutterstock; **107CL:** Marmaduke St. John/Alamy Stock Photo; **107CR:** Sila Tiptanatoranin/123RF; **107T:** Ifong/Shutterstock; **108T:** Pearson Education, Inc.; **111:** Spencer Grant/PhotoEdit, Inc.; **112:** Jan

Halaska/Science Source; **113B:** Rayman/Photodisc/ Getty Images; **113T:** Keith Dannemiller/Alamy Stock Photo; **114:** Michael S. Lewis/National Geographic Creative/Alamy Stock Photo; **115L:** Sean Sprague/ Panos Pictures; **115R:** Jon Spaull/Panos Pictures; **116:** Keith Dannemiller/Alamy Stock Photo; **119:** NBC Learn videos

Chapter 03A 122: Two Children Eating a Melon and Grapes, 1645 46 (oil on canvas), Murillo, Bartolome Esteban (1618 82)/Alte Pinakothek, Munich, Germany/ Bridgeman Images; **123:** Blend Images/SuperStock; **124:** Foodfolio/Alamy Stock Photo; **124B:** Foodfolio/ Alamy Stock Photo; **124TC:** Mara Zemgaliete/Fotolia; **124TCL:** Almaje/Shutterstock; **124TCR:** Michael Gray/Fotolia; **124TL:** Dionisvera/Fotolia; **124TR:** Pakhnyushchyy/Fotolia; **125BC:** Viktor/Fotolia; **125BL:** Joe Gough/Fotolia; **125BR:** BillionPhotos.com/ Shutterstock; **125CL:** Tarasyuk Igor/Shutterstock; **125CR:** Volff/Fotolia; **125R:** Tetra Images/Alamy Stock Photo; **125TC:** Springfield Gallery/Fotolia; **125TL:** Mr Prof/Fotolia; **125TR:** Komar Maria/Fotolia; **126:** Enigmatico/Shutterstock; **126BL:** Aastock/ Shutterstock; 126BR Radius Images / Alamy Stock Photo;**126T:** DR/Fotolia; **127C:** Maria Galan/AGE Fotostock/Alamy Stock Photo; **127L:** Juanmonino/E+/ Getty Images; **127R:** InkkStudios/iStockphoto/Getty Images; **128:** Dmitri Ma/Shutterstock; **129:** Michael Gray/Fotolia; **129BCL:** Discovod/Fotolia; **129BCR:** Joe Gough/Fotolia; **129BL:** Almaje/Shutterstock; **129BMC:** Kostrez/Fotolia; **129BML:** V.S.Anandhakrishna/ Shutterstock; **129BMR:** Foodfolio/Alamy Stock Photo; **129BR:** Tetra Images/Alamy Stock Photo; **129C:** Gmevi Photo/Fotolia; **129TCL:** Pakhnyushchyy/Fotolia; **129TCR:** BillionPhotos.com/Fotolia; **129TL:** Almaje/ Shutterstock; **129TMR:** Volff/Fotolia; **129TR:** Ifong/ Shutterstock; **130:** Mara Zemgaliete/Fotolia; **130BCL:** Gertrudda/Fotolia; **130BCR:** Tore2527/Shutterstock; **130BL:** Adrianciurea69/Fotolia; **130BMC:** Margouillat Photo/Shutterstock; **130BML:** NorGal/Shutterstock; **130BMR:** Kostrez/Fotolia; **130BR:** Yurakp/Fotolia; **130CL:** Viktor/Fotolia; **130CR:** Springfield Gallery/ Fotolia; **130MCL:** Komar Maria/Fotolia; **130MCR:** Igor Dutina/Shutterstock; **130T:** Dionisvera/Fotolia; **130TC:** Mr Prof/Fotolia; **130TL:** Eugenesergeev/Fotolia; **130TR:** Volff/Fotolia; **131:** Gertrudda/Fotolia; **131BC:** Joe Gough/Shutterstock; **131BL:** Alinamd/Fotolia; **131BR:** Kar Sol/Fotolia; **131MR:** Eric Isselee/123RF; **131TL:** Jeffrey B. Banke/Shutterstock; **131TR:** AS Food studio/ Shutterstock; **133:** Michael Gray/Fotolia; **133B:** Tracy Whiteside/Shutterstock; **133BCL:** Tracy Whiteside/ Shutterstock; **133C:** Gmevi Photo/Fotolia; **133TCL:** Eugenesergeev/Fotolia; **133TCR:** Almaje/Shutterstock; **133TL:** Discovod/Fotolia; **133TML:** Komar Maria/ Fotolia; **133TMR:** Ifong/Shutterstock; **134:** Slim Plantagenate/Alamy Stock Photo; **135BCL:** Mr Prof/

Fotolia; **135BCR:** Kostrez/Fotolia; **135BL:** Springfield Gallery/Fotolia; **135BML:** Dionisvera/Fotolia; **135BMR:** Joe Gough/Fotolia; **135BR:** Almaje/Shutterstock; **135T:** Max Lashcheuski/Shutterstock; **137:** Pearson Education, Inc.; **137B:** Cindy Miller Hopkins/Danita Delimont Photography/Newscom; **137C:** Pearson Education, Inc.; **138B:** Paulo Vilela/Shutterstock; **138C:** Paulo Vilela/Shutterstock; **138T:** MSPhotographic/Shutterstock; **139B:** Sepp Puchinger/ImageBroker/Alamy Stock Photo; **139TC:** BillionPhotos.com/Shutterstock; **139TCL:** Bogdandimages/Fotolia; **139TCR:** Photoniko/Fotolia; **139TL:** Dionisvera/Fotolia; **139TR:** Danny Smythe/Shutterstock; **140BL:** Nampix/Shutterstock; **140BR:** AGcuesta/Fotolia; **140T:** Family Business/Fotolia; **141B:** Pearson Education, Inc.; **141T:** Moodboard/SuperStock; 142 **143:** FomaA/Fotolia;

Chapter 03B 146: ©2016 Banco de México Diego Rivera Frida Kahlo Museums Trust, Mexico, D.F./Artists Rights Society (ARS), New York; **146B:** Rivera, Diego (1886 1957)/Palacio Nacional, Mexico City, Mexico/Bridgeman Images; **146T:** Pearson Education, Inc.; **147:** ImageBroker/SuperStock; **148BC:** Vaivirga/Fotolia; **148BCL:** Multiart/iStock/Getty Images; **148BCR:** Sergiy Kuzmin/Shutterstock; **148BL:** S_Photo/Shutterstock; **148BML:** Inna Astakhova/Fotolia; **148BMR:** Yodaswaj/Fotolia; **148BR:** Tetxu/Shutterstock; **148TCL:** Africa Studio/Shutterstock; **148TCR:** Baloncici/Shutterstock; **148TL:** Blend Images/Shutterstock; **148TR:** Gareth Boden/Pearson Education, Inc.; **149BC:** Sommai/Fotolia; **149BR:** Tatyana Vyc/Shutterstock; **149C:** SeDmi/Shutterstock; **149CR:** Giulia Fiori Photography/Moment Open/Getty Images; **149TC:** Utoimage/Fotolia; **149TL:** Markin/YAY Micro/AGE Fotostock; **149TR:** Eskaylim/Fotolia; **150BL:** Susanna Price/Dorling Kindersley/Getty Images; **150BR:** Pixtal/AGE Fotostock; **150TL:** Michael De Leon/Getty Images; **150TR:** Michael De Leon/Getty Images; **151C:** Aleksandar Mijatovic/Fotolia; **151L:** Massman/123RF; **151R:** Pilipphoto/Fotolia; **152:** Lee Torrens/Shutterstock; **153:** Vaivirga/Fotolia; **153BCL:** Eskaylim/Fotolia; **153BCR:** Viktor/Fotolia; **153BL:** Africa Studio/Shutterstock; **153BM:** Aleksandar Mijatovic/Fotolia; **153BML:** Viktor/Fotolia; **153BMR:** Discovod/Fotolia; **153BR:** Tarasyuk Igor/Shutterstock; **153C:** Bogdandimages/Fotolia; **153CL:** Valentyn Volkov/Shutterstock; **153CML:** Johnfoto18/Shutterstock; **153CMR:** Eskaylim/Fotolia; **153CR:** Africa Studio/Shutterstock; **153MC:** Ultimathule/Shutterstock; **153MCL:** Sommai/Fotolia; **153MCR:** Sergiy Kuzmin/Shutterstock; **153ML:** Inna Astakhova/Fotolia; **153MR:** Yodaswaj/Fotolia; **153R:** Tetxu/Shutterstock; **153TCL:** Vaivirga/Fotolia; **153TCR:** Viktor1/Shutterstock; **153TL:** Tetxu/Shutterstock; **153TMC:** Gitusik/Fotolia; **153TR:** Utoimage/Fotolia; **156:** JTB Photo/Superstock; **159BCL:** Inna Astakhova/Fotolia; **159BCR:** Joe Gough/Fotolia; **159BL:** Giulia Fiori Photography/Moment Open/Getty Images; **159BR:** Baibaz/Fotolia; **159C:** Yodaswaj/Fotolia; **159CL:** Multiart/iStock/Getty Images; **159CR:** Tarasyuk Igor/Shutterstock; **159T:** Ultimathule/Shutterstock; **159TCL:** Africa Studio/Shutterstock; **159TCR:** Sergiy Kuzmin/Shutterstock; **159TL:** Tetxu/Shutterstock; **159TR:** Bogdandimages/Fotolia; **160BL:** Pearson Education, Inc.; **160BR:** Charles Rex Arbogast/AP Images; **160TR:** Luis Davilla/Photolibrary/Getty Images; **161:** Juice Images/Alamy Stock Photo; **162BR:** Pearson Education, Inc.; **162C:** Pearson Education, Inc.;**162L:** Pearson Education, Inc.; **162R:** Pearson Education, Inc.; **163B:** Carl Recine/ZUMApress/Newscom; **163T:** Matthew Pearce/Icon Sportswire 169//Newscom; **164:** Dorothy Alexander/Alamy Stock Photo; 166 **167:** Martin Turzak/Alamy Stock Photo

Chapter 04A 170: Museo Nacional del Prado/Art Resource, NY; **171:** Oliver Gerhard/ImageBroker/Alamy Stock Photo; **172:** Hola Images/Collage/Corbis; **172BC:** Yadid Levy/Robertharding/Alamy Stock Photo; **172BL:** RosaIreneBetancourt 5/Alamy Stock Photo; **172BR:** Alex Segre/Alamy Stock Photo; **172ML:** Jerónimo Alba/AGE Fotostock; **172MR:** Peter Horree/Alamy Stock Photo; **172T:** Hola Images/Collage/Corbis; **172TC:** Ivan Vdovin/Alamy Stock Photo; **172TL:** Syda Productions/Shutterstock; **172TR:** Hero Images Inc./Alamy Stock Photo; **173:** Jeffrey Blackler/Alamy Stock Photo; **173BC:** Picturenet/Blend Images/Getty Images; **173BL:** David Noton Photography/Alamy Stock Photo; **173BR:** Ruzanna/Shutterstock; **173CR:** Randy Faris/Cardinal/Corbis; **173TL:** Sue Anderson/Alamy Stock Photo; **173TR:** Jeffrey Blackler/Alamy Stock Photo; **174B:** Thomas Cockrem/Alamy Stock Photo; **174C:** Clsdesign/Fotolia; **174T:** Terry Vine/Blend Images/Getty Images; **174TC:** Endless Travel/Alamy Stock Photo; **175L:** Chris Fredriksson/Alamy Stock Photo; **175R:** F Scholz/ARCO/AGE Fotostock; **176BCL:** Yadid Levy/Robertharding/Alamy Stock Photo; **176BCR:** Alex Segre/Alamy Stock Photo; **176BL:** Jeffrey Blackler/Alamy Stock Photo; **176BMR:** Sue Anderson/Alamy Stock Photo; **176BR:** RosaIreneBetancourt 5/Alamy Stock Photo; **176CL:** Syda Productions/Shutterstock; **176CML:** Hero Images Inc./Alamy Stock Photo; **176CMR:** Ivan Vdovin/Alamy Stock Photo; **176ML:** Endless Travel/Alamy Stock Photo; **176MR:** Peter Horree/Alamy Stock Photo; **176TCL:** Jerónimo Alba/AGE Fotostock; **176TCR:** Alex Segre/Alamy Stock Photo; **176TL:** Jeffrey Blackler/Alamy Stock Photo; **176TMC:** David Noton Photography/Alamy Stock Photo; **176TR:** Ruzanna/Shutterstock; **177:** akg images/Joseph Martin/Newscom; **177:** Joseph Martin/Akg Images/Newscom; **179:** Jeff Greenberg/AGE Fotostock; **180:** Martin Bernetti/AFP/Getty Images; **181:** Jack Hollingsworth/Spirit/Corbis; **182:** Pearson

Education, Inc.; **183:** Ritchie Valens/Michael Ochs Archives/Getty Images; **185:** Dominique Faget/AFP/Getty Images; **186:** Pearson Education, Inc.; **187B:** Nik Wheeler/Alamy Stock Photo; **187T:** Ken Welsh/AGE Fotostock; **188:** Peter Langer/Design Pics/Superstock; **189B:** Dave G.Houser/Corbis; **189TL:** Jason Homa/Exactostock 1491/SuperStock; **189TR:** Nadia Borowski/KRT/Newscom; **190:** GoGo Images Corporation/Alamy Stock Photo; **191B:** ©Jimmy Dorantes/LatinFocus.com; **191T:** Bill Bachmann/PhotoEdit, Inc.; **192 193:** Ian G Dagnall/Alamy Stock Photo;

Chapter 04B 196: Clive Rose/Getty Images Sport/Getty Images; **197:** Hannah Peters/Getty Images Sport/Getty Images; **198BC:** Erik Isakson/Tetra images/Getty Images; **198BL:** Tom Carter/Alamy Stock Photo; **198BR:** John Lund/Drew Kelly/Blend Images/AGE Fotostock; **198MCL:** Samot/Shutterstock; **198MCR:** Galina Barskaya/Shutterstock; **198ML:** Tracy A. Woodward/The Washington Post/Getty Images; **198MR:** Newzulu/Alamy Stock Photo; **198TC:** Juanmonino/E+/Getty Images; **198TL:** Gareth Boden/Pearson Education, Inc.; **198TR:** James Woodson/Photodisc/Getty Images; **199BR:** Jim West/Alamy Stock Photo; **199CL:** Tim Mantoani/Masterfile/Corbis; **199CR:** Hero Images/AGE Fotostock; **199ML:** Mint Images Limited/Alamy Stock Photo; **199TL:** Ana Martinez/Reuters/Corbis; **199TR:** Hill Street Studios/Blend Images/AGE Fotostock; **200L:** Glow Images/Getty images; **200R:** Rido/Shutterstock; **201L:** Isaac Ruiz Santana/iStock/Getty Images Plus/Getty Images; **201R:** JMichl/iStock/Getty Images Plus/Getty Images; **202BCL:** David Lee/Shutterstock; **202BCR:** Mw1b2175/iStock/Getty Images Plus/Getty images; **202BL:** Mark Herreid/Shutterstock; **202BML:** Eastimages/Shutterstock; **202BMR:** Andrey Popov/Shutterstock; **202BR:** Luckypic/Shutterstock; **202C:** Rcpphoto/Shutterstock; **202MC:** Tracy A. Woodward/The Washington Post/Getty Images; **202MCL:** Hill Street Studios/Blend Images/AGE Fotostock; **202MCR:** Hero Images/AGE Fotostock; **202ML:** Ana Martinez/Reuters/Corbis; **202MR:** Mint Images Limited/Alamy Stock Photo; **202T:** Tim Mantoani/Masterfile/Corbis; **203:** Mint Images Limited/Alamy Stock Photo; **203BL:** Jon Sparks/Alamy Stock Photo; **203BR:** Tracy A. Woodward/The Washington Post/Getty Images; **203MC:** Newzulu/Alamy Stock Photo; **203MR:** Peter Horree/Alamy Stock Photo; **203TR:** Monticelllo/fotolia; **204BC:** Tracy A. Woodward/The Washington Post/Getty Images; **204BL:** Ruzanna/Shutterstock; **204BMC:** Image Source/Getty Images; **204BR:** Peter Horree/Alamy Stock Photo; **204C:** Ana Martinez/Reuters/Corbis; **204CL:** Hill Street Studios/Blend Images/AGE Fotostock; **204CM:** Image Source/Getty Images; **204CR:** Dinodia Photos/Alamy Stock Photo; **204ML:** Hill Street Studios/Blend Images/AGE Fotostock; **204TCL:** Tim Mantoani/Masterfile/Corbis; **204TCR:** Tracy A. Woodward/The Washington Post/Getty Images; **204TL:** Ana Martinez/Reuters/Corbis; **204TR:** Jeffrey Blackler/Alamy Stock Photo; **205:** ©LatinFocus.com; **206BL:** Luckypic/Shutterstock; **206BR:** Jeffrey Blackler/Alamy Stock Photo; **206C:** KidStock/Blend Images/Corbis; **206CBL:** Ruzanna/Shutterstock; **206CBR:** Travel Pictures/Pictures Colour Library/Alamy Stock Photo; **206ML:** Picturenet/Blend Images/Getty Images; **206MR:** Mint Images Limited/Alamy Stock Photo; **206T:** Phovoir/Alamy Stock Photo; **207B:** Gianluca Rasile/Shutterstock; **207T:** Tony Savino/The Image Works; **208BL:** Mitchell Layton/Getty Images; **208BR:** BPI/REX Shutterstock/AP Images; **208MCL:** Xavier J. Araujo/GFR Media/AP Images; **208MCR:** Ross D. Franklin/AP Images; **208ML:** Allstar Picture Library/Alamy Stock Photo; **208MR:** Manuel Queimadelos Alonso/Getty Images Sport/Getty Images; **208T:** Matt Brown/Angels Baseball LP/Getty Images Sport/Getty Images; **209:** Max Montecinos/Reuters; **210:** Novastock Stock Connection Worldwide/Newscom; **211:** Michael Taylor/Lonely Planet Images/Getty Images; **212:** Allstar Picture Library/Alamy Stock Photo; **213B:** Bill Kostroun/AP Images; **213T:** CSPA/Cal Sport Media/Newscom; **214B:** RosalreneBetancourt 1/Alamy Stock Photo; **214T:** Muntz/The Image Bank/Getty images; **215:** Enigma/Alamy Stock Photo; **216:** IADB; **223:** Terry Vine/Blend Images/Getty Images

Chapter 05A 220B: Carmen L. Garza; **220T:** Pearson Education; **221:** Blend Images/SuperStock; **222:** Jennifer Booher/Alamy Stock Photo; **222BCL:** loskutnikov/Shutterstock; **222BCR:** Oleksiy Mark/Shutterstock; **222BR:** Ekler/Shutterstock; **222C:** Anthony Ricci/Shutterstock; **222ML:** Corbis Premium RF/Alamy Stock Photo; **222MR:** Photomatz/Shutterstock; **222T:** Monkey Business Images/Shutterstock; **223BL:** Monkey Business Images/Shutterstock; **223BR:** Tim Dolan/UpperCut Images/Alamy Stock Photo; **223C:** Tim Dolan/UpperCut Images/Alamy Stock Photo; **223CB:** Monkey Business Images/Getty Images; **223CL:** Radulep/Fotolia; **223CM:** Monkey Business Images/Getty Images; **223CR:** Tim Dolan/UpperCut Images/Alamy Stock Photo; **223CT:** Tim Dolan/UpperCut Images/Alamy Stock Photo; **223ML:** Monkey Business Images/Shutterstock; **223MR:** MBI/Alamy Stock Photo; **223TL:** Marten_House/Shutterstock; **223TR:** KidStock/Blend Images/Alamy Stock Photo; **224B:** Teguh Mujiono/Shutterstock; **224C:** Gines Romero/Shutterstock; **224MR:** Yayayoyo/Shutterstock; **224TC:** Tracy Whiteside/Alamy; **224TL:** JGI/Jamie Grill/Blend Images/Alamy Stock Photo; **224TR:** keeweeboy/YAY Media AS/Alamy Stock Photo; **225C:** Sarah Bossert/Getty Images; **225L:** Cathy Melloan/Alamy Stock

Shutterstock; **346TR:** Randy Faris/Corbis Super RF/Alamy Stock Photo; **347BL:** Greenview2015/Fotolia; **347BR:** JJM Stock Photography/Alamy Stock Photo; **347ML:** AnatBoonsawat/Shutterstock; **347TC:** www.BillionPhotos.com/Shutterstock; **347TCL:** Boomerang11/Fotolia; **347TCR:** Nomad Soul/Fotolia; **347TL:** Budimir Jevtic/Fotolia; **347TR:** Ziviani/Shutterstock; **348L:** Jeff Greenberg 6 of 6/Alamy Stock Photo; **348R:** RosaBetancourt 0 people images/Alamy Stock Photo; **349L:** Iain Sharp/Alamy Stock Photo; **349R:** Marco Cristofori/Robertharding/Getty Images; **350B:** Alex Segre/Alamy Stock Photo; **350MCL:** E Amikishiyev/Zoonar GmbH RF/AGE Fotostock; **350MCR:** Grosescu Alberto Mihai/iStock/Getty Images; **350ML:** Zakaz/Fotolia; **350MR:** Pixelrobot/Fotolia; **350TC:** Nilanjan Bhattacharya/123RF; **350TL:** Ruslan Olinchuk/123RF; **350TR:** Africa Studio/Fotolia; **352B:** Teena137/Fotolia; **352C:** Africa Studio/Fotolia; **352CL:** Photomelon/Fotolia; **352CR:** Shotshop GmbH/Alamy Stock Photo; **352MC:** Elnur/Shutterstock; **352ML:** Mweichse/iStock/Getty Images; **352MR:** Maksym Yemelyanov/Alamy Stock Photo; **352T:** Ruslan Kudrin/Zoonar GmbH/Alamy Stock Photo; **353BL:** Peter Forsberg/Shopping/Alamy Stock Photo; **353BR:** Andrew Pini/Photolibrary/Getty Images; **353TL:** Peter Titmuss/Alamy Stock Photo; **353TR:** Travelwide/Alamy Stock Photo; **354:** Mweichse/iStock/Getty Images; **354:** Shotshop GmbH/Alamy Stock Photo; **354:** Tarzhanova/Shutterstock; **354BL:** Morganka/Shutterstock; **354BR:** Africa Studio/Fotolia; **354CBR:** CSP_Elnur/Fotosearch LBRF/AGE Fotostock; **354ML:** Tarzhanova/Shutterstock; **354MR:** Zakaz/Fotolia; **355:** Image Source/Alamy Stock Photo; **356:** Oliver Gerhard/Alamy Stock Photo; **357B:** CSP_Elnur/Fotosearch LBRF/AGE Fotostock; **357C:** Nilanjan Bhattacharya/123RF; **357MC:** Ruslan Olinchuk/123RF; **357T:** Joseph/Shutterstock; **359BL:** Bettmann /Getty Images; **359TL:** SuperStock; **359TR:** Itsallgood/Fotolia; **360BL:** Photomelon/Fotolia; **360BR:** CSP_Elnur/Fotosearch LBRF/AGE Fotostock; **360CL:** Elnur/Shutterstock; **360CR:** Stocksnapper/Fotolia; **360ML:** Sumire8/Fotolia; **360MR:** Tarzhanova/Shutterstock; **362:** Carlos S. Pereyra/AGE Fotostock; **363:** Alex Segre/Alamy Stock Photo; **363:** Iain Sharp/Alamy Stock Photo; **363:** Marco Cristofori/Robertharding/Getty Images; **364B:** Iuliia Timofeeva/Alamy Stock Photo; **364C:** RosaIreneBetancourt 6/Alamy Stock Photo; **364T:** Rick Shupper/Citizen of the Planet/Alamy Stock Photo; **365B:** Tim Boyle/Getty Images; **365C:** David Zanzinger/Alamy Stock Photo; **365T:** M. Timothy O'Keefe/Alamy Stock Photo; **366:** Jon Arnold Images Ltd/Alamy Stock Photo; **367:** Myrleen Pearson/PhotoEdit, Inc.; 368 **369:** Luis Davilla/Photolibrary/Getty Images

Chapter 08A 372: Sorolla y bastida/Album/Art Resource, NY; **373:** Gary Yim/Shutterstock; **374BC:** Patti McConville/Alamy Stock Photo; **374BL:** Xinhua/Alamy Stock Photo; **374BMC:** Hackenberg Photo Cologne/Alamy Stock Photo; **374BR:** Granger Wootz/Blend Images/Alamy Stock Photo; **374MC:** Hackenberg Photo Cologne/Alamy Stock Photo; **374ML:** Gardel Bertrand/Hemis/Alamy Stock Photo; **374MR:** Hermann Dobler/ImageBroker/Alamy Stock Photo; **374T:** Lev Dolgachov/Alamy Stock Photo; **375BCL:** Jan A. Csernoch/Alamy Stock Photo; **375BCR:** Martin Moxter/ImageBroker/Alamy Stock Photo; **375BL:** Photodiscoveries/Fotolia; **375BR:** Paul Bradbury/OJO Images Ltd/Alamy Stock Photo; **375C:** Nicholashan/Fotolia; **375TL:** George Oze/Alamy Stock Photo; **375TR:** J.W.Alker/ImageBroker/Alamy Stock Photo; **376L:** Stefano Paterna/Alamy Stock Photo; **376R:** Mariusz Prusaczyk/Fotolia; **376T:** Manchan/Photodisc/Getty Images; **377C:** Paul S. Wolf/ShutterStock; **377L:** Sylvain Grandadam/robertharding/Corbis; **377R:** Kseniya Ragozina/Fotolia; **378B:** Efrain Padro/Alamy Stock Photo; **378CMR:** George Oze/Alamy Stock Photo; **378MC:** Hermann Dobler/ImageBroker/Alamy Stock Photo; **378MCL:** J.W.Alker/ImageBroker/Alamy Stock Photo; **378ML:** Paul Bradbury/OJO Images Ltd/Alamy Stock Photo; **378MR:** Jan A. Csernoch/Alamy Stock Photo; **378TC:** Gardel Bertrand/Hemis/Alamy Stock Photo; **378TCL:** Hackenberg Photo Cologne/Alamy Stock Photo; **378TCR:** Hackenberg Photo Cologne/Alamy Stock Photo; **378TL:** Granger Wootz/Blend Images/Alamy Stock Photo; **378TR:** Martin Moxter/ImageBroker/Alamy Stock Photo; **379:** Bernardo Galmarini/Alamy Stock Photo; **380B:** Hill Street Studios/Blend Images/Getty Images; **380MC:** Lizon/123RF; **380ML:** Philipus/Alamy Stock Photo; **380MR:** Lunamarina/Fotolia; **380TC:** Selivanov Iurii/123RF; **380TL:** Charles Polidano/Touch The Skies/Alamy Stock Photo; **381:** Reinhard Dirscherl/AGE Fotostock; **382BL:** Fitopardo.com/Moment/Getty Images; **382BR:** Action Plus Sports Images/Alamy Stock Photo; **382MC:** Guillermo Ogam/Notimex/Newscom; **382ML:** Wendy Connett/Robertharding/Alamy Stock Photo; **382MR:** Dorothy Alexander/Alamy Stock Photo; **382TC:** Robert Wyatt/Alamy Stock Photo; **383:** Nina Raingold/Getty Images News/Getty Images; **384:** Peter Zaharov/Shutterstock; **385BL:** Boscorelli/Fotolia; **385BR:** Jon Mikel Duralde/Alamy Stock Photo; **385T:** J.Enrique Molina/Alamy Stock Photo; **385TC:** Pablo Rogat/Shutterstock; **385TL:** Hermann Dobler/ImageBroker/Alamy Stock Photo; **385TR:** Boscorelli/Fotolia; **387:** A plus image bank/Alamy Stock Photo; **389B:** Xavier Subias/AGE Fotostock; **389T:** ImageBroker/SuperStock; **390L:** ImageBroker/Alamy Stock Photo; **390R:**

Pyty/Shutterstock; **390T:** ©LatinFocus.com; **391B:** Travelpix/Alamy Stock Photo; **391T:** Hemis/Alamy Stock Photo; **392B:** Mario Humberto Morales Rubi/Alamy Stock Photo; **392T:** David Hilbert/Alamy Stock Photo; **393:** Chris Sattlberger/Blend Images/Corbis; 394 **395:** Christian Kober/robertharding/Getty Images;

Chapter 08B 398: David Boyer/National Geographic/Getty Images; **399:** RosaIreneBetancourt 10/Alamy Stock Photo; **400B:** Trevor Smith/Alamy Stock Photo; **400BC:** Photka/Fotolia; **400BR:** Bane.M/Alamy Stock Photo; **400C:** Jesus Keller/Shutterstock; **400CMR:** Africa Studio/Shutterstock; **400CR:** Anton Starikov/123RF; **400TC:** Atiketta Sangasaeng/Shutterstock; **400TCR:** Image Source Plus/Alamy Stock Photo; **400TL:** Dragan Zivkovic/Alamy Stock Photo; **400TR:** Gary Dyson/Alamy Stock Photo; **401BL:** Hero Images/DigitalVision/Getty Images; **401BR:** Blend Images/Alamy Stock Photo; **401C:** MBI/Alamy Stock Photo; **401ML:** Eric Raptosh/Blend Images/Alamy Stock Photo; **401MR:** David Grossman/Alamy Stock Photo; **401TC:** Ken Weingart/Getty Images; **401TL:** Juanmonino/E+/Getty Images; **401TR:** Mike Kemp/RubberBall/Alamy Stock Photo; **402B:** Roy Morsch/AGE Fotostock/Alamy Stock Photo; **402C:** Nik Taylor/Alamy Stock Photo; **402TL:** Asife/Fotolia; **402TR:** Jmsilva/E+/Getty Images; **403C:** Hero Images/Getty Images; **403L:** Bill Greene/The Boston Globe/Getty Images; **403R:** Marmaduke St. John/Alamy Stock Vector; **404BC:** Africa Studio/Shutterstock; **404BL:** Bane.M/Alamy Stock Photo; **404BR:** Gary Dyson/Alamy Stock Photo; **404C:** Image Source Plus/Alamy Stock Photo; **404CL:** Jesus Keller/Shutterstock; **404CR:** Atiketta Sangasaeng/Shutterstock; **404T:** Ken Welsh/AGE Fotostock; **405B:** AGE Fotostock/SuperStock; **405BCL:** David Grossman/Alamy Stock Photo; **405BCR:** Blend Images/Alamy Stock Photo; **405BL:** Hero Images/DigitalVision/Getty Images; **405BMR:** MBI/Alamy Stock Photo; **405BR:** Dragan Zivkovic/Alamy Stock Photo; **405CL:** Rido/Shutterstock; **405CML:** Newzulu/Alamy Stock Photo; **405CMR:** Ariel Skelley/Blend Images/Alamy Stock Photo; **405CR:** Chepe Nicoli/Shutterstock; **405TCL:** Andriy Petrenko/iStock/Getty Images Plus/Getty Images; **405TCR:** Janine Wiedel Photolibrary/Alamy Stock Photo; **406B:** ©Jimmy Dorantes/LatinFocus.com; **406T:** Jenny Matthews/Alamy Stock Photo; **407:** John Coletti/Jon Arnold Images/SuperStock; **410:** RosaIreneBetancourt 5/Alamy Stock Photo; **411:** Tina Manley/Alamy Stock Photo; **412:** Travel Pictures/Alamy Stock Photo; **413B:** Jenny Matthews/Alamy Stock Photo; **413T:** Florian Kopp/ImageBroker/Alamy Stock Photo; **414B:** SuperStock; **414T:** Sarah Edwards/WENN Ltd/Alamy Stock Photo; **415B:** Jeffrey Arguedas/EPA/Newscom; **415T:** IrinaK/Shutterstock; **416:** O 'Rourke, Skip/Rapport Press/Newscom; **417B:** Robert van der Hilst/

Corbis; **417T:** PhotoEdit, Inc.; **418B:** Guy Edwardes Photography/Alamy Stock Photo; **418T:** SuperStock; **419:** Jonathan Nourok/PhotoEdit, Inc.; **N/A:** NBC Learn videos

Chapter 09A 424: ©Salvador Dalí, Fundació Gala Salvador Dalí, Artists Rights Society (ARS), New York 2016; **424:** Bridgeman Giraudon/Art Resource, NY; **425:** Universal Pictures/Strike Ent./Beacon Communications LLC/Album/Newscom; **426:** SOGECINE/Peliculas Pendelton/Album/Newscom; **426BL:** AF Archive/Alamy Stock Photo; **426BR:** Juanmonino/iStockphoto/Getty Images; **426CL:** Tom Grill/Blend Images/Alamy Stock Photo; **426ML:** Carol and Mike Werner/Alamy Stock Photo; **426MR:** Universal Pictures/Everett Collection; **426T:** Don Mason/Blend Images/Alamy Stock Photo; **427:** Alan Diaz/AP Images; **427:** Jos/Luis Ram/rez/Agencia Reforma/Newscom; **427BC:** Pictorial Press Ltd/Alamy Stock Photo; **427BL:** Photos 12/Alamy Stock Photo; **427BR:** Alan Diaz/AP Photo/AP Images; **427CL:** Hutton Supancic/Getty Images Entertainment/Getty Images; **427CR:** Joan Valls/ZUMA Press/Newscom; **427MC:** Europa Press/FilmMagic/Getty Images; **427MR:** Digital Vision/Getty Images; **427T:** Mike Kemp/RubberBall/Alamy Stock Photo; **428L:** Studio 8/Pearson Education, Inc.; **428R:** Gareth Boden/Pearson Education, Inc.; **429L:** Oliver Gerhard/ImageBroker/Newscom; **429R:** El Nuevo Herald/Tribune News Service/Getty Images; **430:** Hutton Supancic/Getty Images Entertainment/Getty Images; **430BC:** Alan Diaz/AP Photo/AP Images; **430BCR:** Photos 12/Alamy Stock Photo; **430BL:** Pictorial Press Ltd/Alamy Stock Photo; **430TC:** Digital Vision/Getty Images; **430TCL:** Europa Press/FilmMagic/Getty Images; **430TR:** Joan Valls/ZUMA Press/Newscom; **431:** Raul Romero/GDA/El Nacional/Venezuela/AP Images; **432L:** Jupiterimages/Stockbyte/Getty Images; **432R:** Antonio Diaz/Fotolia; **434:** Jordan Strauss/Invision/AP Images; **436:** Blend Images/Alamy Stock Photo; **437:** Matthias Oesterle/ZUMA Press/Newscom; **438:** Blend Images/Alamy Stock Photo; **439B:** Luis M. Alvarez/AP Images; **439C:** Joan Valls/ZUMA Press/Newscom; **439CR:** Photos 12/Alamy Stock Photo; **439T:** Digital Vision/Getty Images; **439TC:** Pictorial Press Ltd/Alamy Stock Photo; **440:** Monkey Business/Fotolia; **441:** Harry Sheridan/Alamy Stock Photo; **442:** Pearson Education, Inc.; **443B:** Danita Delimont/Alamy Stock Photo; **443T:** Peter Forsberg/Alamy Stock Photo; **445:** Ariel Skelley/Blend Images/Getty Images;

Chapter 09B 448: ©2016 Estate of Pablo Picasso/Artists Rights Society (ARS), New York; **448:** RMN Grand Palais/Art Resource, NY; **449:** Elmer Martinez/Newscom; **450BL:** Ariel Skelley/Blend Images/Corbis; **450BR:** D. Hurst/Alamy Stock Photo; **450MR:** Dominik Hladak/123RF; **450TL:** Aldo Murillo/E+/Getty Images;

450TR: Holbox/Shutterstock; 451: Nan/Alamy Stock Photo; 451C: Steve Debenpor/Vetta/Getty Images; 451L: Marc Chapeaux/AGF/AGE Fotostock; 451TR: Hero Images Inc./Alamy Stock Photo; 452B: Mandy Godbehear/Alamy Stock Photo; 452T: Image Source/Getty Images; 453L: Andresr/E+/Getty Images; 453R: Oleksiy Mark/Shutterstock; 454: AGE Fotostock/Alamy Stock Photo; 455B: Melba Photo Agency/Alamy Stock Photo; 455C: Ariel Skelley/Blend Images/Getty Images; 455T: Jerónimo Alba/Alamy Stock Photo; 456B: KidStock/Blend Images/Getty Images; 456MCL: Pearson Education, Inc.; 456MCR: Tupungato/Shutterstock; 456ML: Ian Dagnall Laptop Computing/Alamy Stock Photo; 456MR: Inxti/Shutterstock; 456T: Pearson Education, Inc.; 460BCL: ImageBroker/Alamy Stock Photo; 460BCR: Jochen Tack/ImageBroker/AGE Fotostock; 460BL: Kali Nine LLC/iStock/Getty Images; 460BML: YAY Media AS/Alamy Stock Photo; 460BMR: Hero Images/Getty Images; 460BR: Ronnie Kaufman/Larry/Blend Images/AGE Fotostock; 460T: George S De Blonsky/Alamy Stock Photo; 461: Hect/Shutterstock; 463B: Fancy Collection/SuperStock; 463L: De Agostini Picture Library/De Agostini/Getty Images; 463R: KidStock/Blend Images/Alamy Stock Photo; 465: Andrey Armyagov/Fotolia; 466L: OJO Images Ltd/Alamy Stock Photo; 466R: Pearson Education, Inc.; 467: BFG Images/Getty Images; 468 469: Thomas R. Fletcher/Alamy Stock Photo

Para Empezar Level B PE 2: Anthony Hatley/Alamy Stock Photo; PE 2: BlueSkyImages/Fotolia; PE 2: Denis Radovanovic/Shutterstock; PE 2: DragonImages/Fotolia; PE 2: Hero Images/Getty Images; PE 2: Jacek Chabraszewski/Shutterstock; PE 2: Jeff Greenberg/Alamy Stock Photo; PE 2: KidStock/Blend Images/Alamy Stock Photo; PE 2: Michael Robinson Chavez/Los Angeles Times/Getty Images; PE 2: Monkey Business/Fotolia; PE 2: Nikokvfrmoto/Fotolia; PE 2: Ronnie Kaufman/Larry/Blend Images/AGE Fotostock; PE 2: RosaIreneBetancourt 3/Alamy Stock Photo; PE 2: YanLev/Shutterstock; PE 3: Anne Ackermann/Getty Images; PE 3: Antoniodiaz/Shutterstock; PE 3: B Christopher/Alamy Stock Photo; PE 3: Germanskydive110/Fotolia; PE 3: Klaus Vedfelt/Taxi/Getty Images; PE 3: Photofusion/UIG/Universal Images Group/AGE Fotostock; PE 3: Randy Faris/Corbis; PE 3: Ranplett/E+/Getty Images; PE 3: RosaIreneBetancourt 10/Alamy Stock Photo; PE 3: RosaIreneBetancourt 3/Alamy Stock Photo; PE 3: Sophie Bluy/Pearson Education, Inc.; PE 3: Yeko Photo Studio/Shutterstock; PE 4: Antoniodiaz/Shutterstock; PE 6: Anne Ackermann/Getty Images; PE 6: Antoniodiaz/Shutterstock; PE 6: Germanskydive110/Fotolia; PE 6: Klaus Vedfelt/Taxi/Getty Images; PE 6: Photofusion/UIG/Universal Images Group/AGE Fotostock; PE 6: Randy Faris/Corbis; PE 7: Jacek Chabraszewski/

Shutterstock; PE 7: Jeff Greenberg/Alamy Stock Photo; PE 7: Monkey Business/Fotolia; PE 7: Ranplett/E+/Getty Images; PE 7: RosaIreneBetancourt 3/Alamy Stock Photo; PE 8: Bikeriderlondon/Shutterstock; PE 8: David Hanlon/iStock/Getty Images; PE 8: Hurst Photo/Shutterstock; PE 8: Ian Shaw/Alamy Stock Photo; PE 8: Ifong/Shutterstock; PE 8: Image Source/Getty Images; PE 8: John R. Kreul/Independent Picture Service/Alamy Stock Photo; PE 8: Marmaduke St. John/Alamy Stock Photo; PE 8: Sila Tiptanatoranin/123RF; PE 9: Pearson Education, Inc.

PE 10: Holbox/Shutterstock; PE 12: Denis Radovanovic/Shutterstock; PE 12: Hero Images/Getty Images; PE 12: KidStock/Blend Images/Alamy Stock Photo; PE 12: Michael Robinson Chavez/Los Angeles Times/Getty Images; PE 12: Nikokvfrmoto/Fotolia; PE 12: Ronnie Kaufman/Larry/Blend Images/AGE Fotostock; PE 12: RosaIreneBetancourt 3/Alamy Stock Photo; PE 12: YanLev/Shutterstock; PE 12: Yeko Photo Studio/Shutterstock; PE 13: Pearson Education, Inc.; PE 14: BillionPhotos.com/Fotolia; PE 14: BillionPhotos.com/Shutterstock; PE 14: Bogdandimages/Fotolia; PE 14: Gmevi Photo/Fotolia; PE 14: Michael Gray/Fotolia; PE 14: Tarasyuk Igor/Shutterstock; PE 14: Tetra Images/Alamy Stock Photo; PE 14: Viktor/Fotolia; PE 15: Africa Studio/Shutterstock; PE 15: Baloncici/Shutterstock; PE 15: Multiart/iStock/Getty Images; PE 15: S_Photo/Shutterstock; PE 15: Sergiy Kuzmin/Shutterstock; PE 15: Sommai/Fotolia; PE 15: Tetxu/Shutterstock; PE 15: Utoimage/Fotolia; PE 15: Vaivirga/Fotolia; PE 15: Yodaswaj/Fotolia; PE 16: Giulia Fiori Photography/Moment Open/Getty Images; PE 16: Komar Maria/Fotolia; PE 16: Pearson Education, Inc.; PE 17: Bogdandimages/Fotolia; PE 17: Eskaylim/Fotolia; PE 17: Ifong/Shutterstock; PE 17: Igor Dutina/Shutterstock; PE 17: Jacek Chabraszewski/Shutterstock; PE 17: NorGal/Shutterstock; PE 18: Anne Ackermann/Getty Images; PE 18: Germanskydive110/Fotolia; PE 18: Klaus Vedfelt/Taxi/Getty Images; PE 18: Ranplett/E+/Getty Images; PE 18: RosaIreneBetancourt 10/Alamy Stock Photo; PE 18: RosaIreneBetancourt 3/Alamy Stock Photo; PE 19: Africa Studio/Shutterstock; PE 19: Baloncici/Shutterstock; PE 19: Giulia Fiori Photography/Moment Open/Getty Images; PE 19: S_Photo/Shutterstock; PE 20: Alex Segre/Alamy Stock Photo; PE 20: David Noton Photography/Alamy Stock Photo; PE 20: Hero Images Inc./Alamy Stock Photo; PE 20: Ivan Vdovin/Alamy Stock Photo; PE 20: Jeffrey Blackler/Alamy Stock Photo; PE 20: Jerónimo Alba/AGE Fotostock; PE 20: Peter Horree/Alamy Stock Photo; PE 20: Picturenet/Blend Images/Getty Images; PE 20: Randy Faris/Cardinal/Corbis; PE 20: Robertharding/Alamy Stock Photo; PE 20: RosaIreneBetancourt 5/Alamy Stock Photo; PE 20: Ruzanna/Shutterstock;

PE 20: Sue Anderson/Alamy Stock Photo; **PE 21:** Ana Martinez/Reuters/Corbis; **PE 21:** Erik Isakson/Getty Images; **PE 21:** Galina Barskaya/Shutterstock; **PE 21:** Hill Street Studios/Blend Images/AGE Fotostock; **PE 21:** Jim West/Alamy Stock Photo; **PE 21:** John Lund/Drew Kelly/AGE Fotostock; **PE 21:** Mint Images Limited/Alamy Stock Photo; **PE 21:** Newzulu/Alamy Stock Photo; **PE 21:** Samot/Shutterstock; **PE 21:** Tim Mantoani/Masterfile/Corbis; **PE 21:** Tom Carter/Alamy Stock Photo; **PE 21:** Tracy A. Woodward/The Washington Post/Getty Images; **PE 22:** Alex Segre/Alamy Stock Photo; **PE 22:** Endless Travel/Alamy Stock Photo; **PE 22:** Jeffrey Blackler/Alamy Stock Photo; **PE 22:** Jerónimo Alba/AGE Fotostock; **PE 22:** Leuntje/Alamy Stock Photo; **PE 22:** Peter Horree/Alamy Stock Photo; **PE 22:** Robertharding/Alamy Stock Photo; **PE 22:** Syda Productions/Shutterstock; **PE 22:** Vitaly Edush/iStock/Getty Images Plus/Getty Images; **PE 24:** Jacek Chabraszewski/Shutterstock; **PE 24:** Samot/Shutterstock; **PE 26:** Blend Images/SuperStock; **PE 26:** ImageBroker/Alamy Stock Photo; **PE 27:** Marcia Chambers/Dbimages/Alamy Stock Photo.

Grateful acknowledgement is made to the following for copyrighted material:

ACTFL

World Readiness Standards for Language Learners by The American Council on the Teaching of Foreign Languages. Copyright ©ACTFL. Used by permission.

Fundación Puertorriqueña de Conservación

¡Tú puedes ser parte de la solución del problema de la basura en nuestra isla! ©Fundación Puertorriqueña de Conservación. Reprinted by permission.

Note: Every effort has been made to locate the copyright owner of material reproduced in this component. Omissions brought to our attention will be corrected in subsequent editions.